发 现 中 国 地 产 前 行 的 力 量

升维

陈啸天

我的地产战略观

陈啸天 著

上海人民出版社

目录

03　研究札记

·战略先导·把脉行业现在与未来

04　企业聚焦

·比学赶超·在对标中寻找答案与出路

05　峰会撷英

·嘉宾云集·成就资源连结纽带

 前言一

从专业，到平台

关于本书内容的选择，有两个小故事在前：

其一，2017年底，在业界都在轰轰烈烈讨论房产税之际，我们研究部同事也给我提交了一个关于房产税的研究成果，大致内容就是"房产税的出台不应仅仅理解成抑制房价和缓解地方财政压力之举，该政策的出台触及全社会所有大众利益，因而也必将会引发国家在政治、经济、社会三个维度改革的联动，综合考虑当下国际国内环境因素，全面出台应该尚待时间，短期更多是象征性质……"事实也证明我们研究部同事的判断是对的，尽管考虑到相关影响没有对外发布，但还是很欣慰我们研究部同事能够有自己独立的思考和判断能力，能够真正以战略的逻辑和更为宏大的视野去分析问题。（注：正式对外发布稿，仍旧删减了部分内容）

其二，2018年8月，在举办第二届中国房地产业战略峰会（2018CRS峰会）之际，我特邀仁恒置地的钟声坚先生来做发言，钟先生当时的主题是《善待土地，用心造好房，赋予建筑生命》，他讲道："我们只是时间的过客，但留下来的建筑可以见证这些时代，成为永恒的生命……"这真的是非常精彩的演讲，当时我就想，能否在我出书的内容里，也把包括钟先生在内的诸多专家和企业家的思想也一并呈现

给大家。

因而，在本书创作过程中，我尝试着做一些改变，希望出书的内容能够适度多元、兼顾大家！因而最终的内容选取主要包括三个构成：

其一，为本人所写的两部分内容；区别于前一本书的内容全部为本人所写，这本书则做了大幅删减，仅包括两部分：一是关于行业的年度观点（考虑到 2017 年没有出书，本书就把两份年度观点都列入，争取以后能够每年出一本书，及时把年度的亿翰观点不仅仅是以会议发布，同样也能以书的方式及时向业界呈现）；二是在上一本书出版之后，我在每个季度写的致房企函系列（其中《政房企函十七：2018 年，有些道理，我想和地方同仁说说！》中的观点，也是构成 2017 年度观点的组成部分，重复之处，望理解）。

其二，为亿翰的研究体系的部分研究成果的展示；当然基于出书的考量和一些众所周知的因素，尽量避免激进的观点，在内容筛选上做了一定的中性化的处理。

其三，为亿翰年度大会"中国房地产业战略峰会"上企业家和权威专家的精彩观点；这部分，考虑到我们大会是四天 108 项议程，内容实在太多，我们尽量采取观点提炼和图文并茂的方式。当然，限于篇幅，可能会有部分企业家和专家们的精彩发言没能一一展示，在此先表歉意。

我虽能力有限，但自认为仍是不缺家国情怀，出书和组织战略峰会都是同样如此！我希望这本书将会是一个多方思想的碰撞和思考，最终能够有利于激发业界朋友从一开始形成自己的认知，进而能够有利于业界逐步形成行业共识。一如 2018 年战略峰会上亿翰的初衷：我们希望能够搭个平台，让大家在这个平台上一起来思考和探索，推动行业在发展过程中积极地利国、惠民、造福社会。

这本书，其实也是一个平台，可能水平有限，但同样也承载着亿翰善意的初衷！

 前言二

亿翰的使命：
构建引领行业发展的战略思想

亿翰，作为一家战略顾问企业，始终提倡战略至上，并非是为了一味地抬高战略地位之举，更重要的是，战略作为一个行业的存在，是有其清晰的使命：那就是，在每个行业发展的转折关头，能够以高度的战略理论和商业思想为行业引路。

回顾过往，亿翰已经在房地产的诸多细分领域提出了相应的战略理论，在此择选一二与诸位同仁共享：

● **2016 年** 关于创新，亿翰提出"房企创新（转型）的四步递进法"：守正道，微创新

2014 年，行业在没有任何政策"打压"背景下，自动往下掉（客观事实则是，2012 年政府"救市"，长达 20 个月的需求集中释放，规模之巨，导致后续需求疲软的正常市场反应），行业恐慌之际，各家企业纷纷提出行业过了最高峰，下一步必须要转型创新！

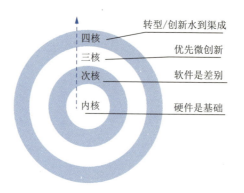

图 1　亿翰智库·企业创新四核递进路线图

在这一背景下，亿翰向行业率先提出房企创新的基本理念：守正道，微创新！即在稳定主业的基础上，以主业为核心来开展创新动作，并且提出房企创新的四步法（也是四核递进路线图）：内核，坚守主业是核心；次核，围绕开发主业周边而打造"房地产+"软实力实现企业差异化；三核，在诸多核心业务之外的相对优势机会点中选取部分进行微创新；四核，在前三步基础上真正找到一两个企业发力点，实现转型/创新的水到渠成！

注意，在此我们提出的是坚守主业基础上的微创新，而非赌博式拍脑袋之举，这期间最为可惜的一家企业当数王健林先生的万达，其反应最大，做出了恐怕是其商业生涯最为失败的决策：转型轻资产！这个动作直接导致企业不再是"守正道，微创新"，直接是企业节奏停顿！抛弃开发主业转而变成商业运营为主！随着2015年初国家基于中美竞争压力再度大救市，直接意味着战略节奏全然踏反，（近千亿的规模）再想掉头已来不及，随后的抛售与融创接盘之果客观上是此时种下的因！

● **2016 年** 关于最新行业发展主导逻辑，亿翰提出"三八理论"：我们认为行业新一轮发展逻辑由资源主导

行至2016年初，由于政策大救市，市场再度爆发式增长，几乎所有企业再度基于政策红利而疯狂，行业发展与企业动作被宏观因素所扭曲与变形！

在总结前期各轮房地产起伏规律基础上，我们提出了行业发展的三波段，即"三八理论"：一个人，一个企业，一个行业，乃至一个国家，要想真正意义上做大做

三八周期： 纵观2000年以来中国房地产发展脉络，行业经历了"资源主导、能力主导、回归资源"三大发展阶段，资源再次主导核心竞争力。

	资源主导	能力主导	回归资源
经济运行逻辑	·城镇化红利全面快速释放经济高速增长	·经济增长开始减速，呈周期性波动 ·房地产是稳经济的重要抓手	·经济增长持续放缓，开始结构转型 ·新旧增长动能转换
政府治理逻辑	·出台土地招拍挂制度 ·分税制下，土地财政是地方经济发展的源头活水	·出台限购限贷政策 ·调控频繁，引发行业震荡	·建立房地产长效机制；分类治理增强中央对房地产控制 ·推动跨行业整合，引导房地产服务于脱虚入实
行业发展逻辑	有土地，有资金，就能顺应城镇化红利持续成长	2000－ 2010年 **产品能力** 　2011－ 2013年 **管理能力** 　2014－ 2015年 **创新能力**	政治、资本、产业等有助于资源获取的派生性资源成为企业争夺焦点
典型成功企业	**2000年** 大多数房企	**2008年** 绿城　　蓝光　　彩生活 星河湾　旭辉　　蓝城 仁恒　　碧桂园	**2016年** 碧桂园、恒大等传统大型房企 华夏幸福等产业型房企、国企等

图 2　亿翰智库"三八理论"模型

强，在战略方向和发展道路选择不出现重大偏差情况下，最重要的就是四个字："能力" + "资源"。根据这个理论，我把行业近些年来的发展分为三个阶段，正好大致是每八年一个周期，现在到了第三个波段，也就是行业发展开始由资源进行主导。

基于中国政体结构的客观情况，资源主导的过程本质上也就是政府主导的过程，这个过程中政府确实发挥了巨大的能量，比如五限（限购、限贷、限价、限售、限离）等等，房企得益于中美博弈下政府的救市红利，同样也受限于政府主导下经济转型的约束之困，这个波段中，至今有很多企业被困局中。

从资源走向能力，再到资源主导的这个发展逻辑，已然开始走了一个闭环，但又不是简单的重复，因为当下的"资源"不再是第一轮的资源的概念，如果定义第一轮资源是原生资源的话，那当下"资源"我更愿意称之为衍生资源，即不再是简单的资金、土地等，而是产业资源、社会资源、资本资源、文化资源等。

事实也证明我们的判断是对的。

● **2016 年** 关于企业模型，亿翰智库提出"房企终极模式"：资源的壳，市场的心

最早提出这个概念可以追溯至 2012 年，其实并非是针对行业所有房企而言，而是在研究保利地产这家企业的时候所提出。亿翰智库认为，保利地产的模型非常有意思，那就是作为国企，具备非常好的一个保护壳，因为在 2008 年国际金融危机之际，当所有房企不愿拿地的时候，保利地产低位圈了很多很好的地，从而成就了 2009 年四万亿元救市之后的连续四年高速成长，从而一步迈入规模企业之列。为什么呢？因为作为国企，资本界其实很多时候对你的负债率并不那么看重，民营企业可没这个待遇！所以说这个保护壳非常好，当然好处不仅在负债率这个指标上，而是在媒体关系处理、土地获取、银行借贷等各个方面都会体现出来。同时，保利地产在具备国有属性的同时，我们关注到其市场化的程度其实也丝毫不低，甚至很多方面比一般性民企反倒是更为灵活！基于此，当时我们提出保利地产成功之道在于：资源的壳，市场的心。

如果我们以保利作为代表性样本来拆解房企，我们会发现所有房企本质上都是土地、资金、人才三个基本生产要素构成，其中土地、资金属于基本资源方，而人才则属于市场方（其实就是代表了市场化机制）。国企往往在土地、资金端具有优势，而其机制（即市场化）方面却是非常的僵化，反应迟钝！而很多民营企业则是反过来的。亿翰智库的研究很自然地就会认为，如果有企业能够不但在资源上有优势，同时还在人才（也就是市场化的机制）上也具备非常强的竞争力，这岂不是无敌了！于是 2016 年，我们把这个结论推广到行业。

大家看看，近年来国企提出混改，是不是就是希望增强市场化的活力？很多民企纷纷谋求国企的入股，是不是就是在增加资源的厚度？

所以，"资源的壳，市场的心"作为（开发为主的）企业终极模式，今天仍然成立。

● **2017 年** 关于行业发展的新路径，亿翰智库提出"B2G 理论"

亿翰智库与行业同仁经常一起思考，是不是住宅市场就能完全代表房地产业的全部？那我们所看到的产城、PPP，尤其是最新的长租公寓等细分市场到底该怎么分

析，它们与住宅市场之间又该如何界定相互关系？

这是个很有意思也非常有意义的课题，带着这个题目，亿翰智库专门进行了深入的研究工作，很快我们得出了非常惊人的结论，并且结论的意义远远超出了行业细分市场分类问题，而是深入到探讨行业未来走向的命题。

我们认为，如果把一家房企比作成一个人的话，那么他应该就面临着双边市场：左手从政府那边拿地、借钱（资金主要是银行的，银行就国家的）、配资源等，主要是与政府发生关系的业务，我们称之为 B2G 市场，然后，房企作为一个整合商，整合策划机构、设计机构、施工单位等，把从政府那边获取的资源组装成产品（主要是住宅）；右手则是把这些产品即住宅卖给消费者，这就是典型的 B2C 市场了。

按照这么个分类，我们思路就一下子清晰了很多，过往 20 年，中国房地产市场基本上是单边市场发力，也就是说主要是 B2C（卖住宅）为主的发展模式，由于住房改革利好、人口红利、城市化推动等，所以 B2C 得以蓬勃发展，政府也乐见其成，因为地价、房价双双上行，政府在卖地收入、卖房税收等方面进账颇丰。而 B2G 市场尚未找到发展契机；而之所以近年来我们说房地产业开始进入双边市场，也就是说 B2G 开始发力，住宅市场在 2016 年以后很明显开始进入存量阶段了，随之而来的地方政府的财政和税收立即面临巨大压力，政府开始出手了，所以，前几年发展比较缓慢且始终不成形的产城、产业园、PPP、特色小镇、古镇开发以及长租公寓开始登堂入室，这些我都称之为 B2G 市场，即和政府高关联的市场。

我们定义 2017 年，中国房地产业正式进入了 B2G 时代。

在此补充两点：

其一，B2C（即开发住宅业务）仍旧会有 8—10 年的规模行情。

其二，B2G 客观上才是中国房地产业真正长效机制，因为它改变了政府与企业的站位，不再是对立而是协同，更重要的是 B2G 模式兼顾了企业利益与社会利益，唯此，房地产业才有望行业长青、企业长存。

提出 B2G 市场非常有意义的战略思想，很具有实际应用价值，所以当我们向行业推广的时候也确实得到大量企业的认可，很多企业都开始用这个概念，甚至有企业直接成立 B2G 事业部。作为战略思想创造方，亿翰智库非常欣慰。

● 2018 年 关于中美贸易战大背景下房企的出路，亿翰智库提出"升维策略"

当下，中美博弈之际，各行各业都面临巨大的冲击和深远的影响，房地产业自不能例外，由于房地产业及其上下游占中国 GDP 权重高达三成以上。其实，2015 年伊始国家为了提前应对美国影响，就启动了连续的应对策略，房地产业至今已经有了近连续四年的轮动行情，其对就业的贡献、对地方财政的支撑、对经济的维持和对货币的圈蓄作用始终在释放。

而正是因为房地产业作为先头手段（工具）的使用，直接使得今时今刻地产业已经开始加速进入明显的降维淘汰波段，即房企主要业务的住宅开发三要素全面失去弹性，比如土地这一要素，从最早不高于房价三成逐步提升，直到今日底价拿地房企都算不过来账，弹性没了；比如资金受限于国家去杠杆，房地产业明显进入钱荒且贵；比如人才越来越贵，房企都觉得吃不消了。这三个要素全面失控，既是过往三年中房地产经济价值提前释放的后遗症，也是房地产业历经 20 年进入高位以后的必然，三个要素都没有弹性，自然就相当于行业开始降维打击，不适应的企业必须出局。

行业降维打击背景下，企业怎么办？通过多方调研和访谈，以及亿翰智库内部的反复研讨，我们终于得出"升维"应对挑战之策略。

除了以上之外，还有诸如可具体应用在各个细分领域的战略思想，如"企业语言体系""内核成闭环、外核有主线""战略三逻辑""价差体系""价格测试""企业品牌可死、产品品牌可活""三补三坚持""投资的新二八法则"等等，亿翰智库的这些思想在很多企业和很多方面都得到了很大的应用。每一个战略理论或是思想的提出都是基于现实问题的出现，亿翰智库致力于为行业、企业提供解决方案而殚精竭虑所得，也许有些思想有其时间、空间、企业特质的应用局限性，也许有些思想的提炼和表述并不那么全面和精准，甚或有些根本就不那么完全成立，但亿翰智库的使命不在于为大家简单地解读数据，而是希望能够积极构建引领企业与行业发展的战略思想，我们将会持续为之努力，我们也真心希望这样的思想性成果能够利国、惠业、兴企。

01
年度观点

—— 综览全局 ——

一篇道尽全年跌宕起伏

 2018 年度观点

行业降维淘汰，房企升维精进[①]

房企的升维有个很大的前提，那就是企业需要走出慢性舒适区，突破自我格局桎梏。

 **前言**
回顾过往年度观点

亿翰智库，作为一个专业研究机构，每一年我们都会正式发布本年度行业观点，2018 年是第三年。

2016 年核心观点"房企终极模型：资源的壳，市场的心"[②]，不管是民营企业，还是国有企业，做大的企业无一不是"两手硬"，即资源端有渠道，市场端有机制。客观地说，国企往往在资源端即土地、资金方面有优势，民营企业则在人才使用、

---

① 本文是作者在"2018 年中国房地产业战略峰会（上海，丽思卡尔顿酒店，2018 年 8 月 8 日—2018 年 8 月 11 日）"上的主题演讲内容。本文是在潘勇堂先生记录基础之上的修订版，特此感谢。

② "资源的壳，市场的心"相关论述见《陈啸天：我的地产战略观》（上海人民出版社 2017 年版），也可参阅本书《2017 年度观点：从房产到地产，B2G 有大未来》中相关表述。

企业运营、组织调整等方面具有很强的灵活应变性，我所谓的终极模型其实也就是指必须取两者之长，才会是真正无敌手！

2017 年核心观点"从房产到地产，B2G 有大未来"，过往 20 年，行业主要是单边市场，即以"开发商 + 消费者"为主的住宅开发市场，由于城市化的驱动及住房改革的推进，使得房地产业整体性展现的是住宅市场驱动，在这个过程中，随着房地产业对地方政府财政税收的贡献，以及房企在城市化进程中的建设功能，政府乐见其成，支持为主并不过多干涉；行至 2017 年，由于行业逐步进入存量阶段，一方面是房地产业所能做出的对地方政府的财政支持增量趋缓，另一方面在中美博弈之际，国家对于产业的需要加强，房地产业逐步开始进入 B2G 阶段，即"政府 + 开发商"模式推动的产业园、产城、PPP、古镇开发、长租公寓等新的更加满足政府需要的发展路径。亿翰智库认为，行业关小窗，开大门，未来会更好！

2018 年核心观点"行业降维淘汰，企业升维精进"①，亿翰智库认为当前整个行业已经发生巨大的变化，就资金、土地、人才这三个基本要素而言，房企这些年无一不是在进一步挖掘这三个要素的潜力和弹性，从而实现企业的发展和成长，而今日，由于行业发展阶段以及外部政经变量导致潜力和弹性趋无，那企业怎么办？答案就是：升维！

● 第一部分
○ 行业降维，房企三要素全面失控

我们都很清楚，房地产业有着三个基本要素：土地、资金、人才，每家房企都是围绕着这三个要素来做文章、求发展的。过往 20 年中，房企发展模型简单直接，拿地、盖房、卖房，然后再继续这个过程，不断滚动增长，这是一个非常简单的循环，我也称之为"一根筋"式的发展。1998 年以来，因为中国全面开启了住房改革和推进城市化两大利好的支撑，所以房企不需要过多担忧行业的需求，也不需要过多担忧市场的成长，只需要解决供应就行，这个解决供应的过程就是个生产的

---

① 看过《三体》一书的朋友们都知道"降维打击"，此处就是引用了这一概念。

过程，有了土地、资金、人才，就可以很好地完成生产。在这么一个大背景下，我们的房企在过去这些年中发展得都比较顺畅，而且成长得也比较好，围绕三个基本要素，每家企业都通过大量的项目开发形成了自己的语言体系①，以什么成本拿地，以什么代价借钱，以什么薪酬雇人等，都已经形成了固定的模式，房企也形成了惯性经营路径。但是，自 2015 年房地产业突然再度遭遇放水救市以来，大环境发生突变，到了今天，每家企业都会很明显地感受到寒意，为什么呢？房地产行业三大资源土地、资金、人才三个维度的基本要素使用逻辑和以往的惯性认知完全不一样了。

其一，从资金的角度上来看，成本越来越高，渠道越来越少。

房地产业是资金密集型行业，资金就是房地产业的血液，这段时间的调控，比如穿透式监管②、严控表外风险③、精准式投放等金融政策，给业界带来了巨大的压力，2018 年上半年房企也做了很多应对，但，我们仍然看到大量房企融资成本从 12%、到 15%、18%，甚至 20% 不断攀高。在资金这个维度里面，国家把你卡得很紧，以往我所知道房企曾有 1∶19 的配资比例，杠杆都放上天了，高杠杆的结果就是只要能够活下来必然是高成长，过往几年中闽系企业尤擅此道，今时今刻，资金方面腾挪的空间已然非常有限了。④

其二，从土地的角度来看，目前表现为"供给少，隐患多"。

为什么这样讲？当下土地获取只有三招：公开"招拍挂"、二级收并购、产城配套拿地；大家会发现，如果是我们"招拍挂"拿地，那基本上都是地王；如果是收并购拿地，也基本上都没有干净的地了（如果说你觉得二级市场拿到了干净的地，那大概率是你还没发现风险所在）；而产城模式拿地的话，几乎没有哪家房地产企业觉得自己有信心能够干好产业，至于忽悠政府，把住宅干掉套现，留下产业拖着的

---

① 这里的语言体系是指万科的 GCT、龙湖的 PMO 等企业经营管理模式与方法。

② "穿透式监管"是指在金融监管的过程中，透过现象看本质，要求信息披露更进一层，特别是在资产重组、定向增发等领域，"穿透式监管"的意义更加显著。

③ "表外风险"是商业银行表外业务快速发展，理财等"影子银行"中的资金"脱实入虚"，增加局部领域的资产泡沫。

④ 不仅财务能放杠杆，经营也能放杠杆，对放杠杆的深入理解，可参见本书《致房企函之十九：中美博弈之际，关于房地产业的四点思考》的详细论述。

做法，今天你就别想了；要知道，当下的情况是国家政策导向严厉防止房价上涨而不再是控制房价涨幅，所以呢，尽管房企基于资金压力和限价的担忧，纷纷放弃拿地，导致了地价开始有所回落，但即便是底价拿地，房企都不敢拿地，因为现在房价不许上涨，关键是还限价，往往房企拿到的地价甚至比房价还要高，这个怎么都算不过来账啊。曾经听过一个故事：说有个城市里，开发商拿地楼板价大概是 9000 元 / 平方米出头，建设到一定阶段，需要去办理预售证，很是战战兢兢，生怕报太高被房地局直接给 Pass 掉①，不让卖，那可就惨了，毕竟融资成本天天"哗哗哗"地出去啊，于是和业界同仁很是一番沟通，终于报了个铁亏的价格 12500 元 / 平方米左右，房地局回复是可以 7300 元 / 平方米预售！为什么呢？统筹啊，本月的全市房价需要统筹啊，按照这个价格，这么个小盘，房企估计要亏十几亿元（据说后来政府又给了个比较高的售价，问题是，它周边价格都比较低，这个价格也卖不出去啊）！这个故事是真实的，相信很多房企都经历过。

在这样的环境下，土地的环节也几乎没有太大的弹性，以往我们还有开发商习惯了"地价不要超过房价的三成、五成、八成……"今天则是"面粉比面包贵"，如果谁拿了块地，说这块地铁定可以赚多少，几乎都是扯淡，土地的弹性空间基本上没了。

其三，从人才的角度来看，薪酬越来越高，流动越来越快。

过往几年中，房地产业游戏规则发生了很大的调整，主要表现为三个标志性的阶段：最早是全国房企学碧桂园的"双享机制"②，然后是中梁的阿米巴模式③ 大获成功，到最近则是福晟创造的新型合伙人机制④ 轰动业界。三种模式，归根到底都是针对人才这个要素启动了空前力度的分享机制，尤其是福晟集团给合伙人 20% 的干股（实实在在的工商变更股权）这一做法，更是将人才这一维度的价值挖掘提升到了极

---

① Pass，中文"通过"的意思，这里指预售申请不被通过。

② "双享机制"：即碧桂园的"成就共享""同心共享"机制。

③ 中梁的阿米巴模式：以稻盛和夫的阿米巴理念为内核，结合中国文化和国情、房地产行业、中梁企业特点做以扩展，以中梁"阿米巴"组织、人才、核算、机制体系为基石，所形成的中梁"阿米巴"生态体系闭环。

④ 福晟新型合伙人机制，是指在现有的薪酬体系及跟投制度下，创新长期共享激励制度，以期与员工形成"价值共创、风险共担、收益共享"的事业共同体，进而实现公司的全面丰收。首批 15 位事业合伙人免费授予 20% 的干股，并充分授权。

致。为什么会这样呢？其实想想道理也很简单，过往 20 多年，几乎每家房企都是靠董事长和总裁等高管去获取资源（拿到地、融到钱），然后交由项目负责人或者城市机构负责人去开发完成价值创造，但是近 20 年来，我们的项目负责人和机构负责人几乎都是经历几十个项目操盘的经验教训的洗礼，以及这个过程中慢慢积累的区域或是地方性人脉资源，这些机构负责人和项目操盘手已经在能力和资源上完成了巨大积累，这是非常具备价值的积累，所以，当下房企在人才机制端的创新，本质上是挖掘这部分人才这些年积累的人脉和资源、能力价值。

人才激励机制的创新，象征着房地产业从过往近 20 年的以地为核心（单一靠企业家或者少数几个高管）的发展模式，全面转移到以人为主驱动力（调用公司人才能动性）的路径上，这本身就是个进步，非常大的进步！但从另一方面而言，现在很多房企在抱怨："人才越来越贵，流动越来越快，工作没几天敢报个天价薪资，在我这儿没几天跳出去大涨薪酬……"房企在人才激励机制这个维度的弹性也逐步被消化掉了。

确实，人才机制的放开，也带来了人才的浮躁，在亿翰总裁会上，有总裁就专门提及：啸天，你能否牵个头，把业界人才建立一个诚信档案，现在有些人不安心工作，一心跳槽，跳了就要求涨薪、升职，有些人在上家干了一些不那么好的事，跳个槽就洗白了，这个影响很不好……

所以，整体来说，土地也好、资金也好，人才也好，房企的这三个基本生产要素，对于做传统的住宅开发业务来说，每个维度我们可以操作的弹性空间越来越小，日子不复以往那般滋润了。

行业降维，大势所趋！

第二部分
关于行业的几个基本认知

前面所讲到的降维，已经成为行业的现实环境，因为降维，全行业性的焦虑和恐慌一一出现了，有抱怨政府调控太严的，有抱怨同行恶性竞争的，有抱怨行情越来越差的；企业方面，有小企业想着退路的，也有大企业想着存"粮票"抄底的；从业人员，有想着提前转型的，也有想着最后搏一把捞点钱的；金融机构，有想着安全投放的，也有想着趁火打劫的；行业众生态，无关对错，进出存留无非短期利弊之权衡，但终究少了长期战略之格局。

2017 年第四季度以来，我也同样一度惶恐，自创业 5 年以来，也就是个站住脚跟之际，行业如此之动荡，我们又该何去何从，一直思考，并与各方做积极探讨，2018 年初终于想明白。

大致有几个基本判断，和大家做个分享及探讨，同样，仅为一家之言，不对之处供批评。

总的来说，经过一番思考之后，我仍然看好这个行业的中长期。

认知一：行业六大特征，将构筑其在中国经济中的绝对优势

图 1-1　房地产业六大优势

当然，首先我得做个说明，此处所谓行业，是个"大房地产业"的概念，是包括 B2C 与 B2G 两个领域的产业，而不仅仅是大家想象中的只是做住宅开发为主的传

统房地产业即 B2C 端。也因此，在我的想象中，未来的房企就不应该还活在过往，老是扮演着整合的角色和干着搬砖块的事，就应该成为包含了开发之外的多元化产业集团，有着开发业务，有着房地产＋业务，还有着实体产业，等等。

有了以上这个界定，然后我来和大家谈谈想法，大家知道 2017 年以来中美博弈愈演愈烈、一二之争越来越僵，尤其是"中兴事件"我觉得对中华民族更加是个警钟，"落后就要挨打"我们说了几十年，现在看来仍旧适用，GDP 上来了并不能代表我们强大，技术落后同样也要挨打，我辈当铭记这一事件！这一事件更是提醒我们，国家的实体产业结构的转型和底层技术的升级都需要发力，而这将会是房地产业及房企的重大机会。

有两个事情对我很有启发：其一，习近平主席在 2018 年的博鳌大会上，向全世界发出声音，"未来的中国，仍然会继续改革开放……"这意味着什么？未来，中国将会继续以市场的逻辑、商业的行为与全世界各国和各民族展开竞争、合作。其二，我记得好像网上有篇吴敬琏先生的文章，大意就是未来中国需要更多的优秀企业和企业家。如果我们把前面的背景和后面的两个事情串联在一块，就是说这么一个意思：在中美博弈背景下，中国选择了进一步开放和市场化来应对当下的挑战，我也相信即便过程中有些磕磕碰碰，但这是不可阻挡的历史潮流，这就意味着，未来的中国需要大量优秀的企业，大量优秀的企业家，大量优秀的职业经理人。

关于这一点，在中国经济领域中，中国房地产业有着强大的相对优势。优势，有六个：

其一，规模优势。放眼中国经济领域，有哪个行业会像房地产业一样有这么多年销上百亿元的企业？尽管说在房地产业，百亿元房地产企业并不是特别大，但是放在整个中国的经济领域里面，百亿级都意味着是一个非常大且优秀的企业了。中国房地产业，有着近 200 家的百亿元规模企业，也就意味着有几百个优秀的企业家，我们有几十万上百万的优秀的职业化的经理人。这一点在整个中国经济领域，少有其他行业可以和房地产业相比。

如果按照这样一个思维去看，我们再看其他的经济领域，大家可以想想，时至今日，在经过多轮竞争后的白色家电领域，有几个企业？对不起，只有三甲了：美的、海尔和格力，就这么三家了。既然，未来需要大量的优秀企业和企业家，房地产业和房地产企业的优势毋庸置疑。

其二，机制灵活。房地产业现在没有不敢用的人才，只要是人才，房企就敢开高价，这点尤其是过往这几年里，房地产业的激励机制放开得非常明显，碧桂园带了个很好的头，行业纷纷放开了人才分享企业成长价值的机制，提升了高级别地产业人才福利待遇的同时，也吸引了大量的跨界人才的加盟，比如恒大旗下足球板块就能够吸引里皮的加盟，排球板块就能邀请郎平加盟，而其集团能够高待遇从金融业挖知名研究员，其影视、农牧、金融等板块无一不是高薪揽才，恒大之外，其他地产企业也是不甘人后。很多人都会说，地产企业凭什么介入实体产业？其实，除了完全不需要怀疑的企业实力之外，最重要的就是机制了，即能且敢于用合适的人，就是核心一环，从这个角度来说，我非常看好未来地产企业的转型以及在产业方面的开拓。

其三，善用资本。个人观点，做企业，就是个不断放杠杆的过程，而诸多杠杆之中，财务杠杆是为首要。尤其是房地产业，更是个资金密集型行业，更是将财务杠杆放到极致！我们暂且不去讨论财务杠杆放的很大是否合适，客观上，这个放杠杆的过程，推动了房企在过去20多年中，在金融资本创新上做了大量的探索和尝试，可以说今天的房企已经都是资本高手了，这其中既有上市拓展融资渠道，也有社会资本及银行等融资方式的各种创新。

其四，国际化视野。这些年，房地产行业为了求变求新，积极在全世界范围内寻找新机会、新技术、新材料、新产品，到处参观、学习与交流，与国际性企业的互动、合作非常频繁，在国际资源国内应用的环节上做得非常好。万科并购普洛斯积极发展物流业务，碧桂园在马来西亚等东南亚国家进行的业务开拓，蓝光发展的生命科技板块引入大量外部高级专家，华夏幸福据说在欧洲、美国、以色列等地就有专门团队寻找投资国际最新技术企业的机会等，房企的国际化意识从来都很强。

其五，充分理解政府的需求。规模化房企纷纷全国化布局，天天和政府打交道，即便不是拓展部门，房企其他部门也是每天忙着和政府去沟通施工证、预售证等一系列事务。

其六，成熟的企业经营心态。不谈以往，仅仅是住房改革全面市场化的近 20 年来，房地产业所面临的风风雨雨着实不少，跌宕起伏的处境隔三岔五出现，所有这些，都使得房企的心态非常成熟。讲个现象啊，这几年，不管是 A 股还是 H 股，只要有传闻房产税（有时候真的就是有人恶意炒作，干扰股市），股市立马就跌给你看，但你会发现，我们的房企压根就不会在意，只会安安心心做好自己的事情，这种波澜不惊的心态非常难得。

所以，在当前中美博弈的环境下，中国未来继续加大改革开放，以市场化道路与全世界 PK 的大背景下，房地产行业培育了大量优秀的企业，以及大量的优秀的精英，在整个中国经济领域里具有明显先发优势，毕竟这些都是顺应国家住房改革和城市化进程所产生的。从这个角度而言，我根本不担心这个行业的未来，反倒是我更加相信国家会需要积极利用这个群体在未来的全球化竞争以及国家产业转型创新中的潜能。

而我们的房企，未来铁定不会只是一个住宅开发企业，恒大可能会变成一个航天大王，蓝光可能转型成生命健康大王，华夏幸福可能真正转型成多元化产业集团，还有企业会在健康养老、医学产业、高科技产业等各个领域里实现多元化。这个群体，这群精英，以及 20 多年的经营机制，这是整个中国经济当下所急需的资源。

认知二：行业所面临的红利仍然在

行业进入存量阶段，很多人都开始看淡行业的未来，其实没必要，因为行业所面临的红利尚在，未来还有诸多红利。

其一，城市化红利。当下很多人都在谈这个观点，大致意思是，根据国际惯例，一个国家的城市化率达到 70% 才能算完成了城市化，但是这个数字究竟有多少参考意义？美国的、欧洲的经验公式，中国到底是否合适用呢？就好比用国外房价收入比公式来讨论中国房地产价格高低本身就是胡扯一般，但我在各种大小会议场合、包括我关注到我们国家很多的政策出台以及决策依据都会很自然的用到这个数据，要知道，我们这么大的国家，这么多的城市，这个指标适用可否影响极其重大。我先不管这个数据是否合适，但我确实看到本轮政策在引导资金向下流动，即一线被控制后，往二线流；一、二线都被控制后，往三、四线流；三、四线过热被控制后，往其他三、四线及县城流。在这个过程中，确实在一定程度上带动了中小城的城市化，而一些比较大型的城市诸如深圳、西安、南京等，在人才政策放开以后，市场的反响可看出这些大城市的城市化也还在进行中。再比如，我观察到郑州周边有五六个县市未来将会撤县变区，我也看到武汉的"1+8模式"也是类似，这个过程中必将进一步释放需求，从而带动行业的持续发展，所以，我还是相信城市化的红利仍旧存在。

其二，旧改的大蛋糕。深圳旧改工作属于走在全国的前列，因为政策突破，所以，我们会发现，深圳的旧改项目已经开始进入二级市场阶段，一手的旧改项目几乎是没有了。但除深圳之外，全国有多少大城市还没有正式启动旧改的大幕，还有多少城市是还没有完成初步功能的建设，更谈不上旧改的开启了，旧改的未来属于巨大的蛋糕，足够房企在下一轮的争夺。

其三，翻新的机会。这里所说的翻新业务，我不认为是旧改，毕竟旧改基本上要重新规划调整指标，翻新则不必。我记得仁恒置地主席钟声坚先生曾经和我说起，"我们仁恒置地很用心打造每一个产品，我们仁恒十五年的小区，物业管理、小区环境和外立面效果，比隔壁的才八年的小区要好很多，隔壁小区就直接找到我们，希望我们能够帮着做翻新……"我们都知道，中国的土地属于国有，住宅土地使用期限通常七十年，但很多建筑专家都会告诉我，我们早期的建筑质量，很难达到这个使用年限。仍旧很安全的都是良心企业。如果从1998年住房改革全面市场化来看，至今也20年了，更何况此前还有很多老的小区，翻新市场，未来需求很大。

其四，人口的红利。这个我想就不用多说了，二胎政策放开之后，很明显市场对于大户型的需求立即暴涨，光这一点就可以看出，这个红利仍旧可以延续。

此外，还有政策红利、拆迁红利等，我就不一一细说。总的来说，我对行业未来的基本面仍旧看好。

认知三：格局驱动增长

正如亿翰智库所提出的企业战略三维：行业维度、竞争维度、自身维度，房企过往这20多年的增长客观上也是默认了这个逻辑顺序。

图 1-2　我国房地产业发展历程

第一类，行业需求驱动成长阶段。这个阶段主要是指 2011 年以前，因为城市化的推动，也因为住房改革的政策支持，置业及改善需求不断被释放，需求的规模从最早每年不到 2 亿平方米到近几年的十几亿平方米，成就了各类房企的发展诉求，几乎所有的房企，拿到地找到资金之后，只要自己不作死，都会发展得好好的，甚至"闭门造车"都可以。为什么？需求太大，消费者对于产品认知力不足、信息不对称等原因，使得各取所需，企业产品靠良心。至少很多企业仍旧活在这种类型发展模式中，行业最大的一句笑话："明年地产行情不好，我们要适当放慢速度……"大家仔细想想，这句话是不是有毛病？房地产业每年十几万亿元规模，就你每年不到千亿元的规模，还要担心行情起伏！

第二类，竞争合作驱动成长阶段。2011 年以后，房地产业发生了很大的变化，其根本驱动原因，就是在 2011 年 1 月 26 日，温家宝总理推动了房地产至今最耳熟能详的一个政策：新国八条！限购限贷四字从此妇孺皆知。因为这样，房企普遍开启了竞争中合作的模式，到底谁是第一家开放合作大门的我也有些不记得了，旭辉说是他们第一家，龙湖和碧桂园都上门交流学习的，但龙湖也和我说他们是第一个，旭辉等全国企业都来交流学习，还有其他企业专门和我说他们俩都不是第一家，我才是！谁是第一家不重要，但这个路径是对的！在行业突遭需求打压情况下，与其脸面之争打得头破血流，还不如坐下来和气生财，房地产业毕竟多达两万家企业，抱团取暖总比相互伤害要好啊，两家合作分肉吃比没得吃要好，你吃不到，怎么和其他两万家竞争。合作本身就是个竞争的逻辑。所以，在这个波段中，房地产行业在整体规模仍然巨大的情况下，因为政策打压改善和投资需求，也因为政府有意控制土地出让速度和类别，房企积极调整策略，以合作、高周转、小户型等措施来应对，在竞争逻辑中更多是通过合作来实现企业规模化的成长。这个波段成就了新一轮企业的发展。

第三类：格局驱动增长。到了今天，房企应该怎么增长呢？自然进入我称之为战略第三维度：企业自身的维度。毕竟，行业需求的总体规模开始进入存量阶段而逐步萎缩是为大趋势，再想坐等行业整体上升的风口简直就是个笑话；而合作这条路今天没有哪个企业会拒绝，往往越是之前错失合作先机的企业后知后觉之后更是疯了一般进行空前力度的合作；前两者增长路径已经成了行业标配，没什么稀奇的，当所有企业都明白过来后，一招鲜就泯然众人矣。

大家有没有注意到这几年增长到了第三季，主角是哪些呢？是碧桂园、福晟、中梁、祥生、新力等企业，仔细看看，有没有什么特别的？当然有，那就是该合作也合作，合作之外，企业自身变革驱动了增长：碧桂园的"双享"、中梁的类阿米巴、福晟的新型合伙人机制、新力基于企业快速发展起步期人才不足、管理半径有限而实行的"单点通杀"、祥生的区域借力与机制改良等，这其实是在第二种基础上的提升，向自身机制、组织、资源、管理等挖潜的结果。

此处我所谓格局，更多的是指企业能够认清行业、认清自我、认清人性，而后能够自我摆脱束缚，敢于舍得、突破和创新。

当下，行业整体性进入新阶段：企业格局驱动增长。考验企业家的格局和底层人性的阶段，也是职业经理人用脚投票最显然的阶段。

认知四：规模是复杂世界的简单法则

大家一看标题就知道，我是直接照用了《规模》那本书的一句话。2018 年上半年，碧桂园成了行业的焦点，出现安全质量的事故确实需要企业积极反省、改善机制、严防悲剧。但是，由此而引发的关于高周转是否合适、关于房企规模是否合适之争就没必要了，妖魔化更是不该。高周转是能力，是工具，就好比枪本身没有对错，在于使用者的价值观。同样，做规模也没错，两万家房企之争，适用于丛林法则，规模自然是优先考虑选项，没有规模就没有话语权，在政府、金融机构和消费者眼中就会价值下行，你什么时候见过金融机构会前赴后继争着抢着给一个没有规模的企业去放贷？政府、金融结构、消费者都是这个食物链的一环，都有自我的评价规则，规模则是所有利益关联方的显性及隐性规则的最大公约数而已。

我们仍然会发现，2018 年上半年，很多企业在增长，而且增长很快，大家不要觉得是因为整个行业在增长，其实不是。

行业开始进入一个新阶段以后，大量中小企业的退出，换来头部企业、大型企业通过并购实现自己的高速增长，所以，这并非说行业在高速增长，行业还维持着一定的规模，头部企业有一定的作用和效益，能够把很多小的退出的企业份额吃下来，房企都不傻，尤其是前面的头部企业更是清醒地认识到这点：规模是复杂世界的简单法则。

第三部分
升维，成就房企未来

从《三体》学了升维、降维两个词，非常受益，前面用了行业降维大致说明白了三要素日益被限制的弹性和空间，所以近两万家房企今日大部分需要寻找出路。毕竟，按照亿翰的观察，当下政府针对房地产业有三个动作：其一，给最前面的房企树规矩，大家看到前面的企业政治意识都很强；其二，加速行业的集中度，驱赶不具未来发展空间的中小企业出局；其三，引导全行业转向实体产业。在这三个动作下，我们会发现行业的淘汰是越来越快，更重要的是淘汰并非是传统的末位淘汰，而是残酷的门槛淘汰。前几天和券商研究员，一起给国内金融机构开电话会议，就提到了不仅仅是行业集中度提升，未来融资集中度也会提升。

那，中小企业还有未来吗？又该怎么做？

答案：升维！

战略升维：从看天吃饭、合伙吃饭到自力更生

升维，最重要的是战略上要能够升维，正如我前文所谈及的格局驱动增长。什么是格局驱动？从根本上来看，就是要能够看明白我们的过往、当下以及明天。

之前也和大家说过，过往的企业增长可以简单分为三个阶段：第一阶段，2007年之前不用多说，行业属于野蛮生长阶段，闭门造车都可增长。第二阶段，2008年之后，次贷危机冲击之下，大家有没有发现我们房地产业有两大重大变化？一是行业研讨会多了，二是研讨会经济学家多了。为什么呢？大家发现低头拉磨不够了，还要抬头看天了，看懂行业走向，以及行情的上下，总的来说还是赚，这个阶段我称为看天吃饭阶段。第三阶段就是2011年开启的，"新国八条"出台之后，仅仅是抬头看天都不够，毕竟国家打压需求严重，市场震荡剧烈，于是合作模式出来了，这就是我称之为合伙吃饭阶段。到了今天，抬头看天吃饭、合伙吃饭貌似都不够了，为什么呢？太粗糙！看天吃饭不就是到处打听小道消息吗？合伙吃饭不就是大家合作吗？这些更多的都是外部的变化，本质上，并没有提升企业自身啊。所以，我称之为今天到了新阶段，就是自力更生阶段，简单地说，就是要会看天、要能合作，然后还要自身强大。习近平总书记都说了，打铁还需自身硬嘛。

大家看我上面，这么个写法和阐述，可能会觉得比较拗口，其实很简单，因为2007年之后，行业已经是个战略逻辑上的发展进化，为什么这么说呢？我一直说战略思维重点在于三个维度：行业发展环境、竞争环境、自身资源环境。大家看看，看天吃饭是不是就是了解行业发展环境，合伙吃饭是不是开始加入了竞争环境的考量，而自力更生是不是在前两者基础上加入了自身资源的考量。

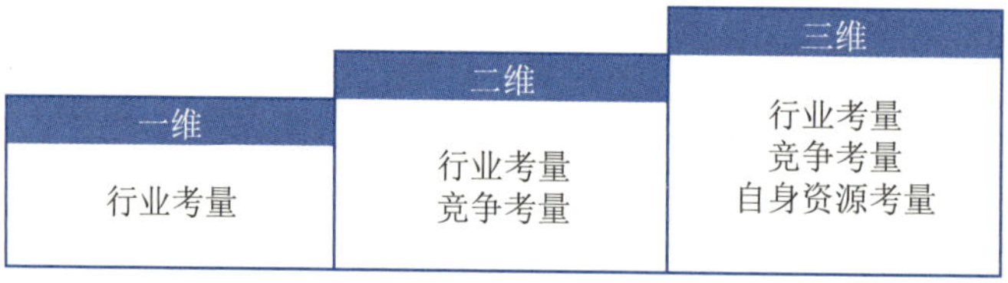

图 1-3　三维考量

更简单的说法就是：房企发展的战略考量在升维，从一维（行业考量）到二维（行业考量、竞争考量），再到今天的三维考量（行业考量、竞争考量、自身资源考量），这不就是升维嘛！

利益升维：从企业利益到兼顾社会利益的多元利益结构

亿翰智库为很多房企提供了战略咨询服务，其中，有家国企曾经就有很大的困惑：作为龙头地方国企，自身市场化经营良好，因而以往各种政府的资源获取都是天经地义，但是在党的十九大召开前后，忽然发现，很多资源不给它了，而是给了它的兄弟国企。它很困惑，为什么会这样呢？

党的十八届六中全会对于国企的定位是这样的，第一种是功能性国企，主要为地方政府解决功能性事务，政府让你做的事情，先不要考虑成本和产出，赶紧做。第二种是市场化，有一段时间鼓励国企走向市场去 PK。

经过分析，我告诉这家国企：之所以很多资源不给你了而给到了承担功能性任务的兄弟单位，大概率可能是因为你在计量投入产出有些犹豫或者过于计较，而有些功能性任务又是紧急不可等待……尤其是党的十九大之后，地方政府都有发展的愿望，当地方政府有发展愿望的时候，如果国企不能主动积极以商业化的逻辑承担一些政府的功能，你会发现未来会越来越难获取政府资源，因为你只考虑了自己的饭碗，没有考虑国家和社会利益的融合。但是，你不用担心，这只是阶段性现象，毕竟，完全不算账的做法，最终地方政府也吃不消，我相信，所有国企都进入了同一种路径：以市场逻辑和商业行为践行功能化责任。

上面的例子，更多还是表达了国企在市场化经济效益与社会责任的兼顾。对民营企业客观上也是如此。

在中国，土地是国有的，资金大部分是银行的，银行大部分也是国有的，除人才之外，这是房地产业最底层的两个生产要素，如果民营企业只是用土地、资金、人才完成一个个业务闭环从而实现民营企业的原始积累，在行业发展前中期尚好，毕竟对政府而言，带来的财政、税收、就业等都是政府所欢迎的；但是当行业发展到了存量阶段，随着 20 多年的行业高速发展过程中所积累的各种社会性、法律性潜在问题及风险的积累，行业已然面临各种不可预见的不利走向。

所以，我认为房产税并非行业的长效机制，房地产业真正的长效机制就是行业开启了 B2G 模式。

当前房地产业开始从单边 B2C 市场进入一个 B2C+B2G 的双边市场，如果你只是干住宅（B2C），对于政府而言，你拿地、借钱、盖房、卖房只是解决企业自身财富积累的问题；而我们开始慢慢帮助政府解决产业痛点（B2G），房地产业已经开始成为产业的载体。如果帮政府做产业，客观来说，你承担了社会责任，你和政府不是对立的关系，而是并肩携手的关系。当前房地产行业开始进入双边市场，房地产企业已经从解决企业单一自我价值成长，开始兼顾到国家和社会的利益，这才能真正意义上推动房地产行业的基业长青、企业长存。

房地产业，这些年的发展更多的是在完成自我的原始积累，在这个过程中间接推动了社会居住环境的改善以及城市化的进步，但是，在中美博弈大背景下，"中兴事件"发生之后，国家对于产业转型的迫切性与日俱增。B2G 路径的出现，在一定程度上既是房地产业的压力，同时又何尝不是一种契机。亿翰提出，自从 B2G 开始出现，房地产业"关小窗，开大门"。所以，我们房企在新一轮发展中一定要兼顾国家与社会，从企业利益思维走出来，进一步主动融入社会利益这个大体系，我们才有可能走得更远。

杠杆升维：从单边的财务杠杆进入财务杠杆 + 经营杠杆新阶段

做企业，归根到底就三个字，放杠杆，不放杠杆的企业是不可能成长起来的。杠杆到底怎么放？大家都有一个惯性，什么惯性呢？就是把杠杆简单地理解成财务杠杆，也就很自然地把放杠杆理解成要多用资金，多借钱，借的钱越多越好，杠杆就用得高。这有错吗？当然没错，只不过，大家没有意识到，其实，除了财务杠杆之外，还有一个非常重要的经营杠杆。什么叫经营杠杆？我的定义是但凡不直接动用资金的都属于经营杠杆，我认为的经营杠杆包括品牌、产品、服务、技术、机制、组织等诸多方面，下面和大家讨论了两个问题。

其一，财务杠杆如何继续放？

很多人都会说，今天政府开始从严管控房企的融资通道了，财务杠杆越来越没空间了。这话，是对，也错！之所以这么说，那是因为虽阐述了事实，却忽略了格局。一方面，我们必须要看到，这些年来，尽管说银行以及金融机构被限制进入房企，但客观上社会上的各种资金仍旧是非常之庞大，至少足以满足每家企业发展的需要。另一方面，越是在限制的情况下，房企如何构建自己的吸引力，能够把社会各个角落的闲散资金吸引到自己的平台上，继续放杠杆，这才是真水平。因为大家杠杆萎缩的情况下，你还有足够的资金池可以使用，这个相对优势就会更加明显（当然，前提是现金流及经营风险可控）。举个例子来说，福晟集团 2017 年底开始在北京、上海、深圳三地成立资金中心；弘阳曾焕沙董事长也和我说将在上海成立资金中心等，还有其他公司都有类似动作。这个其实就是很好的举动，就是我上面所讲的，社会上这么多流动和闲散的资金没有地方去，你凭什么能够吸引它流动到你这儿来？其他企业因为政策不能动财务杠杆，你凭什么还是继续做出相对竞争优势出来？

其二，经营杠杆怎么做？

经营杠杆是亿翰智库提出的一个新概念，很多企业都有这个意识，只不过没有明确的诉诸文字而已，比如说大家经常讲的核心竞争力、企业 IP 以及有人所提出来的"软实力"等，本质上就是为企业打造某一方面的经营杠杆。

下面我从五个方面来讲讲，不是用资金却能放杠杆的案例。

经营杠杆之品牌。给大家举个例子，比如说绿城（含蓝城）的代建量非常大，这不是说用了很多的资金，而是因为绿城的品牌很强，大家都信任，也就愿意把项目交给绿城去做代建。这是一种轻资产模式，本身就是将品牌的杠杆释放出来了，尤其是当下特色小镇不断涌现的过程中，绿城更是业务繁忙。这里，品牌的力量可以上升到房地产业对宋卫平先生的价值观的认可！

经营杠杆之产品。产品也可以做成经营杠杆，比较早的我们听说过星河湾、仁恒河滨，近期的则有融创的桃源、泰禾的院子系列，以及近几年很多房企为了提高自己的产品力而相互抄袭模仿打造所谓的高端产品线，这些做法从本质上来说，就是为了放产品的杠杆。经典如金茂府产品线，成了业界学习的对象，消费者愿意付出溢价，合作者愿意（为了与金茂合作而）让渡条件，甚至很多企业拿了高价地块之后不敢开发而主动找金茂操盘等，这就是产品杠杆的魅力。

经营杠杆之激励机制。所谓机制，主要是指的人才激励机制（当然还包括企业内部的其他机制，但所有的机制无非都是围绕着人来展开的，所以此处只谈激励机制），分为三个阶段，从碧桂园的"双享机制"到中梁的类阿米巴机制，再到福晟的新型合伙人机制。之所以讲这也是经营杠杆，其实是有个大背景所在。大家都知道，

1998 年新一轮房地产业全面启动之后，大多数房企都是处于洗脚上岸的阶段，包工头还不少，没有哪个企业想清楚房地产产品到底该怎么做？就好比说今天我们说园林可以是五重景观、社区服务可以是分门别类的、智能化以及绿色健康技术在室内的应用逐步成熟等，早期可都是摸着石头过河，也正因为这样，所以，企业起步之初，老板与总裁及少数核心高管就成为企业发展的核心驱动力了。房地产业早期不存在所谓"双享机制"，那是因为地、钱这两个最核心的元素主要还是老板根据个人的人脉和资源一手搞定，更多职业经理人属于纯技术执行人，自然不存在分享资源溢价一说。

但是，在近 20 年的行业发展周期过后，我们会发现几个新变化出来了：一方面，企业规模越来越大，老板，也包括核心高管不可能去搞定所有项目了，必须得发挥城市机构的渠道功能以及投资部的专业功能；另一方面，城市负责人和项目操盘手所积累的区域性的个人人脉资源和品牌，随着这些职业经理人的年龄和资历的加深，开始有其独特的区域应用价值了，甚至有时候其个人比集团在这个区域的影响力更大。简单而言，经过 20 年的野蛮生长到激烈竞争之后，生存下来的职业经理人都成为极具资源和人脉的价值体。所以，激励机制在这个时期推出就很有意义，既能够通过跟投等机制使得高级人才发挥其更大的能动性；更重要的是锁定了优秀人才不至于流失到竞争对手。在这方面，碧桂园的杨国强先生确实战略直觉非常之好，而且分享的意识非常之积极，堪称核心驱动力由地到人这一轮进步的推动者，由衷佩服。

经营杠杆之服务。这里的服务，是指能够形成很强的号召力和口碑的服务，比如仁恒的社区服务是很多金融界朋友经常和我提及并且夸奖的。为什么在上海，仁恒的产品一旦出来，消费者就会抢购？并非只是仁恒产品做得很好，用很多消费者的原话来说就是：很有生活气息，住在仁恒小区，物业会让我们感到安全、用心。我记得仁恒钟先生曾告诉我：我们仁恒的物业服务是不去上市的，因为你一旦要上市，就会拼命做大和面对投资人的利润考核，很自然的，你就要少用人，多增加收费，那么做的话就会把服务水平降下来，这就会降低消费者对于仁恒品牌的认知，我还是希望仁恒物业服务更多的就是把自己的小区做好、管好就行。我们会把几件事情做好，物业服务、社区教育、租售服务等，这些都是消费者最关注的，我们都尽心去做好。近期，由于频繁出现电梯安全问题，你要知道，一旦电梯出现故障，业主关在电梯里他很慌的，一旦超过十分钟还没有管理人员去解决的话，他就会到处发微信、微博，这都会降低消费者对我们品牌的好感。所以，我们就专门为了这个，每个小区增加专门的电梯安全管理人员，尽管成本增加，但对品牌有好处。这个观点我深为赞同，至今记忆犹新。当然，也许会有人说，这不也是品牌吗？那是当然，只不过我更加倾向于用服务把它展示出来，因为服务是大家看得见摸得着的。

经营杠杆之技术。这个就不用多说了，当代置业在绿色科技以及恒温恒湿恒氧方面有着非常好的技术储备，同时也得到了大量的国际国内奖项，不仅仅可以为自己产品加分，同样还可以输出提供服务；类似的还有京投发展的抗震、防噪技术在轨道上盖物业的应用。都是具有专利，很强的技术性，既给企业提供了差异化 IP，同时还构建了技术门槛。

做企业，但凡视野所在，皆为杠杆，皆可杠杆。

市场升维：积极开拓两个双边市场

什么叫市场升维？我认为是积极开拓两个双边市场。

第一，由 B2C 单边市场进入"B2C+B2G"双边市场。

前面提到了，房地产业客观上是由两个市场构成：左手从政府那边获取土地、资金、政策、资源等，与政府发生关系，属于 B2G 市场，房企再把这些资源通过整合各类服务商打造成产品。然后右手则是把产品（以往主要是住宅）卖给消费者，与消费者发生关系，属于 B2C 市场。

一方面，我们相信中国的城市化以及人口红利等因素，必然会使得 B2C 市场尽管进入存量阶段，但未来必然还可以维持相当长一段时间的巨大规模和体量，足以让头部企业以及有竞争发展欲望的企业存活。另一方面，也正如前面所讲到的，在中美博弈大背景下，行业逐渐开始进入了新阶段，B2G 市场开始切入进来，如果说你不能真心实意帮政府解决一些困难，如果不能帮政府解决这些痛点，未来必然是被政府的政策挡在门外。所以，未来的房企不应该仅仅是只做住宅开发的单边，而应该积极主动寻求双边市场。①

---

① 参见本书《致房企函之十七：2018，有些道理，我想和地产同仁说说》相关论述。

第二，由国内单边市场走向"国际＋国内"双边市场。

这儿，我需要加个说明。我这里不是鼓动大家积极走向国际去做地产开发，盖房子卖给国外消费者（尽管说这个业务也有空间）。我想表达的是，经过了 B2G 路径磨炼，尚且能够活得很滋润的房企，未来必将会转型成为多元化的产业集团，而当前中美博弈是必然会为原先只做国内地产开发业务的企业提供国际化腾飞的翅膀，好比几十年前日本和美国的博弈，在这场博弈中日本大量的企业自然开始国际化路径。比如说丰田在全世界 190 多个国家和地区建立了自己的渠道，我个人认为除了企业自身努力之外，同样也是受益于日美博弈过程中，国家力量所推动的国内品牌国际化的必然结果。所以大家不要对于中美博弈太过悲观，震荡的行情中始终会有新的机会的产生，关键是你能否发现并且把握住。

市场的升维，中美博弈的推力将会彻底帮助那些过去 20 多年借力地产完成原始积累的企业高速转型成为利国、多元化产业集团，这是当下行业契机所在。

模型升维：从三元模型到"3+X"模型

模型怎么升维，其实很简单。做住宅 B2C 的市场，我们只要做土地、资金、人，这三元模型，我们做成一个闭环，但是今天发现不行，我们必须要考虑产业，必须要考虑其他更多的城市的诉求，社会的诉求。我们要兼顾多维元素，我们的模型开始升维，不再是一个简简单单的三要素，而是成了"3+X"，这就是升维。

这个过程我认为可以分为三个步骤：第一步，房企需要把原来形成闭环的模型打开，也就是说，过往你都惯性的操作土地、资金、人才的路子，已经不适应新的环境了，你必须要能够从过往舒适区域积极走出来；第二步，要开始尝试性地把新的元素比如 X（具体某个领域的产业，充分考量这个产业的发展规律情况下）揉入土地、资金、人才这三个传统闭环模型中，重新去考量政府的诉求、企业的利益、产业的规律、消费者的需求等多元利益结构中平衡，设计成初步新闭环模型；第三步，将这个新的闭环模型投入到实际业务中去磨合，并且根据不同环境修正其参数及变量，最终形成最终的闭环模型及多元应用场景下的各类版本。

以上五个维度就是亿翰智库提出来的"升维"的核心内涵！

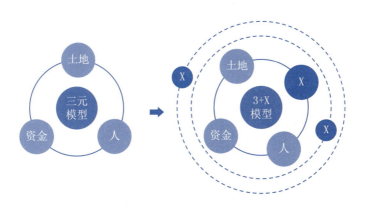

图 1-4 从三元模型到 "3+X" 模型

需要补充的是，这个"升维"有个很大的前提，那就是企业需要走出惯性舒适区、突破自我格局桎梏。

"不逃出房间，你永远不知道世界有多大！①

---

① 引自［爱尔兰］爱玛·多诺霍著：《房间》，李玉瑶、杨懿晶译，人民文学出版社 2017 年版。

|从房产走向地产，B2G 有大未来 ① |

B2G 代表着地产行业对于"多元、开放、共赢"的思考与追求，符合行业发展的一般思路与国家社会对于地产行业的要求，所以亿翰智库认为 B2G 将有大未来。

 序言
从亿翰观点到行业践行

2016 年核心观点在行业的应用

2016 年，我们对房地产行业发布的核心观点是"房企终极模型：资源的壳，市场的心"。因为房企的模型都由地产业最核心的三个要素——土地、资金和人（机制）构成，所以不同类型房企的发展模式都将殊途同归。"资源的壳"就是说企业在资源上占有一定获取优势，以国企为代表，它拿地会有相对优势，融资的成本也会相对较低一些。"市场的心"是指企业还能用到市场化的经营机制，具体包含运营机

---

① 本文是作者在"2017 年中国房地产业战略峰会（上海丽兹卡尔顿酒店，2017 年 8 月 29 日—9 月 1 日）"上的主题演讲内容。

制、管理机制、人才机制、激励机制等。外获资源，内建机制，这两者结合在一起才能够成就企业的未来。

这个观点在之后的一年中，在行业内的影响非常大。

一方面，大量企业在模型框架内对自身能力机制不断进行完善和补充。之前，我曾和大家说过房地产业三阶段 ① 的分法，在 2016 年之后，房地产行业再次回归资源主导阶段，在这一阶段房企需要获取大量土地和资本才能不断创造规模，国企和民企都有各自的优势，他们要做的本质上都是向终极模型靠拢，即国企寻求市场化因子、民企寻求资源端推力。国企发展的路径已经很清晰，逐步在往"混改"的方向走；资本化企业和民营企业是怎么做的呢？一种可以利用自身在机制上的优势，通过引入有资源的合作方给企业带来资源的优势，给自己加一层"壳"，进而享有土地端的优势；另一种可以主动向资金端靠拢，比如碧桂园引入平安信托，景瑞地产引入东方资产，蓝光引入平安，为企业在扩张期资金链的稳定引入保障；第三种在没有土地端和资金端的借力资源情况下，只能靠提升人的运作效率，进一步发挥机制端的优势。

另一方面，也有企业对于模型做了自己的研究和探索，从结果来看也非常成功。过去几乎所有的企业，集团总部就是资源中心，城市公司和项目公司是市场（专业）中心。而中梁基于"终极模型"，率先反其道而行之，让总部成为"市场的心"，各区域及城市则成为"资源的壳"。具体而言，在企业的运营中，房企总部的各种行为都需要遵循市场化的逻辑，包括应用市场化竞争机制、市场化选择机制等；区域及城市则以资源获取作为主要目标，围绕"钱、地、人"三个要素开展工作，拓宽资源渠道，降低融资成本，应用灵活的人才机制等。说的再简单点，如果总部是资源中心的话，那也就意味着每块地都需要老板或是高管直接参与，过程中与资源方的沟通交流不计其数的繁琐和重复，如果说为了每块地的获取都要老板喝顿酒的话，这个企业能够发展的空间非常有限了，而当资源属于每个城市或者项目的触角的话，集团只需要定好规则即可，从而解放了总部，释放了城市总及项目总的能动性。

---

① "三阶段"是指：第一阶段（2000—2007 年）资源主导阶段；第二阶段（2008—2015 年）专业主导阶段；第三阶段（2015 年下半年之后）资源主导阶段。相关论述见《陈啸天：我的地产战略观》（上海人民出版社 2017 年版）。

回到主题，房企发展到今天，大部分企业的闭环已经做得非常成熟，在资源获取和市场运作两个方面都形成了自己的一套语言体系。现在想要做好一个房地产企业，一方面市场化的专业能力不能差，比如说你做好产品的能力、整个企业高效管理运营的能力等；另一方面资源的获取能力也不能差，这里就包括"钱、地、人"三大要素。两手都要强，换句话说就是房企不能有明显的弱项，也就达成了我们所说的"资源的壳，市场的心"。

2017 年核心观点概述

今天我们想给大家发布一下 2017 年亿翰智库的核心观点："从房产走向地产，B2G 有大未来！"

什么叫"B2G"？如果把房企比作一个人的话，他的业务就是，左手从政府端（Government，也就是 G 端）拿到地，从银行借到钱；然后整合社会的设计单位、策划单位、施工单位等等，盖成房子；右手卖给消费者（Consumer，也就是 C 端）。因此，房地产企业面临两个市场，左手端市场——B2G 市场，右手端市场——B2C 市场。

过去这些年中，房地产业的发展一直都以 B2C 市场为核心驱动力。因为，在市场供不应求的环境下，消费者的需求非常之强大，房企基本上不用过多的思考需求，只要想好怎么拿地、借钱，怎么打造产品就可以了。更重要的是，政府也乐见其成，因为房地产业的发展不断带动了财政、税收、消费、就业、住房改善、上下游产业和城市配套建设等。

但是，近几年环境变了。第一，房地产已经从增量阶段已经进入存量阶段。第二，国家当前面临巨大的产业升级需求、经济结构转型的需求。也正因为这些变化，所以在最近几年里面，中国房地产业出现一批新的细分市场：产城、产业园、特色小镇、PPP、古镇开发、长租公寓等，这些市场都不是我们原来大家习惯的 B2C 市场，而是以左手端主导的 B2G 市场。

中国房地产业正在逐渐进入 B2G 阶段。

第一部分
你的恐惧来自未知

其一，迷茫的信息与焦虑的数据。

2017 年以来，房地产行业从业者普遍感到恐慌和焦虑。我们看到当前房地产行业中有大量令人迷茫的信息：

从国际环境来看，特朗普当选美国总统、美联储预计 2017 年内加息 3 次、全球经济出现回暖信号、中国外资制造业大量迁往东南亚国家……纷繁的信息同时印证了一件事，世界经济环境正面临着巨大的不确定性。

从国内环境来看，第五次金融工作会议中提出的防范系统性风险、外汇管制、国企市场化改革、险资举牌热潮……去腐生肌的过程中，阵痛在所难免。

具体到房地产行业，企业现在面临限购、限贷等各种调控，投资的压力、销售去化的压力、降杠杆的压力冲击着每一个房企；我们也看到了行业内龙头房企持续的高增长，集中度加速提升，企业之间的梯队差距被进一步拉开；同时行业内也开始出现一些新的玩法和新的方向，比如产业地产、旅游地产、PPP、长租公寓、特色小镇、VR/AR、互联网＋等，但这些都还在很初步的探索期，盈利模式不清晰。面对这么多不确定的信息，整个房地产行业都感到非常困惑。

另外，诸多数据也加重了房地产人的焦虑：

15.7 亿：2016 年房地产行业销售业绩创造了历史的最高位，成交量达到了 15.7 亿平方米，但是随着传统市场空间的收窄和持续加码的地产调控政策出台，2017 年开始，房地产行业就已经进入存量阶段。

48%：2017 年上半年前 50 家房企销售的规模已经占到整个房地产的销售规模的一半，到 7 月份维持在 48% 左右，中小房企的生存空间已经慢慢没有了。2018 年上半年集中度进一步提升，当前 TOP30 的房企市场占有率已经达到 50%。

3000 亿：在 15 年前，房企的规模之争是按百亿元计算的，但是现在房企年销售额动辄 3000 亿元，这说明两件事，首先地产行业的整体规模有很大的增长，其次是行业梯队的差距越来越大，龙头房企越来越难以超越。

86%：2017 年前 30 名房企的门槛同比增长 86%，很多时候排名决定了你能不能拿到资源，比如部分银行、政府只与 TOP30 的房企合作，后面的企业可能连游戏的资格都没有。

18 家：目前出现最大的联合体多达 18 家房企。随着土地越来越贵，为了降低资金压力，分散风险，以"联合体"形式合作开发逐渐成为房企拿地的重要手段。国企、民企、资本频频抱团。房企对于市场风险的一致预期可见一斑。

其二，行业还在，你在不在？

梳理上述信息和数据，我们发现，诚然外部环境存在较大压力，但地产人的焦虑主要不在于行业。真正让企业感到焦虑的是一个更为实际的问题——"行业还在，你在不在？"目前有很多中小型房企已经出局，或者正在出局的路上。尤其是 2013 年以来，一大批中小房企加速出局，最主要的表现有三个：首先是销售业绩，规模效应导致龙头房企业绩增长迅速，中小房企越来越难以超越。其次是资源获取，在土拍市场上拿到地的都是大房企，中小房企基本上拿不到地；另外从收并购来看，中小房企的地也都流转到了大房企的手里。据统计，2016 年行业内并购规模超过 4000 亿元，这个数字 2017 年还在增长，此消彼长的过程中，整个中小房企群体不断萎缩。

至今，十万亿元市场仍在，但已经成为小众游戏。

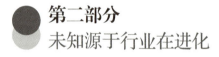

第二部分
未知源于行业在进化

亿翰智库判断，整个房地产行业，实际上正处于从 B2C 到 B2G 进化的阶段，一方面资金、土地等资源的获取越来越难，政策环境趋紧，以往的 B2C 模式越来越不好做；另一方面，对于习惯了高利润率的房地产开发商来说，B2G 的模式还要涉足产业发展与城市运营等，难以维持传统住宅开发的高利润水平。一头是右手 B2C 的传统模式空间收窄，另一头是左手 B2G 模式看不清闭环，当下房地产行业就面临着"两头堵"的境地。今天整个行业进入了一个新的阶段，对于以后要怎么做、怎么构建新的闭环、怎么找到新的盈利模式、未来房企又是怎样的，这些大家都觉得还很模糊。大家对于未知都感到恐慌。

面临着 B2C 市场的收窄和 B2G 市场的方兴未艾，地产行业到底何去何从？

从 B2C 角度出发，未来 10 年行业规模仍在，我们相信依然会能够维持接近 8—10 万亿元的市场规模。第一，从长远来看，增量市场仍能维持一定规模，中国人口的基数大，城市化进程还未完成，房地产业仍有一定的发展空间。我们可以看到 2017 年城镇化率是 58%，根据规划到 2030 年这个数据会达到 70%，也就是说，接下来我们还会有一亿多的农民进城落户的需求，这个事实从根本上保证了行业的体量。第二，城市的存量市场也有巨大的操作空间，现在大城市的集聚效应增强，带来了土地的增值和人民经济水平的提升，一方面进一步释放了人民对更好生活环境的追求，另一方面土地也有更多的潜在价值等待挖掘。其中就包括棚改、拆迁等这样细化的需求。

与此同时，从国内经济大环境来看，B2G 是大势所趋。自 2016 年下半年起，GDP 增长速度放缓，中央多次强调供给侧结构性改革和去杠杆，试图推动资本"脱虚入实"。近几年居民、政府杠杆率上升速率较快，金融资产风险加大。虽然全球都在喊要做实业，但这件事在中国要紧迫得多。2017 年第五次金融会议 ① 也明确提出产业"脱虚入实"是首要任务，一切为实体经济服务开路。另一方面，传统住宅逐步步入存量市场，传统盈利方式不可持续，房企也亟需寻找新的利润点。结合国家需求和房企自身转型需要，房地产行业面前通向 B2G 的门已经明显打开，大家可以观察到政府现在非常欢迎包括房地产企业在内的更多企业投入或者投资实业，很多地方政府也在加大税收、融资上的政策优惠力度。

---

① 第五次全国金融工作会议于 2017 年 7 月 14 日至 15 日在北京召开，习近平总书记发表重要讲话，明确提出服务实体经济、防控金融风险、深化金融改革三项任务。

亿翰智库汇聚最专业的团队从企业战略及行业发展的高度，帮助企业找到最合适的发展路径。在当前的行业阶段，我们认为对于一个企业来说，战略是第一位的。单项目操作死不了人，而战略方向则更为重要。在房地产行业，真正体现企业与企业之差的，还是在战略上，在对周期把握能力以及快速调整企业节奏与行业节奏相匹配的战略能力的差别上。随着大部分房企的规模都上了台阶，绝大多数的风险不是来自项目的操作层面，更多的是来自企业端，比如方向出问题、管理失控、节点踏反等，所以真正的解决方案是针对企业端的。

这个背景下我们有必要和大家提出我们的观点：你的未知其实来自你的行业在升级在进化，我认为行业整体将迎来三个方面的进化。

进化一：路径的进化

从 B2C 到 B2G 阶段，我们分别来看这两端的核心诉求是什么。在 B2C 阶段，城市化加速推进，大量人口落户城市，我们都很明白 C 端消费者要的是房，所以过去这 20 年我们是以房为主，房企的重点也放在打造精细化的住宅和产品，提供更完善的社区服务。C 端需求太强大了，它直接就带动了行业快速崛起，大家也都习惯了做 C 端的市场。在 B2G 阶段，G 端政府端更明确的要的是业，"脱虚入实"说白了就是要做实业。虽然要的东西不一样了，但本质其实是一样的，都是对城市土地未来价值的挖掘，以前大家都盯着 C 端市场，所以大家都做住宅，现在大家开始强调土地的集约化价值，这个价值就不仅限于住宅，还有在实业上面，在产业上面的价值。目前路径已经开启了，部分企业也开始做不同的尝试，比如古镇开发、PPP、特色小镇开发、文旅地产、各种产业园等。从路径上来看，能走的路变多了，也更加多元化，同时更符合国家当前的需要。

进化二：角色的进化

为什么叫"角色的进化"呢？以往我们只是在做 C 端，面对政府的时候我们跟政府之间的关系客观上来说是"面对面"的关系，但是当今天房地产企业开始和政府协同往前走，为政府推动实体产业的发展，客观来说我们变成了"肩并肩"的关系。本质上来说，两者关系是从对立到合作的转换，角色的换位决定房地产行业真正实现基业长青，一起推动产业发展的关系，这也是非常重要的方向。另一方面，除了企业和政府的关系有转变之外，房企自身的角色也从原来单纯造房卖房的开发商进化出更多的不同身份，对企业的能力也提出了更高的要求，以前只需要资源获取和开发的能力，现在可能就不够了，你除了造房子以外，还要做更多的事。现在有一些房企已经提出从"房地产开发商"向"城市综合运营商"转变。近两年国内的商住综合体越来越多，很多开发商很看好城市综合运营，认为这一块能够比物业服务更具有竞争力。从项目全周期的角度来说，房企将会更多地参与到项目后期的运营和管理，这就要求房企需要有一定的产业运营的能力。更进一步说，你要是自己做产业，可能还需要补充更专业化的产业方面的人才和能力。

进化三：模式的进化

为什么称为"模式的进化"？简单点来说，过去这几年所有的房企在干什么事情呢？过去 20 年我们干的都是同一件事情。所有房企都围绕着三个东西，"土地、资金、人"，所有企业的做法就是在把土地、资金、人结合自己的基因做成闭环，形成自己的语言体系，这是过去 20 年所有的企业干的同一件事情。但是到了今天我们从 C 端往 G 端，从盖房走向兴业，我们开始发现不论是行业的发展还是国家的需求，都要求我们开始主动打开自己封闭的模型，往里面开始加产业、资本要素。我们从三元的封闭模型开始进入四元或者五元的模型，我们不再是封闭的，而是开放的。我们不仅仅只考虑房企和行业的价值，更多的考虑到社会的价值，考虑到国家价值的诉求，企业要放在整个大环境里，自身价值要与国家的大方向同步。

这就是房地产行业的三个进化，虽然从表面上来看，传统的市场没有那么好做了，大家被迫寻找别的出路，但本质上这些变化非常有利于我们房地产行业，行业长青，企业长存。

用我自己原创的一句话来做一个总结："世间万物，但凡向着多元、开放、共赢的方向进化的都是美的，因为它符合自然法则！"纵观世界各国的机制体制、思维方式和他们各自的历史发展经验，都讲究利益的多元，系统的开放，主体的共赢，本质上就是兼顾各方利益诉求。

多元是一个市场走向成熟的表现。一个市场走向多元有三重内涵：第一，参与主体的多元，市场上的竞争者由同质化逐渐基于各自资源禀赋，细分出不同的企业特征与战略路径；第二，客户群体的多元，随着市场上供给的增多，客户对产品的认知增强，并更具各自消费水平与行为偏好，选择不同细分市场的产品；第三，业务种类的多元，随着消费者需求的差异化，产品或业务的档次拉开、个性增强，市场出现爆款 IP。

开放是企业于成熟市场竞争的必然选择。由于客户资源或生产资源的有限以及竞争者的增多，整个行业开始趋向于"资源利用效率提升"。如何做到一餐多吃，吃饱吃好？开放合作，取长补短，成为了企业的必然选择。从信息交流的开放、商务的开放到商业模式的开放，甚至其他行业资源的引入，无一不是整个行业对于"资源利用效率提升"的积极探索，整个行业的经营水平也随之提升。

共赢是行业发展的终极形态。一个行业的兴起常常源于少数企业独得的超额收益，而长期来看，这种超额收益必然不可持续，将随着竞争者的增多或政府的监管而逐渐缩小最后消失。企业因创造价值而存在，也必将走向价值共享、责任共担、社会共赢，这里共赢的内涵既包含了与合作伙伴的共赢，更包含了与消费者、国家社会的共赢。

而对于房地产行业而言，当下正是一个从单一走向多元，从封闭走向开放，从自我盈利走向共赢的时代。我们的产品从同质化走向差异化，各家房企都有带有自己 IP 的高端品牌楼盘，文旅地产、养老地产、体育地产等等特色产品百花齐放。我们的心态从自身增长走向开放合作，联合体拿地、合作开发、小股操盘等等合作形式已是屡见不鲜，甚至对于某些巨大体量的项目，我们能够联合教育、医养、实体产业等等合作方成为共同体联合操盘。而"分享"二字，在地产行业也被用到了极致，我们试验各种"跟投"机制与员工分享价值，激发组织动力；我们开放的合作态度与同行分享价值，共享资源、相互学习；我们以负责任的服务姿态，创建和服务和谐社区、投资并助力实体企业，践行企业的社会价值。

第三部分
进化的结果：B2G 有大未来

我们见证并践行了地产行业逐步走向成熟，并且我相信这个方向是正确的，是好的，是有利的。我们开始从"房产"时代进化到"地产"时代。新时代里，开发商的模式也将有所进化，亿翰智库在此提出一个概念"B2G"，在开篇已向大家解释过它的含义。

B2G 既是一个新市场、一种新模式，也是房企开展业务的新思路。它代表着地产行业对于"多元、开放、共赢"的思考与追求，符合行业发展的一般思路与国家社会对于地产行业的要求，所以亿翰智库认为 B2G 将有大未来。

B2G 的方向是好的，但是我们行业内部的人会有一个非常实际的顾虑："B2G 赚钱吗"？或者说"B2G 怎么赚钱"？运营过产业项目的人就知道，做"真产业"，不仅前期投入大，而且回收期长，其营利性更是无法和传统住宅项目相提并论，往往需要配套住宅销售现金流进行补贴。那么，B2G 项目除了能够帮助房企拿地之外，难道只是个"公益活动"？

非也！

亿翰智库认为，B2G 模式不仅仅是获取资源的有效途径。从长期来看，一方面，随着企业相关能力的提升和政策的不断完善，具有自我平衡自成一体的可能性；另一方面，B2G 项目能够成为目前开发企业对实体产业资源的触手，帮助企业接触、了解实体产业，最终建立自身在产业方面的核心竞争力，实现企业的长远发展。

B2G 有大未来！

而目前，整个行业和政策环境对于 B2G 模式的探索尚处于初级阶段，在成熟模型形成之前，各家房企不可避免地均将在 B2G 领域付出相当大的学习成本。在抢位先发优势的过程中，企业难免会遇到组织内外部的各种问题和阻力，亿翰智库建议房企在探索 B2G 模式时，牢牢把握住四大落脚点：

第一，看大势。

其实很简单，不管国外怎么看，我们的人口红利、城市化的空间尚在，很多三四线城市、县城地产的发展相对较低级，依然有城市建设的强烈需求；而即使是一线、核心二线城市也存在着城市更新的空间，远远没到需要我们悲观的时候。更重要的是，领导人的智慧不需要怀疑，我们相信这个国家一定会越来越好。同时看行业，我们也需要客观认识到房地产行业已经进入高度集中化的格局，房地产行业已经完全进入了存量的阶段，房地产行业未来越来越倾向于进入小众游戏阶段。集中度的提升意味着，国家通过对于不断壮大的国企队伍以及有限几家龙头企业的管控，能够更加直接地影响到房地产行业中企业的群体性行为。房企愿不愿意都得参与到 B2G 的路径里面去。B2G 路径是大势所趋，不是我们愿不愿意就能说做或者不做的。房企必须参与到政府，参与到我们的实业，以房地产角色参与到我们 B2G 的模型。我认为这个方向对房地产企业来说是利好，同时政府也是在推动者、引导着房企进入 B2G 路径，这个方向不需要怀疑。

第二，算大账。

我们要学会算大账，为什么算大账？很多人说 B2G 里面有很多不完善的地方，B2G 里面有很多有待成长的，这是正常的，但是我们要算大账。一个 B2G 项目中，运营商至少在四个环节可以创造价值、分享价值。第一，招商引资的价值，通过在项目中的招商引资为当地政府创造税收、GDP、就业等价值，很自然将获取政府相应的补贴。第二，土地熟化的价值，通过产业引入来"引人"、经营性用地的运营来"留人"，最终将生地做成熟地，实现土地价值的提升，获取资产升值的收益；第三，当然传统住宅销售业务现阶段依然是现金流的主要来源；第四，在城市运营的过程中，运营商为协助产业更好地落地成长，可能会为产业提供一些资本扶持，产业本身的盈利与价值提升也将为运营商提供产业投资的价值。在这么多的价值存在条件下，房地产行业肯定是有发展空间的，但是也肯定不能再像过往一样追求利润率特别高、回报特别快的盈利模式。在 B2G 阶段，客观来说在这个房地产行业规模化程度越来越高的阶段，企业平均的售价和成本都会慢慢回到社会的平均水平，利润也会回到社会的平均利润水平。房地产行业地产虽然仍然是以住宅开发为主导的，但房地产企业也开始以各种不同的身份加入别的价值生成过程中，比如投资制造业产生的价值、应用金融业逻辑带来的价值等。所以在做 B2G 里面我认为要从这些价值方面算大账，我们每个企业比的是谁先能够在四个价值点实现自己模型的成熟，谁先最快完成模型。

第三，抓本质。

跟大家谈一下抓本质，不管做 B2G 哪一类，产城、产业园、PPP、特色小镇、古镇开发，他们的本质都只有一个，那就是——"资源"。是否能够有效掌控核心资源，获取资源本身的收益；是否能够将零散的资源有效重组，进而将零次元的资源转化为一次元、二次元的资源，获取资源价值重构的收益，都是 B2G 项目成功的关键因素。我们可以用的资源非常多，举个例子来说，中国幅员辽阔，人口众多，历史人文深厚，我们的文化非常多元，带有"历史人文"属性的地点或者 IP，都有很多潜在的价值可以挖掘；此外，在世界范围内引入成熟 IP 或"一带一路"沿线国家和地区的国际资源、寻找符合政策方向的产业资源等，都是资源挖掘的有效途径。一旦我们都有这样的观念，整个的社会资源将进入优化重组、价值重构的阶段，但核心还是资源，你有资源什么模式都可以玩，没有资源什么模式都举步维艰，这才是本质。

第四，等惊喜。

第四点，还是要有信心，可以等一下惊喜，要相信这个大环境会引导我们。我们当年开始做 B2C 的时候有谁明白住宅怎么做？谁明白说社区怎么搞，谁明白科技怎么融入，谁明白生态怎么来构建？但是过程里我们摸索着前进，看到我们的企业从当年的 100 亿元做到今天上千亿元甚至 5000 亿元的规模，更多的是因为什么？不仅仅是企业的努力，更是因为政策的红利，过去 20 年政府也在推动着行业在往前走。2002 年公开"招拍挂"放开，2009 年四万亿元刺激计划，2015 年万亿元公司债放开，客观来说整个政策环境对房地产行业有众多的红利，是整个外部的环境造就了房地产行业。今天我们从 B2C 进入 B2G，我相信我们未来还会有更多的政策红利。国家的发展是往前的，这个行业的发展过去承担城市化的建设的责任，帮助改善住房环境，帮助建设城市设施。在未来房地产业更需要承担国家"脱虚入实"、经济结构化调整的责任，而 B2G 就是这一大方向的主要载体，因此我相信未来 B2G 的空间、房企的空间会更大和更好。

2016 年我建议大家：不焦虑、不懈怠，一切安好。

2017 年想告诉大家：不焦虑、不懈怠，未来更好！

02
致房企函

—— 鞭辟入里 ——
洞见企业肌理与脉络

 房企函之十三

|不焦虑，不懈怠，一切安好^①|

用这个标题，我的主要意图是：行业尚好，只要你战略上保持清醒，行动上坚持勤奋，就犯不着焦急！

 序言
不焦急，不懈怠，一切安好^②

本文本意想重点谈谈投资再度回归战略主导。之所以用这个题目，主要是近期大量投资方面的朋友忧心忡忡于不敢拿（高价）地又不敢不拿地（后续库存），忧虑行业发展前景的同时也在担忧个人发展前景。

为了写序，数易其稿，始终没感觉，顺手翻了一下手头的松井忠三写的《无印良品，成功90%靠制度》，其后记《不焦急、不懈怠、不傲慢》，这不特应景嘛，就

---

① 本文成文于 2016 年 12 月 31 日。

② 本序改编自《陈啸天：我的地产战略观》(上海人民出版社 2017 年版) 一书后记，该书于 2017 年 1 月 10 日正式出版发行。

参考拿来一用了。用这个标题，我的主要意图是：行业尚好，只要你战略上保持清醒，坚持勤奋，就犯不着焦急。

为什么说行业尚好？不是很多人都在说这个行业下行吗，不是说行业出问题了吗？我从四个方面来谈谈我的想法。

其一，从需求角度来说。

自 2000 年以来，房地产行业年商品房成交面积从 1.89 亿平方米上涨到如今接近 15 亿平方米，涨了接近 8 倍，期间唯有 2008 年次贷危机和 2014 年需求下滑导致两度成交量下行，其余十几年间成交量始终逐步冲高。我个人认为，除非出现重大宏观层面如经济、政治等方面变动或者行业房产税全面征收等因素，这些年行业成交规模是缓慢上涨的，未来也理应属于缓慢下行的节奏，如果仅仅是从数量分析的角度（不考虑现实需求结构因素），我们可以做个简单假设，即未来每一年成交量平均下滑 5000 万平方米甚至 8000 万平方米，8 年后这个行业也仍旧会有年度 8 亿平方米以上的成交规模（相信这个观点大家会有不同意见，但仅仅是从数据模型的角度来探讨），这个量足够行业企业生存。

这里也有人会提出类似人均居住面积等指标来质疑需求的规模性问题，但我认为，中国房地产业的需求有其特殊性。

一方面，住宅的社会功能。我们的需求大多数属于住宅需求，很多人倾向于拿着国外经验数据和国内比较从而得出马上出现问题等结论，但我们大家要注意一点，中国城市里的住宅为什么始终房价居高不下（当然，我不是说永远不下），始终处于疯抢状态，除了供需关系、城市化因素等之外，还有一个极其重要的地方即：中国的住宅和国外住宅不一样，国外的住宅就是个建筑品，中国的住宅里面藏了社会功能，什么社会功能呢？户籍政策啊！国外的户籍政策几乎都没有，中国还有，中国的户籍政策是藏在住宅里面的（不是商业、文旅），具有社会优质资源的分配权 ①。既然中短期我们能够看到的资源仍旧是难以满足需求，那么住宅尤其是重要城市的住宅市场就有其支撑点。

---

① 中国人多，资源少，优质的教育、医疗等配套都是通过户籍政策来分配的，所以为什么购房落户政策一直以来很容易刺激城市房地产市场就是这个原因。

另一方面，需求的欲望性。很多人都会说现在人均居住面积多少，未来只需要多少等，我相信如果从人口理性的角度来探讨当然成立，但是，我们要知道需求的规模性从另外一个层面来说还有其欲望性，有了一房逐步要两房，有了两房的逐步要升级三房，换大，换新，换功能。客观地说，我不觉得我身边的朋友们有谁完全对居住环境完全满足了，这其中规模很难说（当然，我不是鼓吹需求无限量）。

其二，从建筑使用年限来说。

我们都知道住宅使用年限是 70 年，但国内建筑要想都实现 70 年的使用寿命貌似目前还有些差距，如果从 20 世纪 80 年代地产业启动来算，已经有不少建筑使用年限达到 30 年了，未来旧改和城市二次开发面临巨大的机会，而这些机会将会进一步延续地产业的发展周期，只不过是开发模式的变化而已，但地产业不至于像别人所说的马上完全没得玩了。

其三，从科技升级来看。

这几年，随着国家"双创"的推动，围绕着地产业，涌现出大量的新技术、新材料等应用科技，尽管目前都还处于尝试阶段，但一旦在某个领域能够有完美的"地产＋科技（互联网、大数据）"结合模式，我相信存量房以及未来增量房都将是一个全新的万亿级市场，同样可以延续行业的生命周期。

其四，从行业关联性来看。

房地产 2016 年交易规模达到历史新高位，预计会突破 12 万亿元交易额，同时其还具有高度关联性，所以对经济保增长起到非常重要的作用。另外呢，确实，当前经济结构中还没有找到可替代的行业，真正要培育一个规模级的行业再怎么也要不少时间。短期，行业会经常有基于社会维度的非市场性震荡，但我相信本质上很难动摇其实际的支柱性产业地位。

以上观点，确实我很难找到非常精准数据来论证，可能会受到质疑，个人经验观点吧，供大家参考。

更重要的想表达的是，行业既然还有 8 年以上的周期（我们有几个总裁朋友甚至表示 20 年没问题，其实也有道理，很多发达国家至今房地产业仍是支柱产业呢），不要焦虑，我们大家要做的是战略上清晰，行动上积极！

一切安好！谢谢！

战略投资观察之一
陈啸天说：新波段，投资四原则

原则一：政策红利依旧

纵观新世纪以来，十七年的房地产发展历程，房企的利润绝大多数来自政策层面，基于中国的大环境和特定发展阶段，房企投资的所有路径选择和投资逻辑都应该紧紧围绕着政策走向来做文章。不管是在早年，诸多房企从资源端受益 ①，还是 2008 年到 2015 年之间的轮流成就刚需主导 ② 和改善型企业 ③ 两批企业，本质上也是来自于政策的推动！这一点不必忌讳也无需否认，特殊的国情决定了房企以政策走向为轴的发展逻辑是不可避免的，尤其是 2016 年，事实再度证明，政策强于市场。

原则二：社会优先原则

这个词大家看着也许怪怪的，我还是希望能够和大家做个解释，其实这个原则说大也大，说小也小，但却是不可或缺的原则，尤其是今时今刻。所谓社会优先原则是相对经济层面而言的，简单地说，就是每个国家的发展都是先解决经济层面问题（做大蛋糕），再解决社会层面问题（合理分配蛋糕），前 30 多年我们的经济改革开放极大地推动了国家在经济层面所实现的巨大发展，但社会层面问题却很多迟迟

---

① 当时的背景在于，政府需要寻找新的经济发展支撑点，由于房地产业的高关联性和社会关注性，房地产被选作支柱产业。

② 2011 年 1 月 26 日 "新国八条" 的 "限购" 和 "限贷" 政策。

③ 2015 年 3 月 30 日放开 "限贷" 和 "限购"。

未能解决，由此产生了很多的衍生问题。就社会结构而言，一个国家实际上就是政府、企业、公民三维结构，在前 30 多年，国家为了实现经济发展，政府与企业之间关系很紧密，自然很多政策是偏向企业的，比如只要能够解决就业和 GDP 就免税免地价等，但到了今天大家发现政府好像越来越胳膊肘往公民那边靠拢，其实在大环境上就是国家从经济向社会转型的大转型，以前我们听到很多的是"效率优先，兼顾公平"（效率就是经济范畴概念，公平是社会范畴概念）的经济概念多的字眼，现在却经常听到"和谐社会""中国梦"等这些社会领域的国家诉求。

原则三：资本 + 资源

行业起步之初，资源即可主导行业发展；过去近 8 年里，各个房企纷纷聚焦于能力建设；而今行业再度回归资源主导逻辑，但是还得加上资本这个维度。正如上面原则一所提及以及后面文章也会提及，房企如果希望在未来竞争中获取到基础层面的优势，最好就是资本端，现在我们提的政策端红利也好，还有穿越周期这些美好的设想也好，很多时候其实最后比拼的就是谁的资金便宜，逆境谁能够扛得时间更加长。

原则四：现金流 > 利润

这个不用更多说了，随着近两年核心城市房地产价格快速上涨之后，在 2016 年行业创造历史新高之后，行业已经很明显进入高位运营及规模争夺状态，如果房企不求未来行业入门资格[①] 倒也无所谓，否则的话，现金流一定要优先于利润。

战略投资观察之二
陈啸天说：新环境下，B2G 模式比 B2C 模式更有张力

商业、文旅、养老等细分地产领域，本质上属于 B2C 模式。

---

① 这个资格，我认为是 500 亿元。

古镇开发、PPP、特色小镇、产城等领域，本质上属于 B2G 模式。

B2C 大家都明白，B2G 是什么呢？G 就是 Government 政府，B2G 本质上就是资源模式。当前市场环境发生巨大变化，未来投资从战略上进入资源模式，B2G 模式会比 B2C 模式更加容易成功。

B2C 模式之所以很难成功，主要原因两个：

其一，融资成本很难下得来。

你看着 K11 很成功、IFC 很拉风、太古汇相当牛气，很多人东学西学最后什么都没学到，为什么啊？因为他就是不明白一点，即你的融资成本 12%，人家港资企业才 1%—2%。你一年的利息顶了人家 6—8 年的，所以人家可以"八年磨一剑"。绝不是内地人笨，不会做商业，而是融资环境不允许你慢慢去磨，我们拿着住宅的融资成本，所以天天很自然想着把商业当成住宅干。2016 年为什么不少商业体成效有所改进，一方面因为住宅销售很好，现金流充裕；另一方面则是因为成本客观下来了一些的原因，有了一定的弹性空间。

其二，C 端需求的终极模式很难把握住。

我们大家看为什么迪士尼很成功，那是因为迪士尼的产品历经了几十年的打磨和升级，同时小朋友们通过电影、故事书的教育，已经认为这就是终极模式了（当然也和小朋友们没有那么强的辨别力有关），所以，迪士尼可以复制这个模式实现全球扩张发展。

所以呢，为什么国内开发商这些年在商业、文化、养老等领域不断折腾和试错，始终还是没有看到谁能够真正意义上的成功（万达也不能算完全意义上成功）？就是因为融资成本居高不下以及 C 端的终极消费模型不清晰。

C 端的终极需求模型我们从来就没有真正把握到过，但 G（政府）端的需求模型这些年就从来没有变过：始终还是财政、税收、就业……

根据我的"三八理论"①：2000—2007 年行业为资源主导发展阶段、2008—2015 年行业进入能力主导发展阶段、2016 年开始行业进入新一轮资源主导阶段，政府是资源控制的最大主体，所以 B2G 模式更容易成功。

与某国企总裁交流，一个劲地和我抱怨，古镇开发过程中的协调和平衡很辛苦，我开玩笑地说：做 B2C 模式你不需要关注别人想法，只要是自己觉得好的就去干，但干完你就得担忧产品销路；做 B2G 模式可不一样，这个古镇自从你拿下来那一刻你就已经把可以看得到的巨大利润揣在口袋中了（截至沟通之日，古镇开发签约楼板价和邻近市场的最新楼板价有很大差距），那现在的沟通和协调这个苦力活是必须要面对的啊，别人还羡慕你呢。

 ## 战略投资观察之三
总裁说：没有点战略观，凭什么做成收并购

收并购交易主体，已经逐步从项目视角进入企业视角。这点很容易理解，自 2000 年以来，房地产业高速成长了 17 年，尤其是 2016 年注定会成为中国房地产业史的分水岭，因为历史最高位的成交量已经出现，从此行业正式下行，没有那么多的土地可用于开发，也没那么多的存量土地能够再挖掘出来，反而企业与企业之间的收并购会成为新一轮周期的主流。我一直在说，亿翰智库每个月发布的《月度中国典型房企销售业绩 TOP200》榜单为什么是 200 家企业？我认为未来行业只需要 100 家房企就够了，200 家样本实质上是给前 100 家企业提供后 100 个收并购机会，当然也会有逆袭的。

收并购决策行为，也逐步从财务评估模式进入战略评估模式。收并购的时候总是碰到很多相似的问题：比如都知道收并购项目比较简单和可控，但往往在竞价过程中很难成功；比如都知道企业收并购还有多元的协同优势，比如品牌、资源、人才梯队、管控模式、技术专利等，但真要做好企业逻辑的收并购其实很多

---

① 详见《致房企函之十二：投资十八辩》，《陈啸天：我的地产战略观》，上海人民出版社 2017 年版。

时候却发现太复杂甚至失控。从我的角度来看，真要做好有效的收并购，要有战略视野：

其一，项目层面的财务评估，你会我也会，如果都是从财务算账的角度来斤斤计较，人家凭什么非卖给你不可，反而要从收益的角度去看待出价。

其二，收并购要有前瞻性的政策研究和产业研究，如果我们对于项目或者企业有着多元的政策和产业协同的判断，也许出价和收并购之后由于输出模式不一而能够获取多元效益。

其三，收并购要做好交易对手的前瞻性战略研究，所谓知己知彼才可百战百胜，行业进入 2017 年，随着融资环境的逐步趋紧，注定有企业会面临资金压力，如果想提高收并购概率，研究的提前是要有的！

"都说上海收并购很难，但我们每年都会有几宗成功的收并购，没有什么难和易啊，我们最近这单就是抢来的，怎么抢的呢？就是很主动很痛快地把佣金提高同行 X 倍，共赢呗，老是算细账谁不会？你算好自己赚多少，其他的愿意分享，自然就知道怎么做了……"（第六期亿翰总裁会观点分享）①

"其实，我们的投资主要还是基于周期和趋势来的，就是你们提的战略投资的理念，只有这样才能绝对地拉开差距，当然，肯定得承担一些风险，但事实证明，周期和波段逻辑还是比较适合做投资。"（第六期亿翰总裁会观点分享）

"别担心交易标的有官司，我们觉得有了反倒踏实，因为问题暴露了啊，总比藏着炸弹好吧。"（第六期亿翰总裁会观点分享）

"我们做了很多委托研究，我们判断明年可能会有 27 家企业是我们的交易对手，为此我们做好了各种对策。"（第五期亿翰总裁会观点分享）②

① 第六期亿翰总裁会于 2016 年 12 月 13 日在上海召开，由亿翰智库和景瑞地产联合主办。
② 第五期亿翰总裁会于 2016 年 12 月 9 日在上海召开，由亿翰智库和正荣集团联合主办。

战略投资观察之四
总裁说：城市投资机会，回归中值

第一句话（第六期总裁会某央企总裁）：

"城市投资机会永远都存在，而且是波段性的，永远不要担心说市场都发展完了就没了机会。过高了自然会下来的，过几年就有机会了，那这几年你去其他地方发展就是了，我们做投资的从来不担心这个机会，而是想着怎么去把握住机会。所以呢，在投资原则上我们以小规模地块、短平快操作为主，一旦这个城市有问题或者阶段性下行，跑得快，另外还可以及时在其他机会城市补库存。"

啸天批注：这个观点我接受，比如说前几年的浙江区域受宏观经济影响，房地产市场一路震荡中下行，过去这一两年里，反而由于江苏区域的苏州和南京房价一路高涨影响，相比之下投资洼地效应出现。市场的魅力就在于永远在震荡而不可捉摸，而投资的魅力则是永远是在震荡的市场中抓住波段性的价值差出现的机会。

第二句话（第五期总裁会某民企总裁）：

"我认为，市场有它的自我规律，高了就会回归，低了自然被拉动起来，2017年注定就是个趋于中值的路径，即过高的城市回调，过低的城市会被带动上扬。"

啸天批注：确实，行业有它的自我规律，过高的会不会马上下滑我不好说，但过低的被拉动起来则是很快的事，比如某总裁就说过：为什么我们关注温州、宁波和成都，我们就觉得这几个城市在这轮房价上涨中没有怎么透支，同时供求关系、人口基数和产业三者有着良好的基础，我们就不考虑政策影响了。还有一个来不及参加总裁会的总裁前天见面的时候还和我在说：最近大家都拼命冲华东，我们反倒在西安和兰州大有收获，地价不算太高，回报率不低，正常情况下没什么风险，当然最好是和本土企业合作。看看，是不是都在寻求波段中的机会。

第三句话（第五期总裁会某民企总裁）：

"城市投资现在有很大变化，板块和板块不一样，就连同一个板块投资机会都有差别！"

啸天批注：城市地产发展过程中的必然结果，因为不仅要考虑地块的经济和地理属性，企业还有不同的产品、资源以及各种组合方式来尽力实现最大化的价值模式，自然会面临各种选择和价值挖掘的机会差。

战略投资观察之五
投资人说：智慧＋资源平台才是出路

"我们福建这批人啊，16岁就出来闯荡，的确不容易，不过我个人运气还算比较好，那个时候年轻敢闯敢干，把握住了当年钢贸那波大行情，专门做那个汇票，第一桶金就这么来的，后来2011—2012年那波钢贸大崩盘也是命好，机缘巧合，躲过了，我们那批人有不少就在那个点把赚的全都吐回去了。"

"那个时候钱好赚，二三十亿元随随便便就能眨个眼凑齐，所以从2010年就开始也跟着玩玩房地产，你们行业一位老总，和你很熟的开发商，就找我一起投过一个项目，但是呢，快七八年，我算算账，没赚钱，我觉得啊，环境真变了，我们未来还是要走一条新路，这条路就是我们的资本和你们的智慧结合！以前反正各个行业都是起步，只要敢冲就能赚，现在不同了，我们没读过书还是比较吃亏，就算是和资源结合也是吃亏的份，但是呢，和你们智慧、战略结合就对啦，必须要有战略格局看懂未来，另外呢，跟投做小股东还是要那种靠谱企业吧，熟人有时候也不能信……"

"你刚刚讲的那位老总我听说过他的，比较早，他算是运气好，躲过了那波钢贸崩盘，见过一两次。同样一个年龄段出来闯，我和他还不一样，我运气好，碰到贵人，合作过程里面把我们给收并购了，当时他谈了七八个人，就看中我了，上了这个平台的确感觉不一样，我身边很多朋友现在很迷惘，有钱的，十几、二十亿元的没问题，但没资源没平台，又不敢赌和冲，又没有专业判断和决策能力，不知道怎么做了！我呢，喜欢闯，每天在家里超过两小时我就烦，宁可出去参加各种会，你可以学啊，不管什么级别的会，反正你偷偷地就在下面听，听到一两句有用的就行，不懂嘛就多学点，没坏处。当然平台真的很重要，没有平台就没有张力，很难打开局面，我那帮朋友就是这个原因。"

战略投资观察之六
商业人说：新模式，2000 平方米全亏，200 平方米都赚

开第六期总裁会的时候，两个老板和一个总裁分别都谈起最新的一个模式，就是开生鲜超市，但凡上千平方米规模的都赔本，但凡 200—300 平方米规模的全都盈利。最近在帮某国际集团定商业地产战略，同样也谈及这种模式。

"我们内部也是这么做的，很多涉及组合和模式"。

"本质上就是把大超市里面生鲜区搬到社区去开，切割了一部分大超市的生鲜功能，做专业小店，主要就是海鲜、肉禽和果蔬三大类。"

"我们，还有 ×× 他们，大家最近在苏州、杭州开这方面店，基本上很快就都盈利了，效果挺好！"

"说白了，小店可控，四大成本（租金、人工、运营和折损率）全方面下降，完全可控啊，×× 超市那个做法不对的，每个店 2000 多平方米，光员工就 53 个，7 个店两年就亏了 7 亿元，就是太大了，四大成本全部往上走……"

"三个原则：专业化管理、模块化运营、体验性消费。"

致 房企函之十四

|地产业，你就是个载体 ^①|

大国博弈背景下，基于解决地方债风险而推行的货币政策间接成就了 2016 年房地产业的高位！

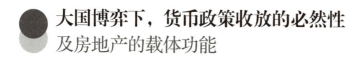

大国博弈下，货币政策收放的必然性
及房地产的载体功能

一直以来，我都相信，房地产只是经济的一个分支，而经济本身又受到国际国内政经关系以及社会矛盾的影响，所以，看待房地产问题以及发掘其本质，就应该站在经济甚至国际政经的高度去看待和分析问题。站在 2017 年之始，回顾诡谲无比的本波段（2014—2016 年期间）中国房地产业的发展历程，我们有必要跳出行业范畴来探索其逻辑性和根源性，唯此，方可让前行者有力。

2016 年，中国房地产业创造了历史新高位：成交量达到 15.7 亿平方米。尽管在

---

① 本文成文于 2017 年 3 月 31 日。

三年前我就曾经预测："中国房地产市场增量市场历史最高位绝不会是 2013 年 13.11 亿平方米，而一定会达到 15 亿平方米的规模！"但仅仅是三年时间，我们不仅达到而且大大突破这个数字的现实仍旧让我震撼，我一直在思考：到底是什么样的合力推动了 2016 年的历史性高位？

很多朋友和专家会有各自的解释，在此，我尝试性地给出我的核心结论：大国博弈背景下，基于解决地方债风险而推行的货币政策间接成就了房地产业的高位。

尽管我们很不愿意承认，但客观上，美国就是当今世界最具影响力的国家，其一举一动牵扯到世界上各个国家包括我们国家的神经，尤其是它的总统选举更是重中之重，历来每次美国总统选举，所有国家都要提前做好三个预判："谁将会大概率最终登顶？""新的总统将会是什么政策导向？""我们将如何来应对？"本轮同样如此，但给予我们的压力却是非常之大，彼时，2015 年 6 月特朗普宣布参加总统选举，此前以及此后都发表了诸多对中国的有争议的观点，诸如"对中国商品征收关税并认定中国为货币操纵者"等，这些被视为会对我国国际贸易、制造业甚至金融方面等带来极大冲击。而与此同时，我们如果再把目光往前延伸一些，大家应该还记得 2013—2014 年经济学家们讨论很多遍的地方债的风险问题。简而言之，在面对外患的时候，我们自己的报表上有一个极大的内忧：地方债是个隐形炸弹！那我们能设想的场景就是：一旦美国突然改变现有政策逻辑冲击到了我们的国内经济基本面的时候，而我们自身巨额的地方债很可能会引发诸多连锁不利的结果。所以，如何提前（在美国出招之前）解决地方债就成为应对的核心。

在这样一个背景下，房地产业再次被认定为解决地方债的一个重要手段。于是乎，三招出手：一、货币政策：时隔六七年，2015 年和 2016 年连续两年大规模的公司债和定增让房企获得了大量资金，因为房企有资金才会有动力拿地；二、需求放开：2015 年 3 月 30 日，放开了打压了行业四年之久的"限购""限贷"政策①，这部分主要就是释放购买力强大的改善需求和投资需求，随后高端物业热销很大程度源于此；三、购买力提升：诸多刺激和提升购买支付力的政策出台。在这样三重刺激下，2015 年下半年开始房地产行业一路疯狂，房价、地价同步上扬，房企业绩大幅增长的同时，基于库存不足资金充裕情况下疯狂抢地也就成为题中应有之义，地王

---

① 2011 年 1 月 26 日"新国八条"的"限购"和"限贷"政策。

现象频现，于是，让中央和地方两级政府忧心忡忡的地方债问题迎刃而解。

　　在这个过程中，我们需要清醒认识到两点本质：其一，货币政策前放后收是为必然。货币政策出台的初衷是为了应对外患解决自我的地方债风险，所以，2015年的"加杠杆"是必然；但，从来"兴一利，必生一弊"，由此而间接导致了一定程度的资产泡沫，则又成为另外一个隐忧，这也是习近平总书记提及的"防止资产泡沫"的由来，所以，在地方债问题解决之后，2017年的"去杠杆"同样成为必然。如果说2015年房企要积极"加杠杆"抓取机会的话，2017年则需要高度防范风险啦。其二，房地产业只是载体功能。本轮解决地方债问题，一方面，中央发钱，房企通过公司债或者定增获取大量资金；同时中央通过刺激需求和提升购买力政策配套，让房企获取了销售资金，极大地去库存；最终两方面的资金都通过房企（抢地）补库存流向了地方政府。货币政策相当于完成了一轮转移支付，由中央流向地方政府解决地方债问题，这个过程中房地产业和房企承担的只是载体（工具）功能，2016年房企纷纷业绩暴涨是因为有幸在这个链条中参与游戏。但是，这并非意味着中央和地方政府再次青睐和扶持地产业。相反，我认为地产行业已经开始出现重大的变数，行业越来越靠近政府端（也就是B2G）了。下面我来给大家分解。

"模式之争"背后的税制调整大趋势
以及剪刀差效应下 B2G 机会的产生

　　关于行业发展模式，我有一个分类方式供大家参考：我把房地产行业的发展模型简单地分为两类，B2C模式与B2G模式。①

观点一：现阶段 B2G 模式火爆是税制调整趋势下的必然结果

　　也许很多同行会发现，几年前不受待见的 PPP 模式、古镇开发模式、特色小镇模式以及产城模式等，一夜之间仿佛成了"香饽饽"，除了因为住宅用地日渐稀缺之

---

①　详细论述参见本书《致房企函之十三：不焦虑，不懈怠，一切安好》一文中"战略投资观察之二"中相关内容。

外，其实还另有乾坤，我来尝试给大家分析。

正如此前和大家所说的，房地产只是经济的一个分支，现在，我们需要从房地产之外来审视地产业，之所以当前诸多 B2G 模式出现，本质上是因为我国的税制调整已经是大势所趋。

众所周知，一个国家的税制是非常重要的制度结构设计，它起到社会财富的二次分配和转移支付的功能，推动社会更加公平和公正。当前的税制可以上溯到 1994 年的税制改革，简单来说，此前国家的税制属于分权模式，即地方在税务征收和使用中有很大的话语权，而 1994 年"分税制改革"则是集权模式，即全国主要的、大的税种都要先进中央而后再由中央统一调度和使用，此举大大加强了中央的权威性。但我想说的是，任何改革都会是基于特定阶段的问题而出台相应的应对模式，1994 年分税制至今 20 多年了，起到了很好的统筹协调的作用，对改革开发过程中集中资源办大事是非常重要的手段，但分税制同样导致地方政府在财政和税收方面明显乏善可陈，为了支持持续的社会发展和城市建设，地方政府自然就把目光转向社会领域：住房、教育、医疗等方面，由此也间接导致了一些相关问题的出现。

到了今日，不断有各种税制改革的呼吁声出现，这也是原因之一。而税制改革方向，我相信简单的理解可以认为是逐步进入分权模式。由集权到分权的过程中，就会出现税收的剪刀差反向流动的必然，巨大的差额将会通过一些载体以及相应的配套措施完成转移支付，B2G 模式下的 PPP、特色小镇等就是迎合了这么一个大的契机，同样房地产充当了载体的功能。[1]

观点二：B2C 的两个困境及 B2G 模式的趋势优势

当前市场环境发生巨大变化，未来投资从战略上进入资源模式，B2G 模式会比 B2C 模式更加容易成功。[2]

---

[1] 短期"营改增"尽管是集权手法，而且也会进一步发挥统筹资源分配的功能，但我仍旧认为不会改变税制逐步进入分权趋势以及所带来的更大的 B2G 模式的发展契机。

[2] 详细论述参见本书《致房企函之十三：不焦虑，不懈怠，一切安好》一文中"战略投资观察之二"中相关内容。

观点三：企业经济账与公共经济账，各算各账

很多人都会和我谈起，说看不懂为什么政府要做特色小镇等，其实这里面有个重大的惯性思维在干扰大家的判断。大家都知道做企业本质上就是算账，算的是经济账；政府管理一个城市也要算账，但很多时候不仅仅是经济账，很可能就是公共经济账。举个例子来说，中国幅员辽阔，人口众多，历史人文沉淀深厚，有很多可以挖掘的地方，所以各种特色小镇在政府推动下纷纷兴起，大家知道各种特色小镇目的都是为了吸引消费人流的到来，所以，很可能出现一种情况：某个小镇的经营方挖空心思打遍广告吸引顾客前来消费，但最终这些顾客并没有到达你这个小镇来消费，而是被沿线各种民居、民宿、农家乐截流了。这个结果中，对企业而言，经济账亏了；但对政府而言，公共经济账，赚了。

所以，政府只是在用税收和财政补贴等手段来引导各类企业进入 B2G 模式，这个线路下，政府从公共经济账来评估是不会亏的，毕竟，只要企业在一块地（空间）上有了资金或者资源的投入（比如说基建），这块地（空间）就已经在增值了。但企业就一定要算好经营的账本。

 房企函之十五

|2000 年以来，美国因素主导中国房地产业的三轮巨变^①|

中国的诸多政治经济手段往往需要考虑美国因素，地产业自然也要服从这个大局。

序言
战略思考，小逻辑服从大格局

中国房地产业，尽管说达到十万亿元级的规模，但从来都只是中国经济的一个组成而已，而中国经济也从来都是服从并且服务于国际政经关系。

在当今的全球政经格局下，我们需要理性地承认，美国的权重是最大的，所以，中国的诸多政治经济手段往往也需要考虑到美国因素，地产业自然要服从这个大局。

---

① 本文成文于 2017 年 6 月 30 日。

图 2-1　美国因素对中国房地产业的三轮影响

作为一家专业的战略研究机构，亿翰智库始终相信中国房地产业的小逻辑脱离不了国际政治经济的大格局，因而，此次亿翰智库探索性地将中国房地产业置身于当今国际政经大环境下，去分析和判断行业的昨日今日，房企的此时彼时。

本文将从 2000 年以来中国房地产发展演变的角度，尝试性地解析美国要素与中国房地产业之间的逻辑关系，冀望能够以独家微薄之力在当前房地产业整体性迷惑之中寻求破局之道。

简而言之，就亿翰智库的观察，2000 年以来近 18 年的时间里，美国因素已经直接或者间接驱动了中国房地产业的三轮巨变。

第一轮巨变
2008 年美国次贷危机，倒逼房地产业正式走出野蛮生长模式

2008 年的美国次贷危机，迄今已经过去将近 10 年，很多人可能忘记了这茬事了，可是，作为房地产的从业者，我们不仅不应该忘记，反倒是要感谢这次的危机给房地产业带来的积极变化，因为 2008 年的美国次贷危机，直接导致了中国房地产业从野蛮生长模式开始进入专业主导周期。

供需调整：次贷危机使得行业供求关系逆转，从而中断行业上升周期

大家简单回顾一下，就应该记得，2000—2007 年之间的中国房地产业处于野蛮生长阶段，却也是个非常单纯且幸福的时间段，为什么呢？因为在这个波段里，供应远远跟不上需求，消费者对产品没有辨识力，房价地产尚处在一路攀升阶段，只要能够拿到地借到钱，房企关起门干活来都是赚钱。但是，美国次贷危机的爆发，直接导致的结果是，中国的国际贸易、制造业等全都出现重大问题，印象最深刻的莫过于，彼时，上海南京路上最高档的写字楼恒隆广场里大量的国际贸易公司关门歇业的现象，办公楼里人去楼空的萧条景象。产业下滑的直接影响就是购买力没了，就房地产业而言，简单地说就是需求没了。供求关系也从前 8 年的供不应求瞬间突变为供大于求，房地产营销人业也从原来的"坐商（坐在售楼处静候买房人上门）"瞬间转变为"行商（走出售楼处，马路拦截客人）"。购买力没了，消费者也就没了，房地产行业从一路欣欣向荣瞬间跌到门可罗雀的格局！

模式转变：行业开始进入专业（能力）主导阶段

正是因为供求关系的逆转，需求一夜间消失，但房地产企业却由于前 8 年的顺风顺水习惯性推高了供应和土储，野蛮生长模式遭遇重大挑战。在这个期间，由于供应大于需求（国际贸易、制造业、金融业等都遭受重创，群体性购买力缺位），消费者开始面对大量的选择性机会了，在这个周期下，消费者自然要货比三家了，看看谁家的产品好，谁家的社区服务好，谁家的园林景观好，等等，行业也就自然进入专业（能力）主导阶段。在这个过程中专注于产品和服务的仁恒、绿城、星河湾也就很自然成为消费者的聚焦点，环境大变成就了这几家企业的品牌，尤其是 2009 年的四万亿元救市政策更是推高了这几家企业的声誉。当然，除了产品能力之外，2011—2015 年期间，房地产行业还有管理能力和创新能力提升阶段，这里不细数，但 2008 年确实是行业专业能力建设的元年。

我们经常说"危机中不仅有危险，同样也有机会"，同样，美国次贷危机带给中国房地产行业的影响本质上就是一轮进化，从野蛮生长走向专业周期。

各有悲喜：间接重创浙系，成就闽系

浙系和闽系，是中国经济体中两个非常优秀的企业群，地缘接近，风格类似，

都是勤劳、爱拼，但在 2008 年之际的房地产领域，却真正是各自经历了"冰火两重天"的境遇。2008 年之前浙系房企明星频出（为免非议，不一一点名），产品力和服务意识非常出众，竞争力上完全不输于"华南五虎"以及"万保金招"等，但正是由于前期的顺风顺水，而且规模都上来了，这个节骨眼上，先是在 2008 年之时都遭遇重大冲击（因为前几年高速发展，惯性地持有较大库存，船大了反应自然慢，尤其是第一次经历这种风险）；随后更是随着 2009 年四万亿元释放，行业出现短期波段性机会的情况下，浙系企业群体性地误判形势，于 2009 年下半年和 2010 年期间拿了不少高价地（阶段性的高位拿彼时地王，并且那个波段融资成本始终居高不下），谁也没料到，2011 年 1 月 26 日温家宝总理推行"新国八条"新政，除却滨江等不多几家，其他浙系几乎全中招。至今浙系企业在中国房地产业声势较弱基本起源于这个点上。①

而与此同时，闽系房企由于此前普遍规模都偏小，所以 2008 年美国次贷危机之际，并没有太大的影响（船小好调头），同样的 2009 年四万亿元刺激也没有给这个群体带来太多爆发的机会（没怎么拿地王），但正是因为浙系的 2009—2010 年高价地的高负荷约束，闽系房企却在没有负担的情况下，于 2011 年行业低位之际分成两波：以阳光城、正荣、融信等为代表的企业进入上海，以泰禾为代表的企业进入北京。躲过 2008 年抓住 2011 年，成就了闽系地产群今时格局。

浙系起了个大早，赶了个晚集，遗憾。

闽系躲了波风险，抓了波机会，运气。

走路看天：论坛与经济学家多了

经历过 2008 年国际金融危机之后，中国房地产业突然发现，原来闭门造车不行，还得抬头看路，于是，房地产行业的论坛多了，论坛上的经济学家多了。大家回顾一下，是不是这么回事？

以上种种，我们大家只看到结果，却有谁知道会想起这个源头：美国的次贷危机。

---

① 　绿城尽管影响力大，但同样也是应对不当，2008 年差点卖给中海地产，2009 年行情好了以后，再度中招，最终卖给了中交建。

第二轮巨变
美国总统选举，催生了 2016 年 15.7 亿平方米的天量行情

刚刚过去的两年里，相信很多同仁可能进入脑子短路的状态：中央 2015 年 3 月 30 日放开政策支持房地产业，转眼 2016 年 9 月 30 日就开始又挥"大棒"了，这才你好我好了一年半的时间，咋说变脸就变脸呢？

其实，这事儿我和大家分析分析，一点也不能怪中央政策多变，反过来，甚至我还得说叨说叨业界同仁：你们啊，别小农民一般，就把那房地产的一亩三分田啊，就当做天了！天大着哩！

别不服啊，我给你讲讲这里面的道道，当然，我也是最近这半年才悟透理清这次中央对地产业态度转变，我尝试着给大家讲解讲解，仅供参考。

首先，自然是从问题说起：

问题一：为什么是 2015 年 3 月 30 日那天晚上，突然放开了四年之久的限购限贷？

问题二：为什么是 2015 年 6 月，开始全方位地放开暂停了七八年之久的房企公司债？而且，一放就是万亿级别。

问题三：为什么 2016 年 9 月 30 日那天张高丽副总理突然启动调控，而且随后传出习近平总书记多次要求抑制资产泡沫的基调，马上再次收紧限购限贷政策，甚至是加码（限价、限离婚、限商办等）？

其实，这里面有一个很重要的时间节点，大家没有意识到：2017 年 1 月 21 日特朗普先生宣誓就职美国第 45 任总统。所有的事情是卡在这个时间点之前完成的。

当然，大家会说，美国总统选举和我房地产业有什么关系啊？其实，关系大着

呢，2015 年和 2016 年房地产业的两个超级大行情其实就是这个原因导致的。

详细讲解之前呢，我们需要承认两点客观事实啊：其一，美国是当今的霸主，一举一动都影响着全球的政治与经济的波动，自然中国也不可避免；其二，每一轮美国总统选举，全球都高度关注，毕竟大家都要预判谁有可能最终登顶，这个未来可能的新总统的施政纲领是什么情况，各自国家又该怎么提前做好应对举措，中国也不例外。

在以上两个前提下，和大家分享一下，亿翰智库所梳理的美国总统选举对中国房地产业本轮天量行情的影响逻辑：

第一，我们很难事先判断谁能登顶美国总统。

本轮美国总统选举是从 2016 年初的党内预选开始的，但是如此重大事项，相信从我们国家应对的角度来说，必然早就能够提前一年以上时间预判得到特朗普先生和希拉里女士的各自党内出线没有问题，也提前都会预知各自的基本政策导向、以及登顶的概率。如果我们从事后诸葛亮的心态来分析的话，我们会发现两个基本现实情况：其一，本轮特朗普和希拉里的登顶概率基本上五五分，很难提前有效预判谁能够登顶；其二，两个人的（对华）政策差异巨大，尤其是特朗普先生对华政策基调很具攻击性。

第二，中国外部发展环境恶化的可能性。

那就是，万一是特朗普登顶，真的按照他此前所表露出来的潜在政策取向，可能会针对中国采取一系列不利政策（2016 年的大选过程中，特朗普表现出来的政策取向对我们确实是非常不利的），由于中国对美巨大贸易顺差，以及从 2008 年美国次贷危机对中国巨大冲击的经验来看，也许我们的制造业、国际贸易、服务业、金融等诸多领域可能会面临巨大的冲击。不排除国内会出现大量的企业倒闭、员工下岗、三角债务频发等诸多问题。

第三，更严峻的问题在于我们自身报表有隐患。

我们都知道，尽管面临外部环境恶化的可能性，但是，只要自身报表（如果把国家基本面看成一张报表，也就是基本面情况）健康，我们也有底气去应付的。但不巧的是，从 2012 年各方专家讨论得沸沸扬扬的地方债问题，是我们这张报表上的一个巨大隐患。大家可以去查查看，到 2015 年底，地方债规模接近 15 万亿元。万一在我们面临外部的美国因素的针对性政策冲击，在制造业、国际贸易等一系列问题出现之际，而内部的地方债极可能引发连锁性的金融机构恐慌反应，将会导致更为严重的后果。

第四，在美国总统选举结果定局之前修复报表成了首选。

准确的表述应该为：万一是特朗普竞选成功，那就赶在他正式成为美国总统（有权改变游戏规则，出台对华不利政策）之前，我们主动去修复自身的报表，即解决地方债问题就成了首要任务，"攘外必先安内"。

第五，地方债解决逻辑。

在这么一个背景下，房地产业再次成为幸运儿，因为要解决十万亿元级的地方债问题，难度极其之大，绝对不是说地方缺钱中央给了就行，那不是市场经济；也不是说地方积极发展经济弥补这个窟窿就行，那基本上废话，哪有那么快那么好的事情；怎么解决呢？核心招数就是：转移支付！

简单的逻辑就是：（1）中央放水：中央开启新一轮货币政策放水，以公司债名义给到房企。从 2015 年到 2016 年，公司债（加上定增）放了超万亿元，同时，房企有了资金往往都会放杠杆去经营，简单地说，房企一夜之间多了几万亿元的可经营的流动资金。（2）驱赶需求入市：生怕房企有了便宜的钱，还跟个守财奴一般不愿花，随后国家的去库存政策从天而降，于是乎，整整打压行业中高端需求四年之久的"新国八条"于 2015 年 3 月 30 日晚突然变相取消，又是一夜间，供需关系由于政策刺激再度翻转，房企突然面临天大行情，随后，从一线和核心二线房价带头上涨，带动全国性房价传导性上涨，房企业绩能不爆发吗！（3）抢地：需求入市，每家房企库存消化得很好，回款非常多，同时还莫名其妙地拿到了（公司债和定增）巨多"便宜的钱"！再一看，问题来了，存货不多啦，明年咋整？兄弟们，抄家伙抢地去！于是，地王像大白菜一般出来了，从 2016 年下半年开始，全国性的抢地热爆发，从一线到二线，再到三、四线，腰包鼓鼓的房企宛如吃了兴奋剂的雄性动物一般充满激情地到处抢地。于是，钱流到了地方政府手头；于是，地方债得到很大程度缓解；于是，开始说调控；于是说要防资产泡沫。

第六，我们只是道具，但是很自豪的道具。

货币政策放水，钱从中央借道房地产业，最终流向地方政府手头，缓解了地方债，整个过程怎么看，地产业就是个道具，转移支付的道具。当然，大家不要觉得道具这功能是被羞辱了，就国家政经的高度而言，哪个行当不是道具？再说，要想做被中央选中的道具是需要门槛的，十万亿元级的地方债，可不是什么行当都能够扛得住的，简单地说，在中国，除了房地产业之外，"还有哪一个行业的企业，干到百亿规模只能是排名 150 左右"？更何况，借力地产业缓解地方债的路子，地方政府也非常熟练，供需双方熟门熟路啊。所谓天降大任，唯我可担！

第七，道具的福利以及道具必须有的觉悟。

福利不用讲，这是必然的，天量货币经过我手怎么也得有点余热吧，2016 年的天量行情迸发，众多房企赚得盆满钵满，业绩翻番，规模大涨，都是源自于此。

觉悟嘛，我还是觉得，房企及职业经理人需要再次清醒认识到，尽管有各自努力的原因，但这轮行情更多地还是来自国家的货币政策，别一厢情愿的就误以为都是自己创造的，盲目自信不可取啊。顺势可为，逆天扯淡！

我从来都相信政府思考的比我们要深远，譬如此次大家看不懂政府对房地产业的今天抬明天打，其实根子不在行业自身。

第三轮巨变
2017 年美国减税，开启中国房地产行业 B2G 模式大幕

为什么我们国家会突然之间进行外汇管制？为什么 2016 年以来国家在"脱虚入

实"方面不断加大推行力度？为什么当前房地产业资金严控进入一线及二线城市？为什么这几年来类似特色小镇、产业园区模式雨后春笋般地冒出？为什么前一阵子，一篇《人民日报》的社论会搞得全国舆论沸沸扬扬？其实，一切皆源于2017年特朗普的减税法案（相信是国家基于特朗普先生此前的各种施政纲领的表态，所作出的前后一系列的应对措施）。

减税法案：让中国经济陷于空心化的危机，加速中国脱虚入实的进程

特朗普减税法案出台以后，中国的制造业客观上面临两面夹击的困境：一方面美国成为新晋"避税天堂"，吸引着中高端制造业回流，特朗普也明确表达了希望高端制造业回流美国的意愿，高达20%以上的减税额度，确实是对制造业企业具有无与伦比的诱惑；另一方面，我们都知道，香港的张五常先生一直批评大陆的"新劳动法"，为什么，因为此前2012年，中国"新劳动法"的修订大大增加了企业用工成本，这就很自然地使得低端制造业纷纷流向东南亚等劳动力成本较低地区。从国家的角度来考量，也许彼时就有通过"新劳动法"进行产业升级的预期，但是，在今日美国减税法案前，我们就直接遭遇前狼后虎的困境了，你东南亚抽空我低端制造业，美国抽空我高端制造业，那我们不就直接产业空心化了。

因而，我们的《人民日报》社论批评美国改变税制游戏规则，国家加大脱虚入实力度，实属题中应有之义。

政策应对：一行三会穿透式管理与外汇管制，其实都是为了实体产业

前面和大家谈了，2015年的货币政策大放水目标就是为了解决地方债问题，可能大家会很奇怪：既然地方政府的地方债问题得到很大缓解，放水之后很显然会出现资产泡沫啊，为什么不开始抽水啊？

其实，还是为了实体啊，大家看看现在行业内资金流向是不是"两禁两可"状态：其一，"禁一、二线"和"禁外流"：一、二线核心城市的房地产市场，通过再度收紧（甚至加码）限购限贷政策及一行三会的穿透式管理，严禁资金进一步进入，无非就是已经出现泡沫了，绝对不许再往这些城市推高泡沫。同时，通过外汇管制，前一阵子大量企业及个人海外并购和资产配置的趋势被紧急刹车，当然，外汇管制

同时还放缓了高端制造业回流美国的速度，2016 年底已经流出苹果公司约谈富士康等配套企业回流美国的传闻。其二，"可三、四线"和"可实体"：三、四线由于城市众多，仍旧库存不少，资金允许去往三、四线，对中央来说也是帮着去库存。现阶段三四线城市房地产的火爆，除了一、二线城市房价传导因素之外，更重要的就是资金被驱赶过来去库存。另外，如果部分资金感觉三、四线城市有风险，不愿意的话，可以投往实体产业，还会有政策支持和税收减免等配套。

为了应对美国的减税冲击，国家的压力很大。大家千万不要以为减税今天才出来，政府才有应对，其实，2016 年政府就做好预案和提前准备了，但必须承认的是，这个冲击仍旧很大。

地产企业的现状：发展实体经济，你别想开溜

国家面临的压力，自然会转移到经济的每个领域和每个企业，地产企业自然是别想开溜：其一，集中度决定了行业开始去市场化：根据亿翰智库最新发布的《2017 年 1—6 月中国典型房企销售业绩 TOP200 研究报告》，前 30 名房企的市场份额已经超过 40%，政府只需要叫上 TOP30 房企的董事长开个会，再向其他的央企、地方国企发一些红头调控文件，就能够轻易控制接近 50% 以上的市场份额。由于房地产业的集中度加速，政府对于房地产业的管控已经可以做到如臂使指了。大家看看近期的"五限"（限购、限贷、限价、限离婚、限商办）就明白了，地产行业"去市场化"加速。其二，正如我前面所提到的，"在中国还有哪个行业像地产业一般，年销百亿元的企业只能排名 150 左右"，可以想象地产企业在中国经济及社会领域的资金、人才、技术、信息等资源占有是非常丰富的，在脱虚入实的背景下，房企怎么能置身事外。

地产业入实体的路径：B2G 模式正式启幕

其实，房地产企业已经在政府有意无意的引导下，开始走上了帮着政府发展实体经济的路上了，这几年雨后春笋般的特色小镇、古镇开发、PPP、产业新城、产业园区等这些模式我统称 B2G 模式，即政府端模型（相对 B2C 而言的），大家看看，这些模型是不是都是帮着政府在推动实体？

别以为吃亏：B2G 是房地产业的自我救赎

前面讲了，企业只能是顺势，不可能逆天，在国家强力推动脱虚入实大背景下，房企如果不紧跟政策是不大现实的，而同时，房企不应该只是想着以往的简单粗暴高增长高回报模式，真正意义上要考虑创新和长线模式了。

同时，B2G 模式不仅房地产行业的发展方向，更是房企自我救赎的契机。近年来，中国房地产业开发商的形象往往与"暴利""强拆""不道德"等负面关键词联系在一起。而通过资源统筹与城市运营，房企与政府的关系，有望从面对面的对立转向肩并肩的合作，房企的社会形象有望从"暴利的剥削者"变为"城市的服务者"。这才有可能实现企业与社会共生共荣的长期模型。

所以，B2G 模式也是房企的自我救赎之路。

不知道特朗普先生在推行减税法案的时候，会不会想到，中国房地产业的模型已经因他而变。B2G 这条路也许并不好走，不再是此前的那般简单粗放式的幸福，但这条路却有望让行业心安。

TIPS 之一：房企要敬畏政府

大家看看那几个做高端的房企，由于"新国八条"的限购及限贷政策的推行，2011—2014 年间，绿城终究是把自己卖给了中交建，星河湾常州失败、成都失败、鄂尔多斯崩盘，仁恒业绩始终在 100—130 亿元之间波动，没有太多增长，为什么？不是企业不努力，实属力不从心，国家卡着中高端需求不放，这几家就是专门做中高端的，结果可想而知。而 2015 年政策放开后，仁恒 2015 年业绩 300 亿元，绿城我印象中直接冲至 700 亿元，星河湾再度满血复活。房地产企业，只可能顺势。所以呢，要敬畏政府，敬畏政策。

TIPS 之二：住宅市场中期仍有机会

前面讲了这么多 B2G 模式，这并不是说住宅市场就没有空间。第七期的亿翰总裁会① 上，与会近 20 位总裁一致认为住宅市场仍有可为。道理很简单，第一，到哪

---

① 第七期亿翰总裁会于 2017 年 5 月 12 日在苏州召开，由亿翰智库与中新置地联合举办。

再去找一个十万亿元级的市场？并且未来 8 到 10 年仍然有望保持十万亿元规模级别。在亿翰 2016 年房企销售额排行榜上，年销售额 100 亿元的房企只能排到 150 名左右，房地产的蛋糕足够大，够大家分；第二，到哪再去找一个关联度这么高的行业？尽管利润不断下滑，但考虑杠杆因素，行业实际的回报相对还能接受；第三，到哪再去找一个我们这么熟悉的行业？大家都做地产做了快 20 年了，再也找不到一个我们这么了解的行业了。

 **房企函之十六**

| 行业新占位：从"助推器"走向"稳定器"与产业载体^① |

从某种程度上说，现在真正到了地产反哺产业并伺机寻求产业化的一个契机，只有地产行业有这么多的资金、与产业和城市发展密切相关，这个历史使命地产绕不开。

● 占位决定路径

任何事物所处的占位，很多时候已经决定了它未来发展的路径。占据了好的位置，天时地利人和，无往不利；占错了位置，时机不对、环境不对，往往形势艰难。

把握了战略占位，才能理顺发展脉络，战略选择往往比战术执行的影响更为深远。

---

① 本文成文于 2017 年 9 月 30 日。

● 如何理解房地产行业的占位

在我国特定的政治经济体制下，房地产行业作为经济领域的支柱产业，必然也是政治产业，不管是过去、现在还是未来，它必然与政策高度相关。

行业初始占位：经济发展助推器，政策利好，呈现爆发式增长

过去的 20 年，房地产行业的占位是经济发展的助推器。改革开放初期，我们需要高度自由的市场机制去最大化解决效率的问题，政策宽松甚至是鼓励，所以房地产行业能够迅速发展，一方面满足市场经济的繁荣，另一方面也确实解决了很多人的住房需求，才有了如今这么庞大的市场规模。

GDP 增长需要这样具有爆发力且高关联的野蛮生长的房地产行业，它最快也最有效地解决了初始阶段发展的问题。

回到现在，重重的政策限制并不可怕，因为就以往的政策限制来看，总有一天会宽松，真正可怕的是行业自身占位的变化。占位变了，意味着原有意义上政策红利的消失，而现在改变似乎正在发生。

为什么现在的占位要变化

就以往来看，没有一个国家和地区把房地产当作投资品发展能躲过房地产泡沫破裂的风险，"引火不烧身"最好的方式就是适时收手。

第一，从外部环境上看，全球经济缓慢复苏、中国"一带一路"倡议顺利推进、人民币国际化势不可当……外部环境基本稳定，没有人再怀疑中国在世界政经格局中的影响力，在牵一发而动全身的经济全球化时代，没有人敢去掀起大规模的经济战争。

第二，从内部环境上看，供给侧改革、产业结构调整、制造业有所回暖，在短期经济稳定的情况下，我们有更多的空间面对经济增长的内生性增长动力不足，新的引擎亟待培育等深层问题……

第三，从核心动因上看，我们的经济稳定依然需要地产，然而中等收入陷阱的跨越靠的绝对是高端制造业的崛起，产业结构的升级是我们的必由之路，即使它异常艰难，但并没有更好的选择。很遗憾的是，地产目前和实业的关系并不是特别友好，地产行业一方面集中了大量的人才、资金、技术等资源。另外，高企的房价带来了高额的商务成本，也抑制了新一代年轻人的梦想，从某种程度上也制约了实体经济的进一步发展。以上种种，从而形成实体上翘、地产下沉，彼此构成了天平的两端。

行业新的占位——从"助推器"走向"稳定器"与产业载体

解决上述问题只有两种路径：第一，让地产适度抽血，真正地回归平稳，利润回归全行业平均利润水平，从而使各类优质的生产要素有机会流向实业；第二，让地产适当补位，与产业进行深度结合，补位于城市发展，这种变化也意味着行业发展开始真正的换轨。

其一，三个市场，三种策略，推动行业向"稳定器"转型。

土地市场缓慢出清：行业集中度要提高，通过各类政策限制、淘汰落后产能、淘汰搅局者、淘汰投机者，行业集中度未来会进一步提升，土地市场真正到达出清状态，土地溢价率会回归平稳。

商品房市场去市场化：通过政策介入、限卖，增加持有年限、降低流动性；限购限售、严格限制市场进入者，让房子真正变回消费品而不是投资品，稳房价、逼转型。

租赁市场逐步建立：伴随着配套政策的出台，大量租赁住房以及保障性住房的供给，未来市场或有30%的供应是租赁住宅（公租房、人才公寓、长租公寓），这是长期的事情、是一定要做的事情，它一定程度上转变市场预期，它标志着市场结构的转型。

其二，新的政策风向，鼓励地产与产业深度结合，产业载体是历史使命。

PPP项目资产证券化落地，实体经济补贴、扶贫科技补贴、鼓励发展特色小镇、定向降准、社保基金参与产业园区建设……一系列热点动态，给了地产另一种发展路径。虽然大家都知道实体难做，产业地产目前并没有真正完全清晰的盈利模式，但如果此前是政策给了地产行业一个迅速积累财富的机会，现在从某种程度上说，也到了真正反哺产业并伺机寻求产业化的一个契机，"先富带动后富"的觉悟要有，只有地产行业有这么多的资金、与产业和城市发展密切相关，这个历史使命地产业绕不开。

● 如何应对行业占位的变化

面对行业换轨，对应的是企业模式的重构，从 B2C 转变为 B2C 叠加 B2G，从资源开发转变为城市运营和资源经营。而对于房企而言，接下来有两种发展路径：

第一，传统开发类业务，规模厮杀到经营为王。

自由竞争必然会导致生产和资本的集中，兼并收购趋势愈演愈烈，在这个阶段，没有规模是没有未来的，所以我们现阶段看重投融端和营销端，它能够帮助企业快速做大规模。

但是从长期来看，首先，当行业不再作为经济的助推器，周期性红利的机会将会一去不返，踩周期的价值弱化。相对平稳的市场环境下，价格有了天花板、利润真正会被卡死，企业真正开始向管理要价值。控成本、提效率、做产品、要品牌溢价，即使心有猛虎，也要细嗅蔷薇。

其次，存量经营的价值将会放大，未来核心一、二线城市必然向东京、香港看齐，趁现在成本相对较低，能握在手里就握在手里，即使目前它产生不了巨大的现金流，但稀缺性决定了资产未来的价值，而且，REITs 放开并不是一件特别遥远的事情。而现在看来，真正拥有强大资产运营能力的团队也不是特别多。

第二，关注新的增量市场——转型为产业集团。

G 端需要产业，政策的红利就会在产业，所以要去做产业。寄希望于产业地产的住宅销售只是发展的初级阶段，可伴随着未来住宅开发销售利润被拉平，未来真正的价值在产业培育、资本的价值，房企绝不仅仅应该是开发商的定位，它理应变成产业集团的概念。企业规模已经在被兼并的红线之上，跨界不再是不务正业，产业资源的整合会赋予地产业务新的增长动能。以地产为载体、充分整合各类生产资源，提供一体化的解决方案，这种盈利空间应该是多元的、稳定的和长期的。

从纵向上看，城市纵向深耕应该成为每个企业未来的重点，城市发展的后期在城市更新，城市更新会优先考虑综合实力（产业资源）较强的（类似于央企或者TOP30）企业，或是本地资源协调与整合能力较强的企业。所以，本土资源型人才将成为稀缺性资源，建议企业积极获取。

所以，未来房企的发展空间，第一看资源覆盖，看布局的广度和深度；第二看跨界能力，产业整合能力、跨界操作的能力，实业的、金融的、文化的，能统一操盘的才是未来的胜出者。

致 房企函之十七

2018 年，有些道理，
我想和地产同仁说说 ①

如果房企想要未来有所为，那么在规模与利润的取舍中，规模目前是优先的。

序言
一念天堂，一念地狱

最近，万科董事长郁亮先生谈及 2018 年的地产形势时，明确定义为小年，其理由不用过多探究，其实很容易理解，按照亿翰周期模型来看，经历了 2015 年和 2016 年连续两年近万亿元放水以及 2015 年 3 月末以来的驱赶需求入市，房地产业连续两年多在货币政策驱动下走出 2014 年的低迷行情，持续创下行业新高，已然打破了三年一个小周期的逻辑，在连续的限制性措施出台背景下，按理就会明显出现需求波段性疲软状态。

---

① 本文成文于 2017 年 12 月 31 日。

但是，郁亮先生语音未落，12 月 23 日王蒙徽部长发声音了，"支持改善型需求，三、四线及县城去库存"的表态[①]，再度扭转了大半年来全国各大城市限制改善型需求的调控逻辑，瞬间形势再度逆转。我们不用去质疑郁亮先生的判断，也不用去质疑国家推动地产业加快转型的决心，之所以会再度重现行业 2018 年的走势，无非是当下形势比人强。最近有几则新闻其实颇值得我们关注：美日欧联手对中国市场化提出质疑，美国对中国启动"301 条款"[②]，包头叫停地铁，昆山轨道暂停，为了化解隐性存量债务，财政部提出"谁家的孩子谁抱"[③]，等等。草蛇灰线，纷繁复杂的信息背后其实都有一根主线，那就是国际上美日欧为代表大国间贸易战的巨大压力与国内地方债为代表的金融风险，交叉地不时跳出，不断干扰国家在政经方面的既定策略，既要防风险又要求转型，可谓"树欲静而风不止"。

房地产业，经过 20 多年的高速发展，以其巨大的规模性和高度的产业关联性，在今时今刻，已然是当之无愧的国家支柱性产业，也正因为此，在国家寻求稳定与发展之际，尤其是近三年来，行业的角色愈发尴尬和被动，因为行业的规模和对财政的贡献以及对经济的拉动使得其"经济稳定器"的地位相当明显。但客观地说，地产业更多地还是资源导向型产业，其自身缺乏技术升级和产业进化的可能，使得国家在转型中往往会有意识地打压行业的发展，控制行业对社会经济领域资源的占用，所以，近几年来的地产业过得相当憋屈。

抱怨自然是解决不了问题的，清醒地认识当前行业尤其是房企所面临的困境尤为重要。以地产人 20 多年来披荆斩棘的精神，路自然是有的，当然，房地产业两万多家房企，自然不会是所有的企业都能在未来之路继续前行。

转型关头，房企进退，在乎一念间！

为了能够帮助大家在宏观层面，也就是战略层面，更为清晰地看明白行业发展方向

---

① 在 2017 年 12 月 23 日召开的全国住房城乡建设会议上，住建部王蒙徽部长提出，2018 年我国要抓好房地产市场分类调控，针对各类需求实行差别化调控政策，满足首套刚需、支持改善需求、遏制投机炒房。库存仍然较多的部分三四线城市和县城要继续做好去库存工作。

② "301 条款"是美国《1974 年贸易法》第 301 条的俗称，一般而言，"301 条款"是美国贸易法中有关对外国立法或行政上违反协定、损害美国利益的行为采取单边行动的立法授权条款。

③ 2017 年 12 月 23 日，财政部提出，坚持中央不救助原则，做到"谁家的孩子谁抱"，坚决打消地方政府认为中央政府会"买单"的"幻觉"，坚决打消金融机构认为政府会兜底的"幻觉"。

和一些本质性的问题，我在这篇文章中将主要阐述三个内容：第一个，当前所有房企都很焦虑，其实很多人并不知道焦虑的原因，我将会从最简单的 B2C 和 B2G 谈起；第二个，我会和大家一起来反思 B2C 领域中，很多房企的一个惯性认知，即规模伤利润的问题，其实规模更是资源的载体；第三个，则是和大家分享亿翰关于 B2G（也可以狭义的理解为产城模式）的一些理论框架，这些内容在业内绝对属于独家研究的成果，不管是各大企业家，比如蓝光发展董事长杨铿先生，还是各产城、小镇开发机构，比如绿城小镇董事长蒋玉奇先生等等，都很认可。在此，也特意拿出和大家分享，供批评与参考。

一念谈得失，一念定存亡！

故而，一念天堂，一念地狱！

佛家有云：千年暗室，一灯即明！亿翰智库也许没有"明灯"的亮度，但始终都有以萤虫微弱亮光探索前行的觉悟。

蚍蜉撼大树，可笑，更可敬！

所以，有些道理，我想和大家说说。

● 第一，关于当前房企焦虑的根源
从"一根筋"到"两头堵"

亿翰的战略属性，使得我们的团队几乎每天都在和各大房企高层在交换信息、探讨路径，过程中，能感受到房企的忧虑、迷惘，对当下如何应对的忧虑，对前行如何破局的迷惘，不一而足。这个话题说复杂自然是复杂得一塌糊涂，但说简单其实也很简单。为了说明这个问题，我先解释一个概念：房企的核心竞争力在于如何构建闭环的自我语言体系。

房企的语言体系构建

过去 20 年间，以住宅为主的房地产业始终属于增量市场，行业容量巨大，房企各有饭吃，老死不相往来都可以各自吃饱喝足，每家企业干的都是相似的事情：每家企业也就是钱、地、人三要素，各自想的都是钱怎么来？地怎么拿？人怎么用？各自的差异就在于把钱、地、人三要素结合企业的基因（比如说企业家的风格激进或是保守，股权集中还是分散，国有或是民营等）打造成一个闭环的模型。简单地说，企业与企业的差别，在于要素的组织形式的差异化，而这个组织形式的差异化就在于企业的基因，比如万科曾经的"GCT体系"①、龙湖的"PMO管控模式"②以及当下全国地产学习的碧桂园的"同心共享计划"③、中梁地产的"类阿米巴模式"④等其实都是这个性质，每家企业在过去二十多年间发展的差异本质上就是各家企业模型的差异，这个模型我称之为各家房企的自我语言体系。这也是各家企业打造的核心竞争力，因为其他企业可以模仿，但很难做到一样，毕竟基因不一。

焦虑之一：B2C之路由增量进入存量⑤

房企是干什么的？简单地表述，左手从政府那儿获取资源（土地、资金），然后自己整合各类策划、施工、销售、物业等供应商加工成产品（住宅为主的物业），再然后右手卖给消费者获取溢价。这就是房企的模型，其左边与政府发生关系，我称之为B2G（Government 政府），其右边与消费者发生关系，我称之为B2C（Consumer 消费者，买房者）。

过去20年间，由于中国住房改革推动导致B2C蓬勃发展，随着土地出让制度改革和配套按揭政策扶持，市场消费端即右手端市场极其旺盛，规模不断增长，消费不断升级。所以，过去20年间，房地产业的发展更多的是B2C（即右手端）推动的，由于是规模巨大的增量市场房企根本就无须选择，"一根筋"向前发展就是。而当前，我们都知道住房需求经过20多年发展，已经开始从增量变成存量阶段了，行

---

① 万科的"GCT体系"，万科于2008年首开行业先河所建立的一种产品分级的模式，这种模式的逻辑是基于客户—土地—产品的三角关系，即在不同特征土地上，为不同需求的客户提供不同产品，简称"GCT"模式。

② 龙湖的"PMO管控模式"，即Project Management Office（项目管理办公室），是指将项目相关各职能部门召集在一起开会，协调项目各项进程，减少项目运营摩擦，提高项目开发效率。

③ 碧桂园的"同心共享计划"，是指碧桂园员工可以入股项目，跟投获益，超额利润分红。

④ 中梁地产的"类阿米巴模式"，见《2018年度观点：行业降维淘汰，房企升维精进！》。

⑤ 本部分内容在《2017年度观点：从房产到地产，B2G有大未来》中有更为详尽的论述。

业逻辑发生的巨大调整，使得每家企业瞬间发现，钱不好赚了，地不好抢了，人越来越贵了。每家企业不得不根据当前的存量阶段开始主动调整自己原来的模型，很多房企很难接受利润下滑，很难接受不再舒舒服服地躺着赚钱，很难接受要干体力活变成代建方，所以，B2C 模式（右手端）很焦虑。

焦虑之二：B2G 之路谁都没想明白

在 B2C 进入存量阶段，房企高周转、高利润的好日子一去不复返之余，房企突然发现左手端即 B2G 市场（主要包括产城、产业园、PPP、特色小镇、古镇开发等，这些模式你会发现政府的参与度或者导向性都会比较强），政府开始发力了。大家有没有发现，政府已经在引导着大家去做实体产业之路？我给大家解释解释，房企的主要前端任务在于拿地，没有地就没未来，但是，大家有没有发现，当前房企拿地只有三种情况：首先，"招拍挂"市场拿到的都是地王；其次，收并购市场几乎没有干净的土地，而且越是往后二手土地市场处处是雷；最后，你不是要拿地吗？有啊，上万亩的地都有，但是你不能像盖住宅一样拿地，盖房，卖掉，赚钱就拍屁股走人，你得给我留下点实体产业。这就是 B2G 市场，这就是近几年 PPP、特色小镇、古镇开发、产城、产业园这五类模型出来的根本原因，正是政府在主导着土地市场的出让逻辑以及引导着开发企业服务于实体产业的方向。左手端市场即 B2G 已经开始启动，但是，大家都知道这条路未来必须要走，却感到很困惑，这个领域华夏幸福模式不具备可模仿性，其他企业现在貌似都不怎么赚钱，那到底是进还是不进，早进或是晚进，全面进或者是细分市场进？没有现成模式可抄，所以，左手端，房企也焦虑。

当前，房企的焦虑，本质上而言，就是因为行业 B2C 端（右手端）由增量市场转存量市场，B2G 端（左手端）则开始野蛮生长谁都没想明白。

"一根筋"到"两头堵"，能不焦虑吗？

当然，更重要的是我们能够看明白、想明白，明白我们为什么焦虑，而不是黑夜中抓瞎，这就是战略，这也是亿翰智库以战略立身的初衷。

第二，关于 B2C 的规模再思考
唯有规模，才是通向未来的桥梁

很多房企经常性地有句话"做规模太伤利润了，不就是个排名吗？过了 12 月 31 日，一切重来，图了个名，实实在在的伤了利润……"真的这样吗？

当然不是，我和大家来掰扯掰扯。

当下，房企要想有所为，规模应优先于利润

很多房企的企业家对于规模有一个共同的认知，都认为规模会伤利润，即追求规模的企业往往会快速周转，因而会影响房企一部分土地升值带来的利润，或是为求规模在限价背景下低价销售，尤其是小规模的房地产企业，大家都会有一个问题："规模到底有什么用呢？"销售规模可能对企业排名有一定的作用，排名提高了几名，品牌知名度大了一点，但 12 月 31 日过后，马上全部从零开始，可利润却实实在在地受伤了。

每家企业都致力于在规模和利润之间谋求平衡点。客观上来说，无论企业家追求规模还是追求利润，都是无可厚非的，但在立足于现在今天的时间节点上，我个人有一个明确的观点：如果房企想要未来有所为，那么在规模与利润的取舍中，规模目前是优先的。

当然这不是一个绝对的结论，比如说一个小型的房企或者企业家属于风险严重规避型的，他不想再参与未来的行业竞争，不玩了。OK，那就可以只求利润，不求规模。但对于大多数有追求的房企而言，规模在目前情况下，是需要追求的。

我跟许多其他房地产企业家表达过这样的观点：你不需要担心未来，即便是存量阶段，中国房地产行业发展 8—10 年不会有太大的问题。因为中国人口基数大，城市化进程还在不断推进，这部分需求就足够支撑房地产行业存量发展了。且一些相关政策还会利好房地产行业，比如二胎政策的放开，它会推动住宅的改善性需求和投资性需求增长。所以 8—10 年内，存量市场仍然存在。但问题在于，房企未必

都能生存下去。现阶段，许多中小房企已经出局或者在出局的路上了。如果房企三巨头，碧桂园、恒大、万科未来销售额都要冲一万亿元，他们将占据房地产整体市场份额的30%，直接倒逼诸多中小企业出局。

与此同时，我们也看到了另外一些企业，比如说福晟集团、中梁集团、新力地产、祥生实业、华鸿嘉信等，他们在整体行业增速放缓的情况下，通过积极进取，主动求新求变①，实现了规模逆势上冲，跟前面悲观的房企形成了鲜明的对比。所以我认为，当前的市场环境对于不同的房企来讲，意义不同。如果房企内心打了退堂鼓，那么现在这个时代对于他而言就是最坏的时代；但如果房企内心无所畏惧，那么现在这个时代对于他而言反而是个充满机会的时代，是最好的时代。

十年后：一批多元化产业集团将出现

讲个未来的场景，我认为：十年之后，中国会出现一批多元化的产业集团，而这批产业集团中的大多数就应该脱胎于今天的房地产企业。

原因很简单，其一，资源占有与实力支持。在中国目前的特定环境下，没有哪个行业像房地产业这般，一家年度销售业绩达到100亿元的企业，却只能排名150名之后。而且与房地产同样能够达到10万亿元级体量的行业，像钢铁、煤炭等行业就不能像房地产行业一样，会对产业链上下游都进行了带动：比如上游的水泥、钢铁，下游的家具、家居、物业等。而还有一些行业例如高铁，虽然也有着产业高关联性，但是属于垄断型行业，缺乏市场化竞争，当中企业难以真正成长起来。所以客观来说，房地产行业目前来讲已经是一个支柱性产业了，没有什么行业可以替代房地产。

房地产行业，客观上占用了中国社会与经济领域大量的资源，其中主要有四大类：人才、资本、信息、技术。正由于房地产行业占据了如此多的社会经济资源，未来大多数多元化的产业集团就理应脱胎于房企。更何况我们多数的房企在住房改革以及民众住房需求改善的推动下，通过这20多年的发展，完成了原始的积累，拥有了雄厚的基础。

---

① 这里是指例如福晟集团在行业应变中的投资驱动模式，中梁集团在管理方面的变革，新力地产基于管控能力和人才限制下的城市为王的路线，等等。

其二，我们也能看到，目前房地产行业中的企业正在进行产业相关的尝试和探索。有房地产企业进行内部创新，也有的以房地产为载体做交叉业务探索，如社区服务、装修定制、VR、AR、大数据等。不管怎样，我们可以看到，过往这些年，房地产行业，企业探索的规模和力度都越来越大，转型意愿越来越强烈。

举一个例子。恒大前些年进入饮用水、粮油行业。现在这些相关业务都已经剥离了，可能从结果上说，很多人会认为许家印先生失败了，但我不这么认为。因为我们的房企，今天是房企，而十年之后呢？恐怕不会再有这么多可以开发的土地空间了，大家都会积极地转向多元化的产业集团。所以，恒大在规模做大以后，提前进行了多元化的试验和探索，思考如何利用所获得的人才、资本、技术公司和信息流等资源发展其他领域。恒大只是比别的企业早走了一步，因为恒大的规模比其他企业较早实现了千亿元规模，他有这个底气去进行多元化的尝试。所以我不认为恒大之前的尝试失败了，而这段探索过程给恒大留下的多元化经验、综合性人才，我相信对于恒大来讲是非常珍贵的，因为所有的企业都会走上这条多元化转型之路。

五年后，大部分房企都将"死亡"

前面说到了，房地产行业中的企业未来发展至多元产业集团有十年的时间，我将这十年简单拆分为两阶段：前五年，后五年。

在前五年的阶段，很多中小企业的退出是良性的退出。中小企业有项目，有地，想要退出，就可以将土地和项目卖给大企业，通过出售项目，实现了资产的变现。将所有资产都变现后，就基本实现了退出，这种中小房企的退出模式我认为是良性的，毕竟不是破产清算，资产价值仍在。而后五年，房地产行业将迎来全面大撤退，大清洗，大量的房企主动也好，被动也好，开始全方位多元化转型。在这个阶段，大多数的房企转型就应该是失败的。

原因很简单，因为一个国家的资源是有限的，并不需要那么多多元化的产业集团。并且，以地产为主业，向其他产业进行延伸的转型并没有那么容易，产业转型相当于进入一个全新的领域，其中有太多的壁垒需要突破。这其中行业趋势的判断、转型方向的选择、团队的建设、机制体制的构造等，只要有一个方面出现了问题，整个转型阶段都会受阻。所以我认为，后五年的转型阶段，大部分房地产企业都会被市场淘汰，都会"死亡"。

规模是资源的载体，唯规模才可通向未来

回到规模本身，既然在十年后，地产企业会发展成为多元化产业集团。那么现阶段，所有房企就会明白，规模的核心价值就在于：唯有规模才能承载更多的人才、更多的资本、更多的技术、更多的信息等资源。有规模才能有平台容纳上述的资源，让人才、资本、技术，信息在平台中不断进行各种新型的组装，进行各种地产及非地产的业务模型试验。所以规模是通向未来的桥梁，如果房企眼里只有利润而放弃了规模，那么其实也等同于他放弃了未来。

当然，每个企业的决策都没有对错，就是企业家的一个选择而已，不同企业的基因客观上也就是企业家的基因，如果企业家是风险规避型的特征，提前退出不是坏事，至少套现了。

第三，关于 B2G 的路径探讨
兼顾多元利益，有大未来

B2G 的四点基本认知：看大势、算大账、抓本质、等惊喜 [1]

第一，看大势，我们未来城镇化仍有空间，人口红利因素尚存。因此，B2C 市场未来仍有 8—10 年的发展空间。B2G 是大趋势，房地产行业现状（存量市场，小众游戏）倒逼所有房企进行 B2G 转型。以拿地手法为例，房地产企业主动也好，被动也好，都已经介入政府引导的 B2G 模式。

第二，算大账。我不认同行业内认为 B2G 难以盈利，因为我认为房企没有从全局的高度思考这个问题，先谈两类情况。

---

[1]　本部分内容在《2017 年度观点：从房产到地产，B2G 有大未来》中更为详尽的论述。

将土地、资金、人才整合形成自身的语言体系。在 B2G 阶段，房企要开始考虑其他要素，比如产业、资本、技术、社会资源。过去 20 年封闭的"钱、地、人"房企发展模型已经打开了，加入更多的元素。因为房地产行业只是中国经济的一个分支，当国家和经济的诉求发生变化时，行业模型也会随之改变。这其实也验证了一个真理，无论哪个行业、哪个领域，都不可以一招鲜，吃遍天下。模型的进化意味着房地产企业不能只考虑自身，而是在自身盈利的同时兼顾国家产业发展上的诉求。

用我自己原创的一句话来做一个总结：世间万物，但凡向着多元、开放、共赢的方向进化的都是美的，因为它符合自然法则。纵观世界各国的机制体制、思维方式和他们各自的历史发展经验，都讲究利益的多元，系统的开放，主体的共赢，本质上就是兼顾各方利益诉求。因此行业逻辑从 B2C 进化到 B2G，是房地产行业的进化，这个进化兼顾到了多方的利益，组成了一个开放的体系，有了共赢的局面，所以我认为 B2G 有大未来。

B2G 的"三三四五"模型

大家都说 B2G 不知道怎么做，从亿翰智库研究成果的角度，我们认为有些基本的趋势性的结论可供参考。此处为了表述上便于大家容易理解，我以 B2G 中主要的产城模式来代替 B2G 讲解。当然，这仅仅是亿翰关于产城或者说是 B2G 的一家之言，仅供参考。

模型第一步，需要积极构建三元行业结构。

图 2-2　亿翰产业模型

在产城模型中往往应该有三个主体，产城运营商（往往就是我们开发商）、实体产业和政府。

产城运营商为什么不是开发商，就是因为很多时候开发商在不知不觉中混淆了角色，在与政府谈判中将自己描述成了产业体，而一开始政府不清楚，到后面政府发现，原来都是打着产业旗号来找他要地的，于是乎，政府对开发商的排斥顺理成章了。产城运营商就是独立于政府和实体企业，做专业的产城运营业务。

我们都知道，二元结构是不稳定的，往往是对立博弈的，而三元结构通常确实很稳的，比如一张桌子至少三条腿，两条腿是绝对不稳的。所以，亿翰提倡的是产城模型中，应该积极构建稳定的三元利益结构，而不是不稳定的二元结构，简而言之，以产城运营商的身份来协调政府与产业之间的关系，而不是直接以产业的身份来和政府构建利益关系。就是要政府、实体企业、产城运营商三个主体，构成一个生态，其中有需求方，有供应方，还有中间的协调者。

模型第二步，产城运营商要具备三大标签。

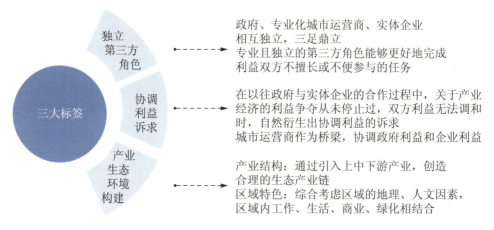

图 2-3　产城运营商的三大标签

一是独立第三方，作为产城运营商，需要改变自身在政府眼中的形象，明确告诉政府自己是第三方的角色，能够明白政府的需求，了解产业的规律，然后运用自身的经验创造一个可以符合两者共同需求的模式，实现各自的价值。

二是利益协调者，就是协调政府与产业企业的利益，解决其在利益方面的矛盾，使得两者能够共生共荣，利益一致。

三是产业生态环境构建者，产城运营中的产业不仅仅是单一产业，还要将上下游产业链都引进来，打造成符合一个产业的生态体系。

模型第三步，产城运营商的四大价值来源。

图 2-4　产城运营的四大价值来源

就是前文所谈的四个阶段的价值来源：招商引资、土地熟化、传统业务和产业投资。

一是招商引资的价值主要体现在政府补贴上。产城运营商通过招商引资将项目导入园区，政府会根据投资额或税收等给予一定比例的回报。

二是土地熟化的价值体现在资源的获益。一二级联动除了从政府获取一级开发的收益，还可以享受土地定向出让的土地价值分成。此外，一二级联动使得企业能够整体统筹整个片区的开发建设，使同样的土地资源发挥出更大的价值。

三是传统业务就是住宅开发业务。传统住宅开发是当前产城运营商主要的现金流回收途径以及利润收割途径，对于补充产业投资以及项目的整体现金流平衡有重要意义。

四是产业投资的资本收益。联合外部金融机构进行产业投资不仅能够帮助运营商加速项目内实体产业的落地，也能够让运营商获取一定的投资收益。而同类型企业的整合或产业链上企业的业务重组又能够为运营商带来资源价值重构的资本收益。

产城运营商要从这四个价值来源中去统筹计算整体收益以及构建新的产城模型，而不是拿着传统的住宅开发模型来评估产城项目的收益性，行业环境已经变了，"只吃肉不啃骨头"的日子没有太多了，接下来是该习惯从骨头上啃肉的日子了，索性还不是纯啃骨头。

产城运营商要协调五大关系：

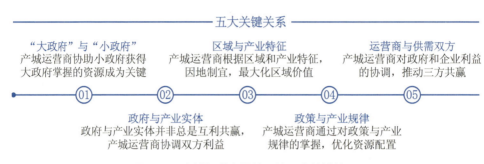

图 2-5　产城运营商要协调的五大关键关系

一是"大政府"和"小政府"之间关系。举一个例子，比如一家物联网企业去跟县级政府谈，想搞物联网。谈得挺好啊，地方政府也同意出土地、出钱、出政策等。但谈完后，地方政府的要求省政府不见得会答应。如果省政府驳回了怎么办？由于政府有层级，职能的区别，所以我们作为运营商，可以帮助"小政府"与"大政府"进行协调比如土地指标等，当然我知道有难度，但这不就是价值点吗？

二是政府和实体产业之间关系。政府需求和产业规律之间往往也需要协同，比如说产业升级所带来的矛盾，政府换届（不接受原来招商引资的条件）所带来的矛盾，都需要一个协调者去解决，否则产业受伤，或者政府难以推进。产城运营商就应该从一个第三方的角度去协调好政府与实体产业之间的关系。

三是区域与产业特征之间关系。需要根据区域的条件梳理出合适的产业发展方向，各种产业有各自的要求，一些区域的因素如地质，气候等对产业发展也有关键的作用。产城运营商需要在了解区域特征和产业发展规律的前提下，根据区域特性，选取合适的产业发展。比如发动机这种精密仪器的研发，就绝对不能出现在空气污染较重的区域。

四是政策和产业规律之间关系。产城运营商需要通过对于政府的需求预测政策的走向，或者从政策的浅层含义挖掘政府的深层次需求，并且结合产业发展规律，对产业发展或者政策的实施提供一定的帮助。

五是运营商与供需双方之间关系。运营商需要在供需双方的价值诉求中获取自己的发展空间或者叫价值点，比如政府的换届对于产业（政策连续性）的影响，需要运营商解决问题，保证生产经营。再比如产业发展升级之后出现新的标杆，那么运营商要做好引入准备或者淘汰旧产业，给予政府提前防范。这就是产城运营商的价值所在。

 后记
做一个专业的、诚信的桥梁

在与企业、企业家相互交往、交流以及合作的过程中，对于企业的焦虑和困惑我们也经常性地感同身受，我经常会在周末或者有时候是晚上一两点接到一些企业家的电话征询一些行业、竞争对手或者是企业发展，甚或是挖掘人才等方面的意见，当然这其中对行业的未来和对企业的担忧方面内容居多。这个过程中企业家给予的信任是我个人特别感激的，同时这个过程中的探讨交流更是我个人的学习过程，我也始终坚持着设身处地一起来思考和寻找解决之道。当然，我的解决之道，往往就是靠群众的智慧了，因为有圈层和朋友。

这些年，因为工作关系，接触了大量企业，从而认识了大量的企业家和企业高层，结交了大量的朋友，从而组建了亿翰的高端圈层"亿翰产业联谊会"和"亿翰总裁会"。2017年我们的"亿翰产业联谊会"组建之后就有很多成果：比如牵线泰国正大集团与碧桂园两大巨头的战略合作、成功推动蓝光集团与卓越集团两家企业的投资合作等。而一直以"诚信、合作"为出发点的亿翰总裁会经过几年的运营，已经成为很好的交往和合作的桥梁，这里面更是高端合作无数，亿翰总裁会第九期也于2018年1月3日在深圳卓越集团召开，这个圈层是很好的。

专业、诚信、桥梁，亿翰之道。

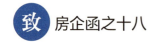

致　房企函之十八

▎财富再分配，有担当者有大未来 ①▎

> 在当下中美博弈加剧的背景下，有为的房企终究会实现三转换：由区域企业转换为全国性房企；由地产企业转换为多元化集团；由国内发展转换为国际布局。②

党的十九大召开之后，随着国家新一轮的宏观层面的调整，房地产业面临着银根收紧、监管从严等一系列的微调，尤其是在行业进入存量市场的今日，行业何去何从再度成了焦点。

在此，从三个角度来和大家谈谈想法。

---

① 本文成文于 2018 年 3 月 31 日。

② 在《致房企函之十七：2018，有些道理，我想和地产同仁说说》中，尽管也是战略层面的分析，但更多的还是聚焦在探讨企业焦虑的根源，以及基于国家发展的需要、行业进入 B2G 大背景下，企业顺应的必然与路径的可为，更多的还是企业层面以及企业逻辑，但并没有回答另一问题："国家的诉求与行业的必然"，上一章的序有所谈及，终究不够，此文补上。

不变的生存环境
美国因素和地方债两大内忧外患，短期很难改变

先来说说地产业所面临的生存环境，我一直以来都认为，当前房地产行业面临最大的、最主要，也最直接相关的变量是内外两困境，外患有美国因素，内忧有地方债。①

先说明一下，美国因素更多的还是指国际因素，因为美国作为当今世界头号强国，自然是国际因素中的主要组成部分。可能大家会说，美国关我地产业什么事？其实不然，地产业由于其十万亿元级的体量和高度的上下游产业关联性，天然决定了其在中国经济结构中的权重很大，而经济发展往往服务于国际政经关系的调整，所以，美国因素时时刻刻都在影响着地产业的起伏。而地方债因素就更容易理解了，地方政府 GDP 考核导向以及城市化进程中各种大型工程的上马，地方政府资金不足往往就会诉诸于发行债务来解决，可能单独某个城市的债务不大，可也架不住中国有着近三百个地级市、近四百个县级市以及近三千个县，城市数量的巨大推动着地方债风险高筑。②

所以说，所有企业的发展离不开行业的波动和变化，而行业的变化又离不开国家层面所面临的问题和压力，这是一个大的逻辑。房地产行业自 2008 年以来，所面临的内外环境并没有发生大的变化，房地产行业所面临的环境即内部主要就是地方债，外部是美国因素（次贷危机、选举、加息、贸易战等）影响，从国家层面为了应付内外两层压力，房地产经常性的就是个工具和手段，这是一个大的背景。

美国因素和地方债因素，在过往近十年中对地产业的直接或者间接影响的分析，具体过程在我以往的一些文章中都有详述③，在此更多的还是想表达这么一个观点：美国因素和地方债因素，短期很难彻底解决以及消除，因而，不谈太长的时间段，

① 此观点可参见本书《致房企函之十五：2000 年以来，美国因素主导中国房地产业的三轮巨变》。

② 2015 年官方公布的地方债数据是十五万亿元，民间说法更大。

③ 相关内容可参见本书《致房企函之十五：2000 年以来，美国因素主导中国房地产业的三轮巨变》《致房企函之十七：2018，有些道理，我想和地产同仁说说》。

至少两到三年内，地产业所面临的这一对内忧外患权重因素，并没有也不会离场，我们分析地产业的生存环境时，重点关注这两者即可。

这是地产业"不变"的一面。

变化的角色和功能
由助推器转向稳定器及产业载体

不知大家是否注意到一个非常重要的现象：近几年国家不再公布 GDP 增长目标了。

很多人不在意，我来和地产人谈谈，这很重要。

我们国家从原先的每年公布年度 GDP 增长目标，比如 7.2%，转变到一度公布年度 GDP 增长区间目标，比如 6.9%—7.1%，再到今时的不再公布增长目标，导致地产业的角色发生重大调整。

在我国的政体结构下，以往每年国家公布新一轮 GDP 增长计划后，通常而言，上下各级都会同心协力去实现这一目标，毕竟这是对全世界发出的声音，尤其是中国近些年 GDP 增量占全球比重非常大，所以也有考虑国际影响的因素。所以，就会出现了一个循环：年初公布 GDP 增长目标，然后按季度去跟进和分析完成的可能性，到了年中万一基于国际大环境变化，这一目标有压力，我们通常情况下就会抬出地产业下猛药，因为地产业规模大最好使，需求旺，更重要的是地方政府基于财政需要也有动力推，所以往往一剂猛药下去，地产业的一线、二线、三线甚至四、五线全都起来了，供需两旺，价格上行，一派欣欣向荣的背景下起到了维护 GDP 增长目标的任务；如果到了三季度发现，地产起来太猛了（毕竟前些年，怎么有效运用地产业这一工具是个大命题，合理有度都是需要实践来找感觉的），很可能 GDP 增长目标完全没问题，于是乎四季度马上就踩刹车，打压地产业，全面打压。

我来和大家谈谈不公布年度 GDP 增长目标这一变化的影响。

简单地说，就是：房地产行业所承担的角色和功能已经从经济的"助推器"变成了经济保持平稳的"稳定器"。

在"助推器"阶段，为了保证经济的增长，房地产行业面临的不是全方位的推动就是全方位的打压。但现在来看，GDP 增长已经被宏观层面有意识地淡化了，实际上，随着近年来，各级城市房价上扬抬升地方财政的同时，也相应地产生了资产泡沫过大以及居间杠杆过高等方面压力。

在不再公布 GDP 增长目标这样一个大背景下，房地产业已经转型为"稳定器"。什么叫"稳定器"呢？简单地说就是，你房地产业每年维持一定的体量，作为经济结构中的一块压舱石，保持一定的 GDP 创造功能，同时解决一定的就业和地方财政需要就行了，不用再作为 GDP 增长缺口中的"救火队长"，自然我也不把你当作灭火对象。这么一来，从全国地产业来讲，房地产业不再享受是"全抬或是全打"的待遇，转而变成根据需要"摁住一头放开一头"的手法，只要维持一定规模和体量就行。

总的来说，不会再出现全面的打压或全面的放开。以 2015 年为例，年初货币政策开始放水，资本逐利，自然都往价值高位区域流动，很快一线和二线房价上涨，随后政府的策略就是因城施策，即两条路线：选择对一、二线采取"去杠杆"的"冰冻政策"（摁住一头），同时开启三、四线去库存的"抬升政策"（放开一头）；2017 年底，在三、四线持续火了一年半时间左右，大家有没有发现，住建部的表态是"支持改善型需求，其他三、四线及县城去库存"[1]，本质上就是过火的三、四线要"注意风险"（摁住一头），其他（并没有透支的）三、四线及县城"继续去库存"（放开一头）。大家看看是不是这个道理？

中国当前经济转型和产业升级阶段承担不起房地产行业的全面暴涨和下滑，因此不再公布 GDP 年度增长目标，客观上来说，就是在调整地产业的角色和功能。

这是地产业"变"的一面。

---

[1] 相关内容可参见本书《致房企函之十七：2018，有些道理，我想和地产同仁说说》。

政府的举措
引导房企为国效力，远比打压摧毁更合适

正如前面所做的分析，在"不变"的内外环境下以及"变动"的角色功能下，考虑到历史的因素和现实的变量，由于当下没有可替代性产业以及地方政府在 GDP 考核逻辑下的惯性操作行为，我相信，中期房企的"稳定器"角色仍将维持其存在的合理性。

在这样一个推断下，我们再来理性地评估政府对房企会采取的基本措施。

首先，我想大家都清晰地知道国家当下的需求：那就是"脱虚入实"，发展实体经济，完成产业升级，习近平主席和李克强总理这些年始终倡导和呼吁的都是"脱虚入实"的精神，尤其是在当前中美贸易战风雨欲来之际，更是意义重大。

其次，"脱虚入实"背景下，房企的责任重大。如果静态地来看待地产业，我想大家很容易想到的就是：政府必须加大挤压房地产业的力度。为什么呢？很简单。既然国家需要发展实体经济，那就意味着大量的资源都务必向实体领域转移，客观地说，由于房地产业的规模性和高关联性，随之而来的必然是房地产业占用了大量的社会和经济领域的资源，这其中就包括大量的人才、资本以及产业资源等。所以，国家要想大量资源都能够进入实体领域，完全可以采取挤压的方式把地产领域资源挤压出来，手法很简单，就如同当下收紧信贷，只要时间坚持够长，随着房企的经营压力不断加大，我相信完全能够有效地把很多优秀人才、资本以及产业资源等都挤压出来。

但随后问题就出来，首先，房企的优秀人才一旦被挤压出来了，哪个行业能够吸纳并使用起来？我看很难，因为当前随着近几年全国房企学习碧桂园的灵活机制，大幅推高了房企人才的待遇，一般性的产业还真养不起，很可能的结果是这批优秀人才离岗就下岗。其次，大量资本被挤出房地产业，照样没有地方可去，因为资本缺乏的是有良好回报的投资渠道，同样，我们绝不能再犯 2011—2012 年期间类似的错误，那个波段中，资本被挤出后没有地方可去便进入了生活资料领域，大蒜、生姜、白糖、辣椒等相继被游资炒作价格失控，严重干扰社会的稳定。那最后产业资

源呢？我知道不少房企在住宅为主业的背后还有着不少的类似大数据、机器人、AI、智能化等领域的探索业务，同样的问题就是你把这些资源从地产领域挤压出来的结果很可能就是倒闭，因为在房企平台下，由于房企的实力还可以给予时间培育，毕竟新兴产业都需要培育周期，而一旦没有这个实力平台的支撑，很可能就是才出（房企）门就关门。

可以想象，这种过刚的"挤压"手法貌似不是很妥当，那么替代性的动作就是"引导"。与其挤压产生很多不良后果，甚至不排除部分企业破产之后的大量三角债等复杂的社会问题蔓延，还不如引导着房企来帮着政府来"脱虚入实"，发展实体产业，完成结构转型。当下从我观察的角度来看，政府也确实在引导着房企在政府希望的轨道上前行。

为什么我认为政府需要引导而非完全摧毁行业呢？除了客观上短期还没有可替代性产业，以及其他产业缺乏地产业这般高关联性之外，更重要的是，过去20多年的住房改革，在改善城乡居民居住环境的同时，也培育了一批非常优秀的企业，以及一支非常优秀的企业家群体和职业化精英团体。这很了不得，为什么呢？当前的房企有几个特点：（1）从企业管理的角度，其组织能力、组织结构应变能力和人才激励制度方面都非常优秀，以碧桂园为例，其在三、四线城市所采取的大规模人海战术的营销过程中所表现的组织、管理、激励能力之强，完全可以媲美当年一批保健产品和家电制造企业的轰轰烈烈的全国化营销动作，而其所采取的共享机制则是中国其他行业企业所不敢想象之壮举；（2）房企为了应对市场的波动和政策调控，房地产企业每一家都在资本通道建设，以及金融创新方面拥有非常丰富的手段和经验；（3）房地产企业与地方政府的磨合非常顺畅，几乎每家中大型企业都会在全国化布局，几乎每天都在与各地政府打交道，非常熟悉和理解政府的言行，沟通无障碍，这是其他行业完全无法比拟的。（4）经历了将近20多年的政策调控，行业上下震荡的历程，企业家的心态非常之成熟。这批企业群以及优秀的企业家及职业化精英，要是很好地利用和引导着为国家"脱虚入实"服务，远比挤压要好很多。更重要的是，当下时点，放眼中国，没有哪个行业拥有这么一批优秀的企业家和社会精英群体，这个群体已经用行动和实力证明他们有进入国际市场竞争的能力和魄力。

与此同时，不知道大家有没有注意到，当前，政府已经开始针对房企有所举措，且分步骤。从研究和观察的角度，我觉得政府对于房企目前三步走的策略非常清晰：

第一步，引导那些大型标杆企业作出旗帜效应；第二步，推动行业集中度提升；第三步，房企最重要的都是有地啊，通过在土地环节的政策设计，引导房企，转向实体，在多元化的同时，为国效力。

前两者暂且不说，仅从第三种而言，我们看到很多企业已经在政府引导下前行了，比如说很多企业纷纷去地产化，都改名叫"××控股""××发展"等，比如说当前房企最核心的拿地行为，有三种选择：第一种，招拍挂；第二种，收并购；第三种，政府供地。①

而且，我也认为，这其实是政府为房地产业和房地产企业的未来在"关小窗，开大门"，即住宅本身进入存量市场，空间不大，转身去为国家解决困境、发展实体经济，客观上房企的角色开始转换，房企正式走出自我利益结构，企业利益与国家利益开始息息相关同进退，真正的同呼吸、共命运。角色的转换，真的有望实现行业长青，企业长存，因为房企（当然，未来未必还叫房企）在践行国家责任的同时，会进一步获得更大发展空间。这方面，我认为当下的恒大集团就做得很好。

● 后记
新时代，大未来

个人认为，当下的世界发展环境进入新阶段，全球性的权力再分配，带动了资源和财富的再分配。

有很多房地产企业都进入20年周期阶段，但是，当你仔细去分析这些企业的数据，你有没有发现，其实绝大多数今时今刻活跃的房企，其真正意义上的大发展却是在过去的三四年间完成的。这其中包括碧桂园、融创、新城、旭辉、福晟、正荣、中梁等等无不如此，这其中既有企业和企业家努力的结果，我个人更认为是全球性的财富再分配趋势下的结果，而且，这只是才开始！

---

① 相关内容可参见本书《致房企函之十七：2018，有些道理，我想和地产同仁说说》。

在当下中美博弈加剧，国家外扛巨压，内修报表的背景下，有为的房企终究会实现三转换：由区域企业转换为全国性房企；由地产企业转换为多元化集团；由国内发展转换为国际布局。

有没有看到，几万家房企，未来会只剩下百分之五左右。

权力转移、代际更替、财富再分配，已经开启大幕。

作为一个研究者和观察者，欣逢盛世。

善!

致 房企函之十九

|中美博弈之际，
关于房地产业的四点思考^①|

对冲振荡，从财务杠杆走向经营杠杆，将是房企的必然选择。

　　房地产业，不管其规模多大，终究只是经济领域的一个组成部分，而经济，终究是为国际政经关系服务，尤其是当下的中美博弈，对于房地产业而言，更是一个巨大的变量，其影响之大、之深远绝对不是我们现阶段可以评估的。在这样一个远远超出行业可控的变量面前，房地产业该如何面对并且采取相应的对策呢？结合行业所处的发展阶段，在此和大家谈谈四点想法。

---

① 本文成文于 2018 年 6 月 30 日。

对于行业
要心怀感恩，从顺势到反哺，践行责任担当

需要清醒地认识到，房地产业并非是凭空而生的行业，房地产业的爆炸性成长也并非仅仅是因为企业家的卓越和职业化经理人的优秀铸就的。在中国现实环境下，过往 20 多年房地产业高速成长，从根子上来说，得益于政府的推力，这点，我想大家是不会有异议的。2018 年，很多人都在讨论改革开放 40 周年这一重大历史节点，其实，就房地产业而言，2018 年同样也是住房改革全面市场化的 20 周年。在城市化的大背景下，20 年的住房改革全面市场化客观上推动和导致了中国房地产业的高速成长，也成就了我们一大群卓越的企业家和培育了一大批优秀的职业精英。其他的不多说，我仅说一点，2004 年之际，孙宏斌和王石还在争论谁是百亿企业的时候，谁能想到今天的房企一个月可以销售几百上千亿元。难道这仅仅是企业自身很牛？肯定不是，回顾历史，我们会清晰地认识到，2004—2018 年之间房地产业的高速成长，很大程度来自 2002—2003 年之际土地公开"招拍挂"政策的推出，以及 2004 年全国开始进一步放开针对房企的开发贷和针对需求的个贷政策，这两者才是重大的推力。

上面这段的阐述并非是为了否定企业家的作为，更多的还是想客观表述，房地产业和房企的成长确实是借力于城市化进程中的住房改革，顺势而生，房地产业需要感恩。

为什么，我想专门谈及感恩，一方面既是事实，另一方面我们也需要认识到一个严峻的事实，近年来，随着房地产业进入存量阶段，房地产业的定位和形象随着一系列（安全性问题、房价高企）社会性事件的发生，房地产业作为经济"助推器"光辉所掩盖下的瑕疵开始被放大，我们需要反思当下房地产业窘境的根源以及社会性矛盾进一步激化，未来可能给行业带来致命性打击的风险。

因此，在当下，在行业进入存量的当下，尤其是外有中美博弈的压力，内有地方债务的困境的氛围下，房地产业心怀感恩之心，探索未来之道，我认为比业务更重要。

那当下房企如何在交税、解决就业、慈善捐助等企业行为之后更好地反哺社会，

以及体现责任担当？就目前国家政策的需要，以及观察各大企业的动作而言，我认为房企结合自己的业务有三大路径：

其一，专注匠心，打造符合人居标准、适宜消费升级的产品；

其二，营造美好生活，积极参与精准扶贫及建设具有温度的社区；

其三，产业兴邦，在当下中国梦和民族复兴过程中，推进符合国家需要且也是企业寻求未来转型需要的产业发展。

这三方面，至少是当下政治正确的路径。

对于未来
六大先发优势，房地产业理当积极乐观

我个人兼任了不少企业顾问，也是因为业务关系，基本上百强企业都有合作，经常参加各大企业的研讨会以及交流，近期所面临的是对企业及个人前程担忧的话题比较多，其实，大家没必要太悲观，为什么呢？

其一，国家未来的路径明朗。

2018 年的博鳌论坛上，习近平主席发表的主旨演讲，大家应该很清楚，未来的中国会进一步融入全球，未来的中国仍旧是市场化路径，改革开放的方向，不会变。

其二，当下的困境与国家的需求。

近期中美博弈下最严重的事件当属"中兴事件"① 了，这件事客观上来说刺激了我们国家上下的神经，我们确确实实技不如人，随后习近平主席也在多个场合表达了要研发

---

① "中兴事件"是指由美国商务部主导的禁止中兴通讯产品在美国销售的事件。

和掌握核心技术和产品，未来发展实体产业，大力推进核心技术的研发是为必然，而在这个过程中，国家推力是一方面，更需要一批优秀的企业、企业家以及职业化精英。

其三，房企的相对优势。①

我认为有六点：第一，20年的历程成就了一批完成原始积累的企业，而且规模都不小；第二，这批企业机制灵活，敢于启用优秀的人才，也支付得起相应的薪资；第三，这批企业会而且非常善于利用金融手段；第四，这批企业天天和政府打交道，非常理解政府的需求；第五，房企高层全世界性地考察和交流，具备国际化的视野，看看万科、万达、复星、绿地等房企的企业家全世界交流互动多广泛，层级多高就知道；第六，20多年风风雨雨，企业的经营心态很成熟。

其四，先发优势。

正如第一点所描述，未来的中国将会按照市场化、商业化的逻辑去与全世界展开竞争，而这就需要一大批优秀的企业。有这六点优势，在我们推进中国梦以及民族复兴大业的过程中，房地产业所成就的这批企业和企业家以及优秀的职业化精英具有很大的先发优势，我们的白色家电就剩下三家企业：海尔、格力、美的。而房地产业呢，至少一百家百亿级企业，也就是说至少上百的成体系的具备竞争力的企业系统。在当下中国，我们很难找出这么一个庞大的企业家群，毕竟这是时代造就的，是20年全面市场化住房改革造就的，就中国的经济系统来看，不说其他行业不可匹敌，至少这是个非常重要的群体。

其五，未必要专业。

很多人也许会说，未来的核心技术和产品可不是你盖房子就能懂的，光有钱未必能解决问题，确实如此，但也未必如此，你看马斯克不就做出了人家举国力量都做不出来的飞行器②吗？你看恒大不就开始和航天系统合作了吗？你看蓝光不就在生命科技方面大投入了吗？作为一个整合者，用机制整合专业的人才去做专业的事情，房企

---

① 相关内容可参见本书《致房企函之十八：财富再分配，有担当者有大未来》。

② 是指太空探索技术公司（SpaceX）老板埃隆·马斯克与微软联合创始人保罗·艾伦共同建造的巨型飞机——平流层发射运输机（Stratolaunch）。

很擅长。当然，我不认为房企一家就因此能够承担发展高精尖、实现"2025"①的重任，我只是认为，六点先发优势，注定未来的房企未必仍然是叫开发企业，很可能某个房企变成钢铁大王，有的成了生命科技巨头，有的成了汽车巨擘，这是趋势也是必然。

所以，我不看空行业未来，只是未来我们不一定是房企而已。

对于企业
对冲振荡，从财务杠杆走向经营杠杆，将是房企的必然选择

资金是房地产业的血液，房地产业高度资金密集型的特征，注定了在银根收紧的背景下必然会随时进入困境。自 2017 年底以来的本轮银根收紧，至今已快半年时间，所有的房企已经感受到了寒意。

但是，在我们现有的体制环境下，在中美博弈这一大背景下，在国家对实业需求高度重视的大背景下，客观而言，房地产业目前是不大可能出现继续吸纳大量社会资金，从而导致社会资源进一步转向房地产业的结果，如果出现，房地产业的未来可能会更加不堪。

即便是最近有关领导再度积极表态或降准的出现，我们要认清几点形势：一是目前的降准以及资金的宽松更多的是定向往国家所需的方向投放，房地产仍旧不是政府关注方向；二是房地产业已经是占用了大量社会资源，不宜进一步抱太高期望，也不要自欺；三是房地产业中长期会进入银根紧缩状态，我认为是大概率事件。

在这一趋势下，房企就真的无所作为吗？其实不然，房企过往更多的还是粗放型经营，是个资源的整合者，真的说到每家企业有什么特别多的技术性和特高的管理水平，还真拿不到台面上（这和六大优势不矛盾啊）。

---

① "2025"是指经李克强总理签批，国务院印发的《中国制造 2025》，部署全面推进实施制造强国战略，这是我国实施制造强国战略第一个十年的行动纲领。

当下的环境，对行业未必是坏事，对企业也同样。我们经常听很多企业会说，行情不好的时候"练内功"，那怎么"练内功"？我认为就是：做企业就是做杠杆，收了财务杠杆，要放经营杠杆。

可能有人会觉得很奇怪，从来只听说财务是杠杆，可真没听说经营杠杆一说，那是因为过去行业太顺了，企业深度化的经营没有拿到台面上来讨论。

经营杠杆其实有些企业一直在做，但是大家没有意识到而已，就我个人观点而言，至少可以从人才、品牌、技术（产品）、服务等很多角度来探讨，比如说过往三年，全国房企学碧桂园的人才机制，学什么呢？因为碧桂园的人才机制客观上来说颠覆了过往近十几年来所有房企以"地"为核心的企业运营逻辑，碧桂园的人才机制引导了行业全面性地进入以"人"为核心的经营逻辑，这就是个巨大的创新，推动了碧桂园过去几年的高速成长，这就是放人才的杠杆。再比如，过往几年，绿城代建全国化业务源源不断，不就是因为绿城的品牌优势？这不就是放品牌的杠杆吗？再比如说仁恒的社区服务在上海金融圈都是有口皆碑的事情，仁恒置地陈平先生有一次介绍，说仁恒 15 年的房子比人家 8 年房子的外立面和小区还要好很多，人家直接找上门，希望我们帮他做翻新；金茂这几年在金茂府产品上的投入，使得不少房企拿了高价地块直接主动找他合作；融创这些年在桃花源以及壹号院产品的打造同样也是为企业带来大量的远非资金所能解决的优势，这其实就是放技术（产品）的杠杆。

放经营杠杆，简单说也是为企业在不利的环境下寻求真正的核心竞争力。

我相信还有很多角度可以探讨经营杠杆，在此，仅是抛砖引玉。

对于合作
房企之间的合作已经八年了，下一步该进化了

自 2011 年开始，房企相互之间的合作拉开大幕，这个过程中，很多房企走出了自我封闭系统，走向了开放合作路径，一如中国加入 WTO，但凡开放最终都是受益。

但是，在行业越来越集中化的今天，我个人觉得纯粹的原始的项目合作已然不足以满足企业的发展需求，近期出现的一些上市房企与非上市房企之间的深度合作就是代表。

我个人觉得，行业企业之间的合作，必然会从单一项目端开始走向企业层面，从二级结构的股权走向一级结构的股权。

尽管有些业界朋友认为太难，其实未必，当年企业与企业项目端合作不也是经历了一路坎坎坷坷到今天才变成天经地义；也有人说项目层面毕竟不涉及企业层面股权，企业家还是能接受，但直接上升到企业层面，很多企业家就不干了，我仍旧认为这只是技术问题。在行业的今天，为了抗衡前面八千亿元上万亿元级别的企业，几家千亿元级别企业构建半联盟的模式只是个时间问题。

晚，不如早！①

---

① 此部分内容，在本书《2018 年度观点：行业降维淘汰，房企升维精进》中有更详尽的论述。

03
研究札记

—— 战略先导 ——

把脉行业现在与未来

札 看清政策

|一文读懂房产税的三大问题^①|

房产税的影响其实是有限的，如果说房产税会造成什么影响，更大可能是对未来预期的影响。

2017 年以来，房地产税被提及的频率明显提高，2018 年 9 月 7 日，十三届全国人大常委会立法规划更是将房地产税法写入立法规划，属于第一类项目，即"条件比较成熟、任期内拟提请审议的法律草案"。

房产税属于房地产税范畴，并且是长效机制的一部分，与人们的生活息息相关，其演进、制定、实施都有很多不确定性，行业内对其实施进程也有很多猜想，为了使大家对房产税有更直观、深入的了解，我们从三个方面对房产税进行系统性分析。

本文将围绕以下三个方面对房产税进行系统分析：

一、行业内趋势性认为房产税的出台能够降低房价，或是填补地方债务巨坑，又或是能够调整社会资源配置方向，提高资源利用率，为此我们将基于一定的假设，

---

① 本文于 2018 年 9 月 18 日发布于亿翰智库公众号，收入本书时略有调整。

对房产税的征收总量进行预测，分析全方位征收房产税对政府财政收入的贡献率等。

二、房产税被提及频率明显提高，房产税的出台也具有一定的确定性，房产税的文件出台相对容易，但是其全面执行是否为易事，其中又将面临哪些困难和挑战？

三、房产税是对房产持有环节征收的财产税，如果真的要出台房产税，针对居民的各种税收和房地产行业内调控政策是否需要调整？中国的各能级城市的基本面及房地产市场发展现状差异甚大，如何在各城市间因城施策？

征收房产税的影响有多深
范围有多广

市场上对于房产税出台后所能产生的作用众说纷纭，房产税真正出台到底有什么影响，影响的范围会有多广，程度有多深？

房产税总量有限，无法解决地方财政缺口

1994 年分税制改革后，地方政府的事权和财权出现了明显的错位，中央政府将大额收入来源收归，地方政府缺少有利的收入来源，但是在政绩考核的压力下，地方政府只能通过举债来进行基建、投资和民生工程建设。

作为土地公有的国家，土地出让金成为地方财政收入的最大来源，通常占政府性基金收入的 80% 左右，而土地资源有限，政府的土地财政模式不可持续，同时土地收入的波动性较大，因此靠出售或抵押国有土地来获得资金的方式具有极大的不确定性。那么，房产税是否能成为政府土地财政的替代方式，成为填补地方财政缺口工具？

为此，我们将对 2017 年至 2020 年间每年全国可能征收的房产税总量进行测算①。

①   具体的测算方法和结果在此将不予赘述，有兴趣者可以关注亿翰智库公众号获悉。

图 3-1　2013—2022 年商品住宅成交走势

图 3-2　2013—2020 年中国城镇化率走势

图 3-3　2013—2020 年地方政府一般预算收入走势

通过测算可知，2017—2020 年期间全国每年征收的房产税收入数额有限，占政府公共预算收入和土地出让金的比重不足 12%、30%，可见房产税对于缓解财政压力的效用可能极其有限，因此真正要解决地方政府的财政缺位问题，单靠房产税无法从根本上解决问题。

无法影响供需及货币走向，房产税不是调节房价的方式

房地产行业多参与方谈房产税色变，最根本的原因在于认为房产税将成为调整房价的工具，然而通过比较上海、重庆以及发达国家出台房产税后房价的表现可以发现：房产税出台后并未使房价下跌，即使对于房价短期内具有一定调节作用，但是长期内也无明显影响，一些发达国家出台房产税后，房价非但没跌，还出现了明显的上涨。

那么房产税是否能够影响房价呢？本质上而言，影响房价走势的因素主要是供给、需求和货币，房产税只能增加房地产持有环节的成本，供给、需求有其自身发展规律，房产税不会对供给和需求产生影响，同时房产税也没有路径影响货币走向，无法引导资金进入或流出房地产市场。因此，即使出台房产税，其目的可能也不在于降房价。

单靠房产税无法实现社会公平性

如果说利用房产税降低房价的目的无法实现，那么房产税是不是可以实现社会的公平性？如果说为了公平起见，我们仅针对富裕的中产阶层征收房产税，穷人则列为免征范围，最后将收来的税收用于提高低收入阶层的生活质量和水平，并降低低收入人群的生存成本。这样的设想固然美好，可是实现起来却很难。举例而言，在大城市谋生的普通工薪阶层多数无法购置属于自己的住房，因此只能租赁房屋，很多大城市的房东可能拥有不少于 2 套住房，如果向其征收房产税，那么房东可能并不乐意交税。"羊毛出在羊身上"，最后的成本或将再次回到普通低收入者身上，存量财富转移的目标将无法实现，社会的不公平性或将加剧恶化。

房产税出台会有哪些影响

房产税的影响其实是有限的，如果说房产税会造成什么影响，更大可能是对未

来预期的影响：对房产税未来进程、具体实施细则、执行力度等的猜测使得各方出现不同的心理预期。

基于对房产税相关进程的预期，不同能级城市可能会出现不同的影响。对于三、四线城市而言，房产税增加了房产持有环节的成本，可能不利于三、四线城市"去库存"进程。三、四线城市本身就不存在发达的二手房市场，在一些非核心城市边界的三、四线城市，房屋的投资属性并不那么明显，如果出台了房产税政策，可能会将原先置业的可能性抹杀。

对于核心一、二线城市，房产税的出台是不是能够改变住房供不应求的现状，促进资产的优化配置？当然，一、二线城市住房的金融投资属性浓厚，房产税的出台虽然在一定程度上增加了房屋的持有成本，但若相比房价涨幅，房产税的税率较低时，房产税的出现并不能将用于投资的房屋挤出市场，无法实现资源的进一步优化配置。当然，还可能将成本转嫁到没有住房的居民身上，这样房产税又将成为资本化的工具助推房租或房价的上行。2018年中央政治局会议提及"坚决遏制房价上涨"是一个信号，中央对于房价上涨的容忍度降低，房价只能被遏制，如果未来房价不再快速上涨，那么房产税的征收是不是有可能逼着核心城市的房屋资产由资产转化为负债，这将不利于房地产行业的健康发展和社会的安定有序。

短期内
房产税能否全面执行

从目前各方面条件来看，房产税的出台是确定的，只是时间的问题和具体方案的选择，但是全方位执行仍面临严峻挑战。

征税群体规模尚小，无法支撑纳税需求

当前，中国中产阶层群体尚未形成庞大规模，即纳税的对象群体无法支撑纳税需求。如果说，不将纳税的对象全国化，只将纳税对象锁定在中国所谓的中产阶层身上是不是个优质的选择？而事实上当前中国尚未形成"中间大，两头小"的橄榄

形社会结构，中国所谓的中产阶层群体尚未达到一定的规模，况且中国的医疗保障体系还不够健全，考虑到交了税之后，收入所剩无几，未来的生活或将面临问题。

另外，所谓的中产阶层真的会心甘情愿地缴纳房产税吗？中国的土地资源均归国家所有，普通居民只是拥有土地的承包权和使用权，而不具有所有权。产权到期后，房屋的所有者也不知道是谁，交了税无法看到实实在在的利益，肯定是不愿意交税的。

还有一点，对所谓的中产阶层征收房产税，这将对中国的内需造成巨大的冲击。而当前，中国经济正处于转型升级期，经济发展的质量被提高到一定高度，同时与美国的贸易战也在不断演化升级中，对内需形成冲击的行为于国家，于社会而言都是百害而无一利的。

大范围征税的难度大、代价高

大范围征收房产税的代价和难度很大。首先，对所有住房征收房产税，必须要对所有住房有全面深入了解，如不动产价值评估等，而这在短期内就很难实现。

其次，要实现大范围的房产税的征收，必然需要巨大的团队，期间需要耗费的人力、物力成本是巨大的，而且未必有明显成效，组建团队的成本高昂，最后收到的税收收入总量可能连收税的成本都覆盖不了。

最后，中国的土地公有制决定了房屋存在产权期限限制，如此一来，购房者就容易产生一种不愿交税的心理。种种因素叠加，想要在全国范围内全年征收房产税的难度不言而喻。

贸然大范围征收房产税或将引致更深层次的改革问题

房产税的征收不同于个人所得税的征收，个人所得税是银行代扣代缴的，这样的征税方式于纳税人而言是被动且无感的，普遍意义上纳税人更关注的是到手收入的多少。房产税则是另外一种情况——是把口袋里的钱再拿出来，让大家从已到手的收入中再拿出一部分来交房产税无异于让大家割肉。

当然，即使购房者顺利缴纳了房产税，不排除中产阶层会萌生"我交税，我得当家作主"的想法，这可能会带来更深层次的改革问题。

房产税会出，但短期全面执行难度较大

行业对于房产税的论述不是凭空出现，多年来关于房产税的讨论更是层出不穷，只是在近几年，特别是 2017 年后讨论更频繁，但目前核心点仍然停留在文件描述层面，实质性进展仍然不足。

中国现阶段的城市分化相当严重，即使房产税出台，其试点的城市选择（大范围铺开，还是优先选择某些城市试点等）、税率的制定（统一税率还是一房一率等）、收税标的的范围（所有的房子都收，还是设定一定的标准，符合标准的住房才征收，增量房与存量房之间征收方式的选择等）都需经过严格的程序制定。

即使是现在可以大范围铺开的征收房产税，核心一、二线城市与三、四、五线城市的标准也无法轻易决定，很难存在适用所有的统一法则。

假设未来房产税真要实施，也将是先试后行的过程，可能是新房新办法、老房老办法的方式，这种方式相对比较合理，因为土地拍卖时就已经知道这幢房子会附带房产税，可能会调整房价，会使房价的支付结构发生变化，如果在税后的大情况下去突兀地增加房产税，而且在征收土地出让金的基础上还去征收房产税，消费者是不愿意承担如此巨大的附加成本的。因此如果是土地出让金和房产税双重征收的话，房产税全面推行的阻力可能会比较大。

全面开征只是时间问题
房产税将会如何征收

房产税作为房地产税大范畴内的税种，对其开征具有明确性，也就是说房产税一定会征，只是全面开征的时间问题，房产税未来到底会怎么征呢？

"长期"换"短期"，政策对冲，有房者自主交税

当前，限购政策限制了购房者加杠杆投机炒房的资格，但是也在一定程度上压制了部分刚需购房者的住房需求，这种政策作用相对短期，只是将购房者的购房需求在时间上往后顺延，不是维持房地产长久稳定秩序的最佳方式，为维护房地产行业的长久健康发展态势，需要更加长期化的政策支撑。

限购放开，一方面可以让有资格有能力购房的人群选择购房，另一方面也将部分原先无资格购房的人群尽早解决购房需求，保障基本住房需求，并将用于购房之外的可支配收入用于其他方面的消费，服务国家消费升级的战略需求。

鉴于土地的有限性，土地抵押注定不能成为资本积累的永久原始基础，而购房者的资产（住房）将成为资本积累的基础资源。购房者购买房屋后，将获得政府提供的优质资产服务，如教育、医疗、交通等服务，购房者享受了优质的服务，必然要为服务支付相应的费用，政府便因此获得了一定的报酬，这样的方式代替了土地财政这种一劳永逸的方式，让政府的收入更具持续性。

各税种重新厘定，平衡纳税人税务负担

目前房地产行业内，房地产税种类繁多，从土地获取，房屋开工建设、销售、持有等各个环节均有不同种类的税种，企业、居民的税收负担相对较重。如果仍在原有税负基础上增加房产税这一税种，这将进一步加重居民的生活负担。

同时，如果其他环节的税收不重新厘定，居民的税收负担加剧，这或将在一定程度上成为"消费升级"的掣肘，反向影响社会消费品零售总额。当在居民原有税收负担的基础上再度将原先可能用于其他消费的收入用于缴纳房产税，也存在引发"消费挤出"的可能。

除了房地产税范围内的税收之外，居民还有其他方面的是税收需要交纳，包括个人所得税、财产税等，如果房地产范围内外的各种税收不经过重新的整理调整，再在房地产行业新增房产税的话，那么征税的难度或将非常大。

目前，中国已经开始在进行税收的调整，2018 年个人所得税修正草案出台，对于个税也进行了相应调整，这也被一定程度上解读为为构建长效机制努力，并且在为房产税的出台铺路。

因地因时制宜，保障居民合理利益

在征收房产税之前，房产税的征收细则如何厘定显得格外重要。

（1）征收标的如何选择，是只针对以某年为节点的每年成交的新房，还是将二手房也纳入房产税征收的范围内？

常理来说，城镇居民的住房都应属于房产税收缴的主要标的。但通过观察数据可以发现，当前多数城市（特别是核心城市）在限购、限贷等政策的影响之下，商品房成交量已极其惨淡，不仅开发商捉襟见肘，一些购房者也是不堪房贷重负，若政策持续加重，未来某些城市可能不会再有新房的成交，也可能不会再有商品住宅的概念，如北京将更多的是共有产权房，深圳住房市场将更多是长租公寓主导，等等。

核心城市当前已经进入二手房主导的阶段，每年的新房成交总量极其有限，鉴于土地资源的有限性，未来将有越来越多的城市住房市场将由二手房主导，如果仅仅将最新成交的房屋作为房产税征收对象，那么不远的将来，多城市可能鲜有满足征税条件的增量房屋。

其次，当前核心城市重点区域一、二手房倒挂现象严重，一、二手房之间的投资联动效应明显，部分购房者不断在两个市场之间投资套利。如果房产税的征收仅仅将新房纳入征税的群体内，那么新房的持有成本将更高，可能会进一步推升二手房成交的热度，进而再度拉升二手房价格的上涨。

再者说，核心城市本身房屋就处于供不应求状态，房源的有限意味着资产的稀缺，物以稀为贵。如果仅对销售型住宅征收房产税，二手房的套利空间又将随之加大，即使不将二手房销售，将其委托于租赁机构或是直接用于租赁，仍然存在着巨大的获利可能，这将更进一步影响市场正常交易状态。

所以房产税征收对象不能仅仅只选择每年的增量住房作为纳税标的，存量房也应纳入征税对象范围，只是在具体征税的方法上也应有所区别：一房一策，新房新办法，老房老办法。

（2）中国的城市间差异如此之大，是各城市一刀切的征收，还是因时因地制宜地调整房产税征收方式，如征收的税率，征收的优惠条件，等等？

中国的城市自身基本面存在显著的差异性，各城市的房地产市场也分化明显，因此也不可能采用一刀切的方法对不同城市的房屋征收房产税，包括征税的税率，税率的优惠条件，等等。

对于房产税征收方式的选择也要权衡各方的利益，可综合考虑面积和房屋套数进行房产税计征，采用分级累进计税方式，获得利益越多者，缴纳的税款越高。对于免征面积的设定也至关重要，而上海、重庆对于免征面积的设定过于宽松，同时0.4%、0.6%的征收税率也相对较低。

无论是对征税标的选择、税率的厘定、免税面积的设定，未来对于房产税的征收力度要相对加大。

表 3-1　房产税征收税率设定预估 [1]

征税标的 / 税率	一、二线城市	三、四线城市
人均免税面积（平方米）	30	40
超过免税面积落在基本居住套数以内的部分	1.0%	0.6%
超过免税面积落在基本居住套数外第一套的部分	2.0%	1.0%
超过免税面积落在基本居住套数外第二套的部分	4.0%	3.0%
超过免税面积落在基本居住套数外第三套的部分	6.0%	5.0%
超过免税面积落在基本居住套数外第四套或以上的部分	8.0%	7.0%

1998 年，住房改革实现了房屋的交易市场化，在此之前，中国还经历了福利分

---

[1] "房产税征收税率设定表"为亿翰智库研究中心预估，仅做参考。

房阶段，因此我国出现了多类型住房共存的现象。除了商品房以外，居民的住房还有单位分房，房改房，两限房，经济适用房，拆迁补偿房等，非商品房范畴内的也应该纳入征税体系，具体的征收方式应有所区别。

（3）征收的税基如何确定？是按起初的成交价格计征，还是每年对房产进行估值，仅对房屋增值的部分进行征收？

一些发达国家，以及中国的上海、重庆两市均是根据房屋的市场交易价格为基础计提房产税，通常在交易价格的基础上增加折扣系数，如 0.7 或 0.8。房产税本身就属于资产持有税，资产持有者为资产付费也是理所当然，建议根据房屋当年市场估值征收房产税，若资产升值，则所交税款相应提高，若资产贬值，则所交税款较上年会有所减少。建议选择房屋估值 *0.8 作为最后征税的税基。

房屋估值是项艰巨的工程，需要专业的房产评估的机构或人员，每年对房屋价值进行评估同样耗时耗力，可选择 3 年一周期，每 3 年对房产进行一次重新估值。

（4）房产税的归属，是完全作为地方政府税收，还是作为地方中央共享税？征收的房产税如何利用？

根据前文测算，每年所能征收的房产税总额与土地出让金等相差甚远。因此房产税难以作为补足地方财政缺口的最佳方式，但是可以将房产税收入作为地方税种，收缴完成后可以用于保障房建设等民生工程，也可将其用于社区建设，完善社区配套服务。

当然，当前中国目前区域间、城市间的贫富差距甚大。可将房产税作为中央、地方共享税，由中央提取一定比例，如 20%—30%，用于贫困区域的基础设施建设等项目上，提高贫困区域人民生活质量，为人民实现美好生活加持。

凡事预则立，不预则废。房产税出台前有众多问题需要厘清，不仅仅包括收税的硬件条件，还包括与房地产税范畴内其他税种之间的协调平衡问题，房产税与其他房地产行业调控举措之间的配合协同，诸如此类的问题解决后，房产税的出台和全范围执行也就顺理成章了。

僵局、破局与颠覆性改变 [①]
——房地产行业的新可能

2017 年 10 月中国共产党第十九次全国代表大会胜利召开，本文对其中与房地产行业相关的内容做了提取，并分享我们的想法。

历史是否还会重演

房地产行业的政策博弈非常显著，经济好"打压"房地产，经济差刺激房地产，经济是房地产政策的晴雨表，房地产是经济政策的工具性行业（房地产是宏观调控的工具）。对于预测者来说，预测往往是基于过去预测的成功经验。的确，房地产行业的政策博弈在历史上应验的概率极高，这背后的逻辑也很清晰和直接，更加符合线性模型。正是基于此，在目前的房地产政策背景下，仿佛我们只能期冀的是地产政策的放松，再次上演一轮绝地反击的戏码，行业再创新高。

不容怀疑的是，目前绝大多数人是看多的，正像年初很多人看空地产投资一样。

① 本文于 2017 年 10 月 23 日发布于亿翰智库公众号，收入本书时略有调整。

早在 2016 年底和 2017 年初，我们大体判断 2017 年房地产开发投资完成额增速的中位数在 5% 左右，乐观一点在 7% 左右。虽然从年初开始我们一直认为，一、二线城市回暖可持续，三、四线城市的回暖中期（2018 年）可持续，这一结论完全是来源于基于基本面的判断，也就是惯常所用的去化周期达到 18 个月。但是从 2016 年第四季度开始，对于"住而非炒"的反思就一直没有停止过，对于"住而非炒"是一个实践中不断悟道的过程。

深刻理解"住而非炒"

"住而非炒"大体有以下几方面理解。

其一，"住而非炒"指的是去杠杆，指的是购房者，把所有的加杠杆的可能性全部封杀。我们可以看到，包括限购、限贷、限离等，都是围绕着去杠杆。随着政策的推出，热点城市的项目出现了罕见的非日光和非周光。大部分购房者都已经要承担七成首付，而且我们很快发现政策的迭代效率开始加强，不断地拾遗补缺，把所有的可能突破政策的通路都堵死。

对于个人投资购房者来说，房地产投资金额巨大，因此用杠杆是必要因素。作为房地产来说，天生的可抵押属性使得购房用杠杆成为最为重要的特征。更难能可贵的是，从历史上看全国范围内的长期低波动的复合增长使得地产用杠杆更为靠谱（低风险）。但是，限贷以及一系列政策已经将杠杆的使用降低到了历史的低点。广义的降杠杆已经被写入全国金融工作会议的报告，未来房地产行业的加杠杆恐受到更持久的限制。

其二，"住而非炒"指的是脱虚入实，炒作的是土地的价格，而不是建安成本。显而易见的是，建安成本的变化在房地产价格之中所占比重微乎其微，实际就是土地价格，就是那些所谓的级差地租。土地价格完全是虚拟经济的范畴，既是货币表现，又和实体投资关系不大，当然土地投资也不具有产业链影响力。继续解释一下，房地产投资之所以为投资，从开发的角度看，绝对多数的住宅开发行为（开发商）都是为了获利，而不是为了自住。虽然首套房的购买从市场客户分类上归类于刚需，但由于租房的存在，所以严格意义上所有的购房行为都是投资。脱虚主要指的是，脱离土地的价格，入实主要指的是建安成本，以及建安过程中带来的产业链上投资拉动。

其三，"住而非炒"去投资属性。需要明确的是，投资获利这是最朴素的概念，所以所有购房行为都是投资行为。（从客户分类上看，刚性需求属于自住需求，属于消费行为。但从行为上看，刚性需求的购房可以被租赁代替，因此刚需购房自住属性还是属于投资。）因为国内的房地产还同户籍制度挂钩，所以投资需求可以宽泛定义为非首套首改。在房地产（购房）投资特征中退出预期是关键。投资退出增值是最终的目的，也是投资的首要考量。特别对于房地产来说，相较于有价证券，其流动性还是偏弱的，因此在房地产投资方面更加注重退出可行性。目前政策环境对于退出预期的调控比较严格，包括新房交易环节（出售需要2—3年）、公寓类产品交易备案受限等，都严重地限制了房地产投资的退出。

"住而非炒"是国家战略一部分

"住而非炒"和国家层面的战略息息相关，绝对不可小觑。再回头审视一下具体的房地产政策，有这么几个特征：其一，去市场化，限签（预售证管理）、限价（新房房价）、限地价（竞房价、竞保障房面积、竞自持面积）等都是将市场供需产生价格的机制拉回到市场强规制状态，房产成交价格受到强烈规制的状态。其二，高房价零容忍，压热点城市。"控一线、稳二线、活三四线"是此前的不同能级的城市的调控方针。而目前的政策主要是相机而动，对于热点城市基本是应用政策组合遏制房价上涨。有保有压，也体现了对于高房价的零容忍。其三，控制力增强。一方面，需求端政策多部门联动查漏补缺，社保、税务、民政等多部门联动；另一方面，促进集中度提升，设置土地门槛值，包括竞拍保证金、资格审查、资金穿透式审核等。随着市场集中度提升，对房企行为的规制更高效。

此外，从纵向看，对于可以明确划定边界、可以定量进行监管的部门参与程度有提升。特别是，央行和银监会的地方机构参与程度大大加强，一旦监管可以明确划定边界、定量执行，监管的力度就得到大大提升。

如果把国家战略比喻成一个棋局，房地产行业就是其中一子，其所在的位置就是为大局服务。原来房地产行业发展的逻辑是，房地产复苏，拉动经济繁荣，出政策"打压"房地产；房地产衰退，经济萧条，出政策拉动房地产，房地产复苏……周而复始。开发企业只要在经济变差的时候投资买地，房地产繁荣的时候卖房，非常简单地参与政策博弈。因为经济繁荣就打，经济萧条就拉，规律非常容易掌握。

随着国家战略的确立，房地产政策将逐步和经济周期开始脱钩，最可能的结果就是政策的长期化，房地产政策盯住的目标是国家战略！

政策长期化应该是预期之中

2017 年 7 月 24 日中央政治局工作会议提出："要稳定房地产市场，坚持政策连续性稳定性，加快建立长效机制。"契合我们以上做的判断，我们认为一共三层意思。其一，房地产价格不能再涨了，也不能大幅度跌，通过去市场化来完成。其二，政策是长期的不变，没有所谓的政策博弈，不以经济变化为转移。其三，行政手段可能会退出一部分，但房地产税制改革要加快，特别是房产税提速。

对于未来市场的错判是，政策的长期化，不随经济的变化而变化。包括去市场化、压热点城市和政策严格化，这些都是脱离经济变化而变化的长期政策导向。最早市场普遍预期，2017 年第四季度政策存在松绑可能性；之后市场预期又推迟到 2018 年下半年。风险不是来源于政策，而是来源于对政策长期化准备不足，特别是管理层提出长效机制，并在租赁领域有所动作的情况下，市场依然难以意识到房地产行业面临着政策长期化的问题。

租赁政策使得房地产行业政策长期化的逻辑还是比较清晰的。按照惯例，房地产政策盯紧经济，就是说经济好，就不需要房地产投资来进行拉动，政策就可以紧一紧；经济差，就需要房地产投资来拉动，政策就可以松一松。在住宅销售之外再另辟一个住宅租赁市场，也能够保证房地产投资可以稳定。而且，租赁住宅能更加多的解决就业问题（深度服务），更多地进行深度装修等。同时，从土地层面，租赁住宅的供应也在局部挤压了销售住宅的供应，使得销售住宅的供应缩减，销售住宅供不应求的状态不会轻易被打破，在一、二线城市依然能维持房价在高位。

此外，三四线的市场依然维持现有的政策环境，保持温和的土地供给量，维持目前的平衡状态。一旦房地产市场波动比较大，出现趋势性调整，管理层可以通过集体用地、旧城改造、城中村改造等支持租赁住房建设，提供房地产投资增量，能够比较好地调节房地产市场。

在财税机制方面，房地产税立法已经进入到人大五年立法规划。房地产税制改革已经被多次讨论，导致房地产税政策对房地产市场预期作用的边际效应越来越低。在2017年全国"两会"上提出的房地产税五年立法规划对于市场预期的影响微弱，房地产税立法被淹没在房地产调控和房价上涨的关注度之中。土地出让收入作为地方财政收入（预算外）的主要收入来源，是分税制改革后地方财政收入的非常重要的组成部分，而房地产税（费）改革势必会涉及土地出让金的预算外收入。土地出让金的问题是房地产税改革的最为关键的问题，这个土地出让金的巨大的金额也非常相关。需要特别重申的是，在脱虚入实背景下，一定要关注到土地的价格问题，因为土地价格和实体经济关系不大。土地价格如果脱离实际能够支持的"地租"太多，就会催生"泡沫"。不排除长效机制会从土地价格入手，颠覆原有的土地"招拍挂"制度，重新建立一套结构合理的土地供应机制。其中，房地产税制改革在土地供应端是否存在显著变化是需要重点思考的问题。

中短期重点城市量价双滞

目前重点城市（一线和热点二线）市场受到限购、限贷、限签、限价等多重限制政策的影响，行业处于冰河期，政策执行严格的城市基本处于此前成交量一半左右，政策执行一般的城市成交量的下滑也非常显著。重点城市（一线和热点二线）市场价格基本处于"表观"平稳的状态，环比变化很小。在量和价格都被高度管制的状态下，均衡已经不能够说明市场的真实状态。

如果将目前的政策组合排序进行考虑的话，中短期政策放松的预期最大的是限价政策，目前预售证对于备案价格的管理比较严苛。

假设现有成交状态是变化的起点，我们认为应该优先考虑限价政策对市场变化的冲击。第一，限价政策的放开，市场将会出现更加真实的向上的价格水平，这将会有两个结果：其一，开发企业对于供应的意愿会比此前有所增强，市场供给量会有所增加，供应量会在一个季度内就恢复到正常市场供应量水平；其二，开发企业在销售条件上会有所放松，短期会刺激一部分需求入场，当然在限购限贷条件下这部分刺激带来的需求增长不可持续。第二，限价政策会在短期刺激土地市场成交。土地市场热度减弱，售price预期的不稳定导致在限价城市土地成交趋淡，限价政策放松将会短期使得土地成交热度有所恢复。第三，从中期看，限价政策如果放开，直接考验的是现有的价差体系，一方面核心区会由于售价管制的放开呈现明显的上行态势。因此从中短期看，限价政策的放松对供给和需求有提振作用，并且价格机制也将发挥作用。总体来看短期对于量价有一定刺激作用，但中期价格机制发挥作用再加之原有限购限贷的抑制作用，市场将会进入到平稳甚或衰退周期。

重点城市的限购限贷最基本的政策组合可能会长期化，至少在长效机制建立起来之前，限购限贷最基本的政策组合都很难退出。按目前的重点城市的限购限贷政策来看，需求受到的影响至少要达到的效果是"不能有持续的需求放量"，因此，在限购限贷政策下，重点城市不具有持续上涨的需求基础。当然，重点城市未来的供给弹性也非常小，新建商品住宅很难形成中期供给过剩的局面。短期供给的过剩也会对价格形成一定的影响，但目前看短期供给相对过剩的市场比较难形成，去化周期拉长超过 18 个月至少需要一年以上的时间。

非重点城市是否会超预期

非重点二、三线城市（不包括环一线城市）依然处于比较平稳的市场环境，虽然重点城市的市场热度对非重点二、三线城市房地产市场有所影响，但目前看影响相对有限。特别是在重点城市市场增长放缓的情况下，对非重点二、三线城市影响的边际作用会迅速减弱。从政策层面看，虽然非重点的二、三线城市一部分已经重启限购限贷政策，但政策的完备性远较重点城市弱，因此政策的负面影响非常有限，不会对这些城市的市场产生实质性影响。这些城市既不存在爆发式机会，也不存在大幅度下跌的趋势，市场的量价都相对比较稳定。从规律上看，目前非重点的二、三线城市成交量已经达到比较正常的水平，进一步放量的可能性不大。同时，也不可以忽略的是重点城市对于非重点二、三线城市的影响作用，从目前两类城市的价格差看，重点城市房地产市场衰退带动非重点二、三线城市发生衰退的可能性不大。

这轮非重点二、三线城市的回暖不仅仅是货币现象，也包括供需关系的再平衡，甚至于是整个体系的修复。"房价是个货币现象"，货币供应量是房价的充分条件，但并不是必要条件。房地产市场的供给需求是硬币的另一面，也对房地产市场供求起着重要作用。

举个最明显的例子，从 2011 年开始，三、四线城市经历了长达五六年的房地产市场的漫长衰退，其间货币环境有比较多的波动，但三、四线城市的房地产市场并没有出现周期性上涨，主导三、四线城市房地产市场的是供需关系。而一线城市的房地产市场和货币供应量的关系则较为紧密，这其中的一部分原因是在于一线城市的房地产市场供给本身偏紧，所以从边际上看，货币的影响就要弱于供求关系的影响。而本轮的回暖，非重点二、三线城市的供求关系得到了比较明确的修复，去库存的效果比较好，中期内不会出现比较明显的供给过剩，因此非重点二、三线城市的市场可持续性不应该被低估。特别是 2013 年至本轮回暖之前，非重点二、三线城市的供地量有显著减少，供给量的修复会慢于预期。

当然，在重点城市政策高压的背景下，货币并不会成为非重点二、三线城市的负面因素，非重点城市房地产对于货币的吸附作用可能会逐步显现，货币也是非重点二、三线城市中性偏正面的因素。更为重要的是，在非重点二、三线城市房地产开发的高峰是从 2010 年开始，经历六七年的房地产开发，城市配套在新增供应量区域也经历了由无到有、由有到优的阶段，新房的价值随着区域配套的成熟开始显现。在配套成熟的背景下，再去理解非重点二、三线城市的回暖，就有了基本面的支撑。此外，城市规划、产品设计建设、社区服务都在最近这几年得到升级，因此非重点二、三线城市的回暖泡沫的成分并不大。总之，非重点二、三线城市的房地产能够在未来一段时间内保持着一定的热度，或许会超过市场的一致预期。

租赁能否成为双轨制的一部分

对于重点城市来说，在长效机制的影响下，长期趋势存在比较明显的不确定性。特别是在目前租售双轨的市场结构变化的过程中，未来重点城市的房地产市场如何走是应该立刻关注起来的问题。从目前的规划看，一线城市租赁住房的供给目标设定在住房供给增量的 20%—30%，目标设定偏积极。更为清晰的是租赁住房的政策执行层面远远快于预期，从土地层面已经开始发生比较显著的变化，地方政府相关落地政策的出台和推进也比较深入。

从现有租赁市场的情况看，在一线城市 30% 以上的人口租住住房（在租住房面积占存量的 20%），租赁住房的存量较大，也就是说未来新增的租赁住房在大多数一线城市五年以内（政策一般按五年制定）对存量（租售存量）均很难形成比较明显的边际效应。但是，新政策下的租赁住房对于原有的租赁住房存量有一定程度的冲击，地方政府的政策导向和国有企业的介入导向将更加明确，就是控制住宅租金水平，提供购买住房之外的居住途径。购买住房和租住住房本来就属于不同客群，在某个消费者寿命周期不处于重叠位置，不具有可替代性。因此单纯的租房市场不会对原来的商品住宅销售市场形成直接冲击。同时，需要关注的就是用于出售商品住宅的土地出让会有一定幅度的减少，这将在未来造成可售商品住宅量的减少，或许可以支撑目前的价格水平。

这里需要强调的是，租售比（租金回报率）的问题。根据国际比较经验，我国的租售比长期处于不合理的区间，长期处于"重度泡沫化"的状态，但和租售比（租金回报率）理论相悖的是租售比（租金回报率）越来越不正常，而房地产市场却长期处于繁荣周期。看待租售比问题，主要有以下几点需要深度理解：其一，租售比（租金回报率）是一个比值，不能把它理解成一个人持有一个房地产把它卖掉换成现金或者持有它收到租金的一个比例。因为租赁市场的出租方和销售市场的销售方不在同一个市场，所赚的钱不一样。一个是赚的租金的钱，一个是赚的房产升值的钱，当房产升值的钱远超租金收入的时候，租售比中的租金对于收益率（租售比）已经没有意义。其二，租售比可以看作一个没有直接意义的比值关系，类似于股票估值的 PE，只代表这个市场基本（价格）水平情况。由于房价上涨幅度较大，因此租售比的变化基本体现的是房价的上升情况。租售比的下降是由于房价上涨带来的，而租售比的上涨基本都使房价上涨出现停滞，所以单纯地以中国的发展中的房地产市场租售比和发达国家的成熟房地产市场进行比照，难免会出现刻舟求剑的效果。

再回到我们对于政策长期化的讨论，至少从目前基本面上看，重点城市的房地产市场受到政策的压制作用还比较明显，更多的表现的是价格的压制作用。而对于非重点二、三线城市，中期正面积极的因素还比较多，但长期的动能依然不足。无疑，政策的长期化对于房地产行业来说，特别是拿地、开发、卖房子的模式的负面影响比较大。如果租赁住房从土地供给改革的层面开始推进，特别在集体用地方面和在土地属性方面有所突破的话，未来的双轨制模式很有可能会成功构建。如此大量的租赁住房入市，影响最大的恐怕不是市场（前文已经论述租赁住房和自购住房的可替代性不高），而是每一个开发企业，它是对房地产企业根本盈利模式的冲击。

从目前政策推进的力度看，和"十一五"与"十二五"期间保障性住房不一样的是：选择租赁住宅业务与否是摆在每一家开发企业必须要回答的问题。原因主要在于目前的房地产行业基本面和"十一五""十二五"期间的基本面完全不同：其一，地价水平高，但房价受到管制，销售利润率相对锁定；其二，（销售类住宅用地）供给收缩的同时需求（购房）也在收缩，行业成交量向上空间有限。传统住宅开发销售模式有可能面临没钱赚和没量的局面，租赁住宅或许是开发销售模式的有益补充。"十一五"和"十二五"期间，房地产行业还处于大上升周期之中，因此保障房并没有成为商品住宅的另外一条轨道被建立起来。而目前的租赁住宅则完全不同，房地产行业存在双轨制的可能，也是开发企业不得不回答的问题。

租赁住宅是否会受到地方政府土地财政的消极对待？在已经开始开展租赁住宅用地供地的城市情况看，这些城市大部分在财政方面充裕，并且在销售住宅用地价格方面依然保持相对高位。当租赁住宅用地达到总供地面积20%的情况下，已经开展租赁住宅供地的城市土地财政不会构成租赁住宅用地的供地障碍。非常现实的是，租赁住宅用地在大多数三、四线城市都将面临土地财政方面的压力，同时三、四线城市的房价也不适合大量推行租赁住宅，土地财政障碍同样在一些房价类似于三、四线城市的二线城市发生。

从全国范围看，在重点城市（包括一些房价不高但成交量较高的二线城市）的租赁住宅供地推进不构成障碍，而在非重点城市推行租赁住宅的必要性不足。如果按照存量5%的供给总量看，在重点城市的租赁住宅具有可观的市场规模。考虑500万人口以上城市，商品住宅销售均价排名前30名的城市，2016年成交面积的20%，测算城市新增租赁住宅的供应量，年均全国新增开发面积7500万平方米，大约100万套。

从总体经济方面考虑，国家推进租赁住宅对于国民经济的拉动比较明显，国家层面推进的意愿较大。其一是新建租赁住宅的新开工和投资会创造一部分房地产开发投资增量，这在开发投资增长处于高位的状态下非常难能可贵；其二大规模的标准化精装修对于房地产产业链的拉动更加明显，尤其是建筑装饰、建材、家电等；其三人口进一步向城市集中，城镇化进程进一步加速，全社会生产效率有所提升；其四城市基础设施的投资进一步增强，包括城市路桥轨道、医疗、教育等。基于这些考虑，从顶层设计的推动意愿非常强烈，对于新建租赁住宅推进速度远超过预期。

8月底，国土资源部与住房和城乡建设部印发了《利用集体建设用地建设租赁住宅试点方案》，集体建设用地建设租赁住房更加打开了想象空间，为供地量提供了充足储备。集体建设用地可供地量庞大，在 2012 年底全国农村集体建设用地确权基本完成，用地宗数达到 620 万宗。虽然集体建设用地可以通过三旧改造等途径转为国有建设用地，进行商品房开发，但是转化流程严格，难度较大。但是，利用集体建设用地建设租赁住房规避了流程问题，同时也是农村集体用地持续性变现的路径，村集体有激励去推动实施。同时，政策明确鼓励平衡项目收益，鼓励采取联营和入股等方式建设运营集体租赁住房，这也为开发企业参与开发运营提供了政策支持。

由于开发周期的存在，项目从供地到开发，再到竣工进入市场，至少需要三年的周期。同时，房地产续存周期比较长，存量规模对于市场变化影响也会比较大，因此存量水平的累积也会经历更长的时间，租赁住宅作用于市场的时间也至少还需要三到五年的时间。也就是说，租赁住宅真正在房地产的产业结构上发挥作用还需要相当长时间，租赁住宅入市的效果是渐进式体现。租赁住宅对于销售住宅的影响也将会是渐进式体现，有相对长的过渡期。

从狂欢到焦虑，战略主导房企转型

限购限贷等限制性政策正以时间换空间的方式来解决当下行业存在的问题，长效机制包括房地产税、租赁住宅和保障性住房等多层次多角度制度保障正在建立。未来三到五年时间内，房地产政策维持现状，相对微调的可能性非常之大。就目前的政策环境看，房地产行业走势趋于平缓，处于一个窄幅波动的空间。行业失去波动才是房地产企业焦虑的根本，失去波动将导致行业竞争格局的固化，在波动中超车的机会越来越少；失去波动也将更多去金融属性，把握周期的择时投资失去作用；失去波动对于房地产企业的资源、内容和运营等能力要求越来越高，这些又需要房地产企业经年累月磨砺而成。

房地产行业风云聚变，城市间、企业间分化加剧，行业将进入"小众游戏"时代。

 看透企业

｜年报综述：穿越牛市的盛宴 [①] ｜

> 房地产企业营业收入的大幅提升主要得益于结转机制、会计新规的采用、企业合作，以及多元化业务的支撑。

为了对房企的战略铺排、业绩成果等进行深入研究 [②]，亿翰智库以 A 股和 H 股五十家上市房地产企业作为研究的总样本（以下简称"YH50"），根据公司业绩发布会、年报以及月度 TOP200 销售业绩排行榜等经营数据，针对企业战略问题展开深入的探讨：

一、2017 年企业的销售有怎样的表现，2018 年企业的销售战略如何，结合推盘计划和市场现状，预测 2018 年或更长期企业的销售业绩变化趋势。

[①] 本文于 2018 年 9 月 17 日发布于亿翰智库公众号，收入本书时略有调整。

[②] 关于企业年报，亿翰智库研究团队现在已经打造出"年报有料""房企业绩会"和"香港直播"等系列产品，既有纵向分析，比如对上市房企年报的解读、第一时间"直播"企业业绩会等；也有横向分析，一种横向分析就是年报综述，本篇文章就是其一；另外一种是在全部年报发布完后，挑选能反映企业规模、盈利能力、偿债能力、运营效率的代表指标进行横向对比分析。截至 2018 年，亿翰智库上市房企系列研究覆盖企业的数量扩充至 145 家，累计对外发布数百篇上市房企系列研究成果。

二、2017 年企业的营业收入表现如何，结合预收账款和历史结转比例，预测 2018 年的营业收入变化趋势和规模。

三、2017 年企业盈利能力如何，未来将有怎样的趋势，这种趋势是否具有可持续性。

四、2017 企业资金成本把控的成效如何，2018 年将有怎样的变化，在融资上有什么新动作，又将如何坚守财务红线。

货量储备充足
2018 年销售增长有保证

存货去化态势良好，销售稳增，强者恒强

2016 年和 2017 年房企均实现了销售规模的大幅增长，TOP3 房企门槛超越 5000 亿元大关，TOP10 房企的门槛值也已超过 1500 亿元，同时也可以发现，排名靠前的企业销售业绩增速更快，TOP50 以后的房企增速相对较低，TOP100 房企的门槛值仅微升 17%。

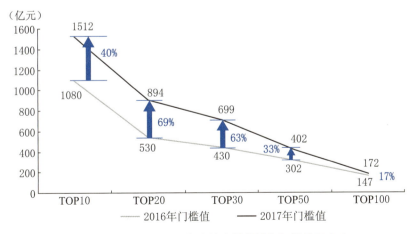

图 3-4　2016—2017 年房地产销售排行门槛值及变动

2017年，YH50房企销售金额总值达5.6万亿元，较2016年同比增长约48%，占全国商品房销售金额的比例约42%。

图 3-5　YH50 房企销售走势

与此同时，企业存货去化率表现均较乐观，YH50房企的存货去化率普遍保持在50%—80%之间，华润置地、绿城中国、碧桂园的存货去化率分别为68%、72%、82%（货源利用率）。

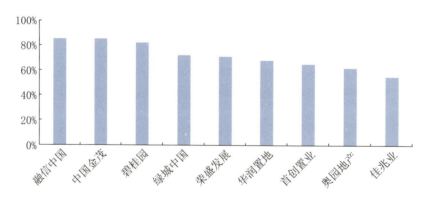

图 3-6　2017 年部分房企的存货去化率

2017年是三、四线城市的销售大年，房企在三、四线城市均取得了良好去化，以绿城中国为例，2017年绿城中国在三、四线城市的房源去化约337亿元，去化率达67%。

货量储备充足，2018 年销售增长态势已定

虽然房企对当前市场具体走向的判断上存在一定程度的差异，但都在行动上表现

出明显的一致性。房企依旧在不遗余力地追求规模攀升，本质是在进行跨期价值交换，现在大力投入资金做规模，后期迎来价值的持续释放，这也将是房企的最终诉求。

在战略规划上，房企普遍对 2018 年的销售市场不甚乐观，所定业绩目标相对保守，YH50 房企里中国恒大、融创中国等 17 家房企业绩目标较 2017 年平均提升 30% 左右，看似增长幅度不小，而事实上，各房企 2018 年手中货量充足，准备充分，2018 年可供销售货值实现 50%—70% 的去化便能顺利实现年度销售目标，中国

表 3-2　2018 年典型房企货值储备及目标去化率

企业名称	2017 年销售业绩	2018 年销售目标（亿元）	销售目标较 2017 年业绩增幅	2018 年货值（亿元）	2018 年去化率
中国恒大	5010	5500	10%	10000	55%
融创中国	3620	4500	24%	6745	67%
中海地产	1861	2415	30%	4622	52%
龙湖集团	1561	2000	28%	3000	67%
华润置地	1521	1830	20%	3100	60%
绿城中国	1463	1700	16%	2351	72%
新城控股	1264	1800	42%	4000	45%
招商蛇口	1128	1500	33%	2660	56%
旭辉集团	1040	1400	35%	2500	60%
世茂房地产	1008	1400	39%	2335	60%
富力地产	819	1300	59%	2400	54%
雅居乐	897	1100	23%	1800	61%
融信集团	502	1200	139%	1800	67%
中国金茂	693	1000	44%	1700	59%
龙光地产	434	660	52%	1300	50%
佳兆业	447	700	57%	1270	55%
奥园地产	456	730	60%	1215	60%
合　计	23724	30735	30%	52798	58%

资料来源：企业年报，企业公告，亿翰智库。

恒大、融创中国等 17 家房企的货源平均去化率达到 58% 即可实现业绩目标。

市场的好坏与企业销售情况的乐观与否并不等同，销售目标也并不等同于最终能实现的业绩总量，不排除房企超额完成目标的可能性。总体而言，2018 年房企货量充足，销售业绩实现增长具有一定的确定性，特别是对规模房企而言，销售业绩不存在绝对的天花板，2018 年销售业绩大概率上将创造新高，而一些实力不佳的企业的销售可能真的不可乐观视之。

土地是房企未来发展的基础，为维持较长时间的持续性发展，企业均握有充足的土地储备和货量，可以支撑企业未来 3—5 年的发展。

2017 年房企对于投资的态度更加积极，碧桂园、中国恒大等 28 家企业整体的投销比① 高达 61%，共新增土地储备约 6.14 亿平方米，土地总成本约 2.6 万亿元。一些尚未实现 1000 亿元目标的企业，投资态度更加积极，其中阳光城、远洋集团 2017年的投销比分别为 111%、164%。

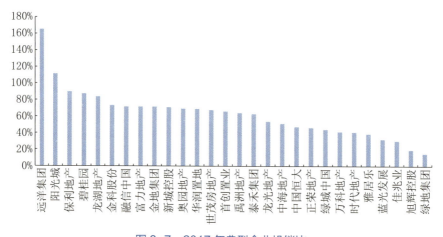

图 3-7　2017 年典型企业投销比

资料来源：企业年报，企业公告，亿翰智库。

截至 2017 年 12 月 31 日，碧桂园、中国恒大、融创中国的土地储备总建筑面积均突破亿级。万科地产、融创中国等 42 家房企的土地储备总量约为 19.1 亿平方米，

---

①　投销比 = 当年新增土地投资金额 / 合约销售金额。

较 2016 年同比增长超 40%。

表 3-3　典型房企土地储备情况 ①

（单位：万平方米）

企业名称	2016 年	2017 年	同比增幅
碧桂园	16604	28180	70%
万科地产	10739	13175	23%
中国恒大	22900	31200	36%
融创中国	7291	14200	95%
保利发展	6344	9090	43%
中海地产	5677	6375	12%
龙湖地产	4147	5458	32%
华润置地	4485	4898	9%
绿城中国	2912	3202	10%
金地集团	2950	3770	28%

资料来源：企业年报，企业公告，亿翰智库。

财务业绩释放
2018 年收入攀升态势将延续

2017 年，房企的营业收入较 2016 年有显著提升。而营业收入的提升，最主要的原因就是交付的物业面积增加或交付的物业均价提升。

营业收入提升明显，2018 年仍将延续

市场回暖，房企业绩普遍提升，此时龙头房企较强的竞争优势便逐渐凸显，呈

① 数据均截至 12 月 31 日。万科地产的土地储备包括在建及规划中的土地储备，不包括旧改项目；中海地产的土地储备不包括中海宏洋的土地储备，碧桂园的土地储备为连同其合营企业和联营公司已签约或已摘牌中国大陆的可建建筑面积，融创中国 2017 年的土地储备不包括旧改等协议状态的土地，包括 2018 年 1 月至 3 月下旬新获的土地；保利发展的土地储备为待开发土地面积。

现大象起舞的局面，龙头房企的市场份额持续攀升，创收能力不断增强。

2017年，YH50房企的营业收入总量约为28417亿元，较2016年同比增长19%，总体增量约4532亿元。其中YH50房企中，销售业绩排名TOP10、TOP20、TOP30、TOP40、TOP50房企的整体营业收入均出现了不同程度增长，增幅分别为21%、13%、22%、32%、16%，TOP10房企的营业收入增量占50家房企营业收入增量的57%，TOP30房企营业收入增量占YH50房企营业收入增量的86%，也就是说TOP30房企已基本占据了YH50房企营业收入的总体增量。

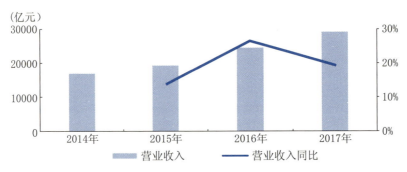

图3-8　2014—2017年YH50房企营业收入走势

资料来源：企业年报，公告，亿翰智库。

YH50房企营业收入的大幅提升主要得益于以下几个原因：

（1）由于房地产行业的结转机制，营业收入滞后于销售业绩。2016年和2017年于房地产企业而言是销售大年，房地产企业项目销售好，（竣工）结转项目面积增加或是结转项目的均价上升，使得2017年房地产企业的营业收入总体呈现稳定增长态势。

（2）在房地产行业，由于对会计新规IFRS15的提前采用，部分房企不需要完全交房后才将收入结转到财务报表中 [1]，而是可以按实际工程进度分阶段将相关收入入账，因此一定程度上拉升了企业的营业收入。

---

[1]　在旧的会计准则下，企业将完成的商品交到客户手上才算是完成履行合同的义务，项目未交房前，客户预付的账款计入房企报表的负债项，只有完成交房后，才结转成营业收入；在新准则下，企业可根据不同履约义务对客户合同作出细分，并按照履约义务进度分阶段入账。也就是公司每履行一项义务，便可提早将相关收入入账。

（3）企业间合作普遍，部分企业营业收入的大幅增长也可能归因于此，占有较高权益的企业将项目结转收入并表，一定程度上拉高了营业收入的总量规模。

（4）除了房地产业务对营业收入的显著贡献外，房地产企业的多元化业务也为企业营业收入的增长提供强大的支撑，如企业对金融、社区、养老、产业、商业、健康、科技、酒店等房地产产业链内外业务的探索。

在龙头房企中，2017 年万科地产营业收入为 2429.0 亿元，同比增长 1.0%；主要原因之一在于 2017 年结算项目均价由 11403 元 / 平方米提升至 11765 元 / 平方米，同比增长 3.2%。

2017 年，招商蛇口实现营业收入 754.5 亿元，同比增加 18.7%。在业务分布上，房地产开发销售业务占据主要比重，为 91.5%，同比增加 23%；园区开发与运营营业收入占比为 7.7%，由于 2016 年同期出售零散物业的影响，该业务收入同比减少 18%。

房地产行业竞争日益激烈，房企在土地投资方面的难度也在与日俱增，因此合作成为企业获得土地的重要方式，而部分房企由于在合作项目中占有小比例权益，项目结转的收入不并入企业财务报表中的营业收入科目下，只计入投资收益，因此企业并表的营业收入出现明显下滑，而投资收益出现稳定增长。

当然，自 2016 年第四季度开始，房地产行业的调控政策出台，并不断趋严，而在政策的影响下，部分房企由于区域（城市）布局的原因，结转项目的面积或均价有所下滑，进而导致结转到财务报表下的营业收入较 2016 年有所下滑。

2017 年，金地集团实现营业收入 376.62 亿元，同比下降 32.15%，公司房地产项目结算面积 259.07 万平方米，同比下降 40.55%；结算收入 336.60 亿元，同比下降 35.63%。营业收入下降主要是因为合作项目增加，并表范围内的房地产项目的结算面积和结算收入减少。

保利发展同样在 2017 年营业收入出现下滑，保利发展实现营业收入 1463 亿元，同比下降 5.46%，但是归母净利润同比增长 25.8%。净利润增速远高于营业收入增速主要因为：（1）由于结算项目结构和区域变化，毛利润率及净利润率同比分别提高 2.1 个和 2.4 个百分点至 31.1% 和 13.5%；（2）并表结转项目权益占比提高，归母净利润占净利润的比重上升 6.7 个百分点至 79.4%；（3）非并表项目贡献投资净收益 16.8 亿元，同比增长 34.8%。

2017 年，企业普遍实现了营业收入的大涨，而我们更关注的是 2018 年企业的营业收入将达到怎样的规模。

由于房地产行业的结转机制，房企营业收入的规模取决于前期的销售业绩规模。2016 年和 2017 年房企均实现了稳定的业绩增长，结转到 2018 年的财务报表上将是企业将取得的营业收入的上涨，如果再考虑到 IFRS15 会计新准则的使用，我们预计 2018 年房企的营业收入将实现可观的增长。

企业的预收账款的多寡直观反映了未来企业够获得的营业收入的多少，2017 年众房企的预收账款均实现了不同程度的增长。2017 年，YH50 房企总体预收账款增幅约 48%，其中，融创中国的预收账款增长 282%，新城控股增长 70%、万科地产增长 48%、华夏幸福增长 29%。

由于房企营业收入与预收账款之间存在的依存关系，我们根据历年预收账款与营业收入之间的变动趋势，对 YH50 房企 2018 年将实现的营业收入进行了估计。

图 3-9 2014—2018 年 YH50 房企营业收入走势

资料来源：企业年报，企业公告，亿翰智库。

我们预测，2018 年 YH50 房企营业收入将继续保持上升态势，上升幅度将超过

25%。碧桂园的营业收入将突破 3000 亿元，融创中国营业收入将达到 1400 亿元 [①]。

市场份额由规模房企抢夺，收入集中度也将同步提升

根据统计局数据，2017 年全国商品房销售金额 13.37 万亿元，绝对额增长 1.6 万亿元。再看企业数据，TOP30 房企的销售总量由 3.4 万亿元上升至 5.1 万亿元，上升总量为 1.7 万亿元，即全国市场上升的总量完全被 TOP30 的房企收入囊中，而余下的房企都是通过市场竞争获得业绩增长。TOP100 房企销售额上升总量为 2.1 万亿元，高出全国增长总量，而 TOP200 房企销售额增加总量开始低于 TOP100 房企，则表明 TOP100 后的房企即使在市场大好的情况下，销售规模仍在逐步缩小。

由于销售对应着企业未来的营业收入，销售增量的变化趋势意味着未来营业收入变化趋势，未来房地产行业的主要份额也将由少数企业占据，行业集中度会在一定时间内达到一个稳定的数值附近。

表 3-4　TOP30 房企销售额增加总量超过全国销售额增加总量

（单位：亿元）

	2017 年销售额总量	2016 年销售额总量	销售额增加总量
全　国	133701	117627	16074
TOP10	32136	21970	10166
TOP20	43142	29419	13723
TOP30	50998	34215	16783
TOP50	60438	40926	19512
TOP100	73467	51618	21849
TOP200	81015	59628	21387

资料来源：国家统计局，亿翰智库。

---

① 注：我们用 t 年的营业收入 $/t-1$ 年的预收账款，反映预收账款的结转比率，前面几年的预收账款反映在未来就是企业将取得的营业收入，2017 年的预收账款对 2018 年营业收入的贡献度最高，往前递推，贡献度依次递减。营业收入预测公式：$R^{t+1} = y^t \times \left(\sum_{i=1}^{3} \frac{a_{t-i} R_{t-i+1}}{y_{t-i}} \right)$，本文中 2017 年为 t 期，以此类推，2016 年为 $t-1$ 期，2015 年为 $t-2$ 期，2014 年为 $t-3$ 期。R^t、y^t 分别表示 2017 年的营业收入和预收账款，a_{t-i} 为 $t-i$ 期的权重，$\sum_{i=1}^{3} a_{t-i} = 1$。

● 盈利能力提升
2018 年仍将持续

本轮周期中，房价在 2015 年和 2016 年连续恢复上涨弹性，企业获取土地的成本处于合理的区间内，叠加企业在成本上的良好管控，企业的利润和利润率均出现了明显的提升。

受益行业景气度上行，利润显著提升

2017 年，YH50 房企平均扣除非经常性损益的归母净利润上涨 35.5%，毛利润率上升 13.2%，毛利率水平在连续下降两年之后出现反弹。其中，2017 年年度销售排名前十的企业扣非归母净利润上涨幅度均在 20% 以上。

图 3-10　2014—2017 年 YH50 房企利润情况

资料来源：企业年报，企业公告，亿翰智库。

2017 年，利润的提升主要是由于结算多为 2015 年和 2016 年销售的项目，由于销售充分前置，YH50 房企的利润水平在 2017 年出现明显改善，2018 年仍然处于上一轮房价上涨的结算周期，利润水平仍将进一步优化。

结转体量上升，2018 利润总额将提升

按照房地产行业的结算时间，2018 年结算的项目大多为 2016 年和 2017 年销售，

当时无论是成交量还是成交价格均处于快速上升期，为之后的结转奠定坚实基础。

加之，IFRS15 新准则的普遍使用，房企无需再等到项目完全交房后再将营业收入入表，企业结转加快，结算的项目总量提升，这将进一步拉动利润的上行。

因此，2018 年 YH50 房企的利润水平将保持一定程度的上涨。但从更长期来看，房地产行业"房住不炒"的调控基调已定，房价将不再延续高速上涨的趋势，未来企业也很难保持利润率的持续改善。

图 3-11　2014—2017 年 YH50 房企平均销售情况

注：销售金额、销售面积均为 50 家房企各年销售业绩的平均值。
资料来源：亿翰智库。

政策加码，地价得控

为避免土地价格的非理性上涨，一、二线城市在土地出让上改变了原有"价高者得"的单一标准，提出了附加条件的综合竞拍方式。2017 年一、二线城市土地成交价格增幅降低，溢价率持续回落。因缺乏政策调控，2017 年三、四线城市土地价格呈现与之相反的表现，增长迅猛。随着房地产行业政策调控范围的扩大，三、四线城市逐渐出台相应政策，各地土地价格将得到有效控制。

综合竞价的模式有效遏制了土地成交价格的迅猛增长。以往"招拍挂"以竞拍价格为单一评判标准，而综合竞拍时会附加额外条件，诸如限定未来售价、限定自持面积、配建保障性住房等。这种综合竞拍的土地出让模式，能够有效抑制企业非理性拿地行为，从而进一步抑制了房地产市场炒作。此外，附带的额外条件，特别

表 3-5　综合竞拍的附加条件

附加条件	典型城市	具 体 规 定
限定未来售价	北京	限定该地块上盖商品房每平方米售价上限。北京"控地价、限房价"，即设定地块出让时的地价上限，限定销售房价
限定自持比例	北京、天津	该地块一定比例的建筑面积必须由开发商自持经营，不得出售。北京竞买报价达到最高限价后，现场竞报自持商品住宅面积。天津竞买报价达到最高限价后，转为竞报商业自持面积，达到上限后转为竞报住房自持面积
配建保障性住房	嘉兴	该地块上必须按照一定比例建设保障性住房，嘉兴采用"竞价＋竞配建"的方式挂牌出让，竞买达到最高限价后，转入竞报配建人才住房面积阶段
评分入围	上海	综合评分前 3 名为入围竞标人，然后进行现场竞价。综合评分总计 100 分，包括经济实力 30 分、技术资质 20 分、项目经验 50 分
现售	南京	住房采用现房销售。南京当网上竞价达到最高限价 90% 后，所建商品住房必须采用现房销售

资料来源：各地国土局，亿翰智库

图 3-12　一、二线城市住宅和商业用地成交楼面地价及同比变化

资料来源：亿翰智库。

是限定未来售价、自持比例等，对拿地开发商的开发和操盘能力均提出了较高的要求，提高了竞拍门槛。这项变革一方面有效抑制地价，另一方面有利于综合实力较强的龙头企业在竞拍中胜出，从而促使行业集中度的进一步提高。

2017 年在土地溢价调控下，一线城市住宅和商业用地成交楼面地价稍有下降，二线城市有所上升，但增幅远低于 2016 年。由于棚改政策的利好和地价管控政策的缺乏，近两年三、四线城市地价猛增，2017 年住宅和商业用地成交楼面地价同比增长 47%。越来越多的城市开始探索土地出让模式改革，未来将出现更多"因地制宜"的附加条件，照此趋势，2018 年地价有望得到有效控制。

在房地产开发周期里，土地成本在所有成本中占据最大比重。随着一、二线热点城市土地价格的控制，房企前期开发成本随之下降，从而直接促使利润的提升。

周转加快，降低资金成本和期间费用

在 2011 年至 2014 年中行业利润不断下行以及企业竞争加大时，部分房企就开始采用高周转的运营模式。尤其是在限购条件严格、融资环境趋紧的背景下，"高周转"策略越发成为行业趋势。

2015 年至 2017 年，YH50 房企平均存货周转率 [1] 分别为 0.42，0.38 和 0.49，与利润率的变化基本保持一致。未来营业收入仍将处于增速较高的时期，财务报表层面的周转率依然会有所改善。

同时我们认为，使用企业当年的销售金额／平均存货作为参考，能够剔除结算滞后的影响，能够更清楚地反映企业的实际周转率。YH50 房企实际的平均存货周转率连续 3 年上升，2017 年跳增明显，也验证了主流房企对高周转重要性的共识。

高周转的优势主要体现在两方面：第一，周转速度加快，企业的运营周期缩短，更快进入下一个项目的开发和销售，加快扩张速度；第二，相对减少资金占用，降低融资成本，提高项目整体的利润率。

正在追求千亿元的房企几乎都纷纷开始采用高周转的运营策略，新城控股、保利发展、碧桂园、旭辉控股等房企的实际存货周转率在 2017 年都有突出的表现。

2018 年，融资环境趋紧已成共识，2018 年和 2019 年又将是房地产企业债务的集

---

[1] 平均存货周转率＝营业成本／（（期初存货＋期末存货）/2）。

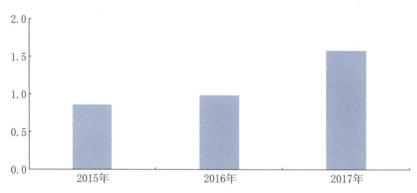

图 3-13　YH50 房企实际平均存货周转率

资料来源：亿翰智库。

中兑付期，在这样内忧外患的严峻形势下，如何保持现金流的安全和稳定将是拷问公司的一大难题。对于一些曾经以高负债、高杠杆、激进拿地进行规模扩张的企业来说，2018 年注定会走入艰难的时期，而天下武功，唯快不破，高周转能够缩短周期，降低资金成本和管理费用，加速资金的回流，或许正是化解此次危机的有力武器。

而对于一些财务状况相对比较健康的企业来说，高周转也是一把利器，能够帮助企业抢夺低价拿地、棚改红利的时间窗口。前两年地王热潮逐步退烧，以及在"限地价、竞自持"拿地的约束条件下，企业拿地价格逐渐趋于合理，或许在这样的时间窗口入市更有利于企业的利润率提升和长远发展。

2018 年，在巨头们的裹挟下，或许整个行业都不得不进入高周转的比拼中去，行业周转率的进一步提升已经成为必然，但是我们认为未来周转率提升也会受到相关因素的制约。严格的预售证审批制度会拉长企业的销售周期、土地出让时竞拍自持面积等条款也会拖缓企业现金回流的速度。

 传统融资渠道收窄
2018 年资金成本将继续上行

2017 年下半年，房地产行业融资环境就已趋向收紧，行业融资难逐步成为共识。

多部门发文整治行业乱象，严格控制资金违规进入房地产行业；一系列动作背后，直指企业高杠杆痛点。对房企而言，一方面，融资难度不断加大；另一方面，可动用的融资空间也大大缩减。

融资规模明显收缩，有息负债成本上行

去杠杆浪潮下，银根进一步收紧，同时也严禁银行理财资金违规进入房地产领域；2016 年末沪深两所相继发布的房地产及产能过剩行业公司债券分类监管的文件，更是大大提高了房地产发债门槛。

我们对房地产企业 2016 年和 2017 年各渠道融资规模总量及变化趋势进行了统计和分析。

从融资规模来看，公司债券融资渠道筹得资金大幅减少，定增渠道在 2016 年的放松之后再次收紧，新增银行贷款和新增个人按揭贷款都有小幅下降，在严格调控

表 3-6　2017 年房地产各渠道融资情况

（单位：亿元）

融资渠道		2016 年	2017 年	变化幅度
银行贷款	新增银行贷款	56700	56000	−1.20%
其他资金	个人按揭贷款	24403	23906	−2%
	定金及预收款	41952	48694	16%
海外资本市场	美元债	714	2860	300%
国内资本市场融资	IPO	0	0	0
	定增	1529	258	−83%
	公司债	6878	616	−91%
	企业债	9	40	348%
	中期票据	583	908	55%
	短期融资	74	166	124%
信　　托		7327	11092	51%

资料来源：亿翰智库。

之下很难有反弹表现。信托作为调控政策"缓冲垫"的功能再次显现，直接融资方式的限制，再次让信托规模在严监管的形势下逆市上升。同时信托融资成本也随之水涨船高，目前1年期房地产信托项目的平均收益率已经达到7.9%，较2017年初上涨近1.4个百分点。相关监管部门已发布加强房地产信托业务的监管的信号，在严格把控房地产信贷风险的背景下，去通道化已成为监管重点，信托融资将更加合规、

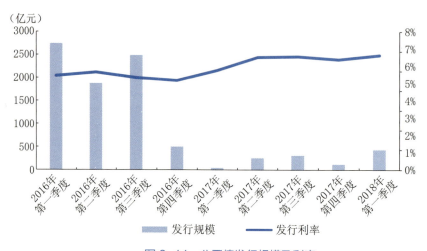

图 3-14　公司债发行规模及利率

数据来源：WIND，中信建投，亿翰智库。

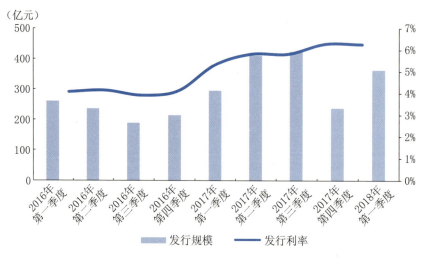

图 3-15　中期票据发行规模及利率

数据来源：WIND，中信建投，亿翰智库。

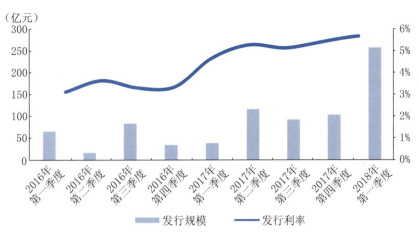

图 3-16 短融发行规模及利率

数据来源：WIND，中信建投，亿翰智库。

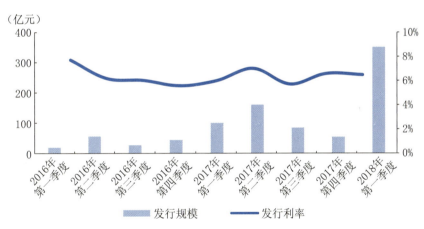

图 3-17 美元债发行规模及利率

数据来源：WIND，中信建投，亿翰智库。

审慎，未来持续快速扩张的可能性不大。

值得注意的是，房企重将目光投向美元债，2017 年美元债发行规模同比增长 3 倍，是同期公司债发行规模的 4.6 倍。人民币兑美元汇率的走强，是企业优化债务结构，降低资金成本的好窗口，但是随着美元加息的逐步推进，同时 2018 年、2019 年两年很多房企债券将集中到期，未来很可能会继续推高这一息率，我们预计美债发债成本也会进一步提高。

2016 年第四季度开始，房地产企业发行公司债券、中票、短期融资工具等利率均不断上扬并维持在相对较高的位置，同时公司债等相对低息的融资渠道收紧，信托等高息非标债务被动推高也导致了地产行业有息负债成本的结构性上行。

综合以上原因，我们认为 2018 年房企的融资空间将更加逼仄，传统融资渠道继续受限，有息负债成本继续上行是大概率事件。

房企借贷成本上行，表内有息负债仍在合理范围

2017 年以来，虽然房地产行业整体融资环境收紧，例如严禁银行理财资金违规进入房地产领域、竞买土地需使用自有资金、控制房企公司债的发行审核等，使得行业融资成本有所提高，但相较于中小房企，龙头企业的融资优势愈发凸显，不仅可以融到资，还拥有更低的融资成本。

2017 年整体利率上行，YH50 房企平均融资成本上升到 6.11%，同比增长了 6.8%；但碧桂园、中国恒大等 15 家规模房企的平均融资成本近三年 (2015—2017 年) 基本呈现下降趋势，2017 年为 5.05%，低于行业的平均水平。

无论是在内地的信贷融资、发行公司债，还是在境外发行美元债，大型房企的

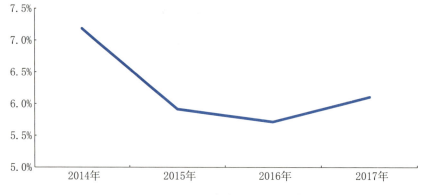

图 3-18　YH50 房企平均融资成本

资料来源：亿翰智库。

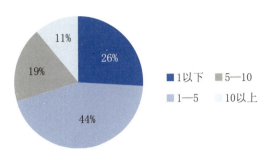

图 3-19　2017 年 YH50 房企现金短债比

资料来源：亿翰智库。

融资能力相对较强。如恒大多次发行了大额的优先票据，还引入包括中信、中融、深业等央企与金融机构作为战略投资者，完成了国内房企史上最大规模约 1300 亿元的股权融资，有效降低了企业的净负债率，也保持住了相对较低的融资成本。

同时，大型的房企融资方式更为多元，创新型融资工具在 2017 年遍地开花，ABN、ABS、REITs、CMBS 等融资工具不断涌现。比如，保利发展发行全国首单房企租赁住房 REITs；碧桂园 400 亿元供应链 ABS 获批；等等。

2016 年至 2017 年间房地产市场繁荣，企业及居民部门的负债都大大增加，加杠杆空间进一步缩小。2017 年下半年开始，在政策主导下，国企、民企都开始注重负债控制，房企也更为注重自身现金的流转。

2017 年，YH50 房企整体来看，现金短债比在 1 以下的房企占比为 26%，73% 的房企现金短债比在 1 以上，甚至有 11% 的房企现金短债比在 10 以上，多数房企 2018 年没有较大的偿债压力。可见高位销售下，房企现金流得到了一定保障。我们也提示需要关注地产行业表外融资的影响，同时，一些地产公司名股实债的债务形式也会影响房企真实的负债率。

2014 年至 2017 年，YH50 房企整体长期借款增加，系房企规模扩张所致，截至 2017 年末，50 家房企的长期借款累计为 1.8 万亿元，同比增幅约 17%，相较于 2015 年、2016 年两年，长期借款同比变动大幅下降。以恒大为代表，自从坚持实施低负债、低杠杆、低成本、高周转的"三低一高"经营模式，企业逐步转向效益型发展。截至 2017 年 6 月 30 日恒大就已提前赎回共计 1129.4 亿元永续债，兑现资本市场承诺；2017 年三轮战投累计完成 1300 亿元融资，在行业融资处于持续收紧趋势之下，公司顺利引入战投使得恒大在行业竞争中进一步确立龙头地位。

图 3-20　2014—2017 年 YH50 长期借款变动

资料来源：亿翰智库。

上市房企存量债务的期限大多在 2—3 年，2015 年和 2016 年大量发行的债券将在 2018 年和 2019 年集中兑付，兑付规模分别为 3375 亿元和 4474 亿元。长期借款占比的下降也意味着公司还本付息的压力临近，过往企业往往会采取新债偿旧的方法，而在融资通道收紧、融资成本上行的环境下，如何置换这部分债务值得关注。而且我们尤其需要警惕中小型房企的兑付能力。

2018 年融资展望：加快现金回流，创新融资方式

2017 年，房地产企业的销售均创下了历史新高，销售回款也表现得相对乐观，多数规模企业的资产负债率和净负债率均有明显的下行。

展望 2018 年，受制于融资大环境，房企将更加注重自身存货的快速去化，实现资金的快速回转，在融资路径上也会有更多的探索。只要能够有效率地获得一定的资金（当然合规合法的范围内，资金规模越大越受欢迎），房企对融资成本的敏感度将会降低，并可能将融资业务打包，包括前期的并购、中期的开发建设和最后的销售阶段的融资工作集中于同一家机构进行，进而提升融资效率，并平衡整体的融资成本。

其一，自有资金应用增强，加快现金回流。

从房地产开发到位资金来源结构来看，2017 个人按揭贷款受调控政策的影响已经呈现微幅下降，而定金及预收款所占比例逐年上升。说明在融资通道受限的情况下，房企销售回款加速将成为破局的核心竞争力。

2017 年，典型房企逐渐加强对回款的把控，并普遍取得了可观的销售回款。多数房企销售回款率均达到 70% 以上，碧桂园 2017 年销售金额 5508 亿元，回款金额 5003 亿元，回款率高达 91%；中海地产 2017 年销售回款率接近 100%，达到 98.1%；招商蛇口、旭辉控股的销售回款率均达到 85%。

图 3-21　房地产企业资金来源结构

资料来源：国家统计局，亿翰智库。

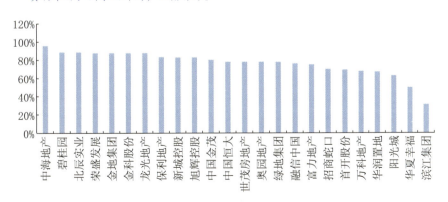

图 3-22　2017 年典型房企回款率情况

资料来源：亿翰智库。

　　展望 2018 年，企业销售目标均有所上调，并相应储备了充足的货值，在融资收紧的当口，企业对销售回款的把控也会更加严格。房企不约而同地重新提高周转，目标均落于加快存货去化，提升现金回流速度。2018 年企业的销售回款较 2017 年进一步提升。

　　其二，融资方式多元化，房企试水创新融资。

　　2018 年以来，各大房企已有不少于 142 起融资发行，累计金额超过 4074 亿元（含贷款担保），融资方式主要包括公司债券、永续债、优先票据、中期票据、贷款担保等，占据着房企融资的半壁江山。但是，银行贷款成本的升高以及融资渠道的收紧促使房企开始寻求其他的融资方式。

表 3-7　2018 年第一季度房企融资汇总

（单位：亿元）

融资类型	金额	融资类型	金额	融资类型	金额
贷款担保	285.9	配股	93.4	境外债券	12.6
贷款担保 / 融资担保	30.8	融资担保	339.3	可转换债券	320.1
贷款融资	1.6	信托融资	12.3	资产支持票据	22.0
公司授信	150.0	银行贷款	678.3	资产支持证券	177.2
公司债券	372.4	永续债	60.1	债务融资工具	70.0
借款担保	32.4	优先票据	442.4	直接债务融资工具	350.0
境外票据	20.0	债券融资	259.8	中期票据	344.2
总　　计			4074.5		

资料来源：亿翰智库。

　　创新金融的发展为企业融资拓宽了渠道，房企利用自身的资源优势由"重资产"向"轻资产"转变。相对来说，ABS 等新型的债务融资工具渠道畅通，但是规模上依旧难以抵消传统融资渠道收紧的影响。

　　我们认为 2018 年行业融资成本较 2017 年上行是整个行业都会面临的困境，资管新规挤压房地产行业信托通道等非标融资的规模，可能会让房企融资形势更为严峻，房企应该采取更为灵活多元的融资方式以应对市场变化。

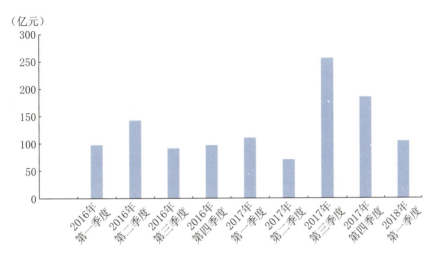

图 3-23　2016 年第一季度—2018 年第一季度 ABS 发行规模
资料来源：WIND，中信建投，亿翰智库。

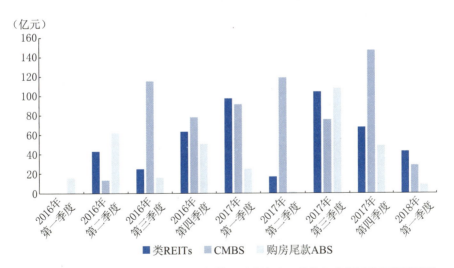

图 3-24　2016 年第一季度—2018 年第一季度资产证券化细分领域发行规模情况
资料来源：WIND，中信建投，亿翰智库。

行业环境瞬息万变，2018 年，我们认为：

（1）2018 年规模房企的销售目标均设定得相对保守，但普遍拥有充足的可售货量，销售业绩可能超预期。从更长期来看，绝大多数规模房企在 2016 年和 2017 年投资态度积极，投资力度较大，均拥有巨量的土地储备和货值，销售业绩在 3—5 年内不存在绝对的天花板，未来也将不断迎来价值的持续释放。

（2）2018 年营业收入将继续延续增长态势，YH50 房企营业收入将同比增长超 25%。销售业绩的走势预示着未来营业收入的变动趋势，长期视之，规模房企的营业收入集中度将更快攀升。

由于房地产行业的结转机制，营业收入滞后于销售业绩，2016 年和 2017 年房企普遍取得了良好的销售业绩，这将反映在 2018 年财务报表的营业收入项上；加之新的会计准则 IFRS15 的使用，房企可以按实际工程进度进行收入结转，这也将进一步拉升房企营业收入的规模。

从长期来看，销售业绩的动态变化趋势反映了未来营业收入的走势，营业收入的集中度也将快速提升，并会在一定时间内稳定在一定的数值附近。

（3）房地产行业的结转机制决定了 2018 年房企的利润将来自于 2016 年和 2017 年的销售，2016 年和 2017 年销售（或房价）处于上行周期内，房企 2018 年的利润也将保持可观态势。

但长期而言，在"房住不炒"的调控主基调下，房价难以继续保持持续上涨，房企的利润率也将难以持续攀高。

（4）融资成本继续跃升，融资空间愈加逼仄是整个行业将面临的难题。受制于大环境，房企的融资路径被不断封锁，融资成本不断走高，信托等非标融资规模也在不断被挤压，房企于 2018 年将更加注重销售回款的管理，纷纷重提高周转，同时 ABS、ABN 等创新融资方式被房企广泛采用，但创新融资方式所能贡献的资金规模难以与传统融资方式相比，房企应提前做好准备，探索多样的融资方式。

 看见未来

┃棚改不改大势，未来仍有机会^①┃

市场没有起来时，棚改货币化没有能力从0到1把市场推起来；房价涨了之后，居民才有意向将棚改货币化获得的资金投入房地产领域。

2018年7月12日，住房和城乡建设部表示，2018年上半年，全国棚户区改造已开工363万套，占今年目标的62.5%，预计2018年棚改目标又将超额完成。住建部的此次发声中也着重强调了因地制宜推进棚改货币化安置，不搞"一刀切"。商品住房库存不足、房价上涨压力较大的地方，应有针对性地及时调整棚改安置政策，更多采取新建棚改安置房的方式；商品住房库存量较大的地方，则可以继续推进棚改货币化安置。

与此相呼应，业界多数机构认为三、四线回暖源自棚改货币化。但亿翰智库认为，棚改并非三、四线城市回暖的决定性因素，三、四线城市市场并不会随着棚改货币化的减弱而再次进入冰冻阶段。主导三、四线城市回暖的主要原因在于体系化修复，2017年或为三、四线城市真正开始修复的时间，我们预计本轮三、四线城市

---

① 本文于2018年7月12日发布于亿翰智库公众号，收入本书时略有调整。

的回暖具有可持续性，并可能会超过多数人的预期，未来 3 年至 5 年都将存在机会。

棚改仅为三、四线城市回暖的催化剂
而非决定性因素

通过对比三、四线城市回暖的时间与棚改货币化安置的时间，亿翰智库发现，三、四线城市的回暖明显滞后于棚改货币化安置比例较高的时间。同时货币化安置的家庭重新购房的比重较低，表明棚改货币化并非是推升三、四线城市回暖的直接原因。再通过对比各城市棚改力度与三、四线回暖的力度，进一步印证了三、四线回暖与棚改力度并无线性关系，因此我们认为棚改并非三、四线城市回暖的决定性因素。

三、四线城市回暖明显滞后于棚改货币化的推行

棚改由来已久，棚改主要有实物安置和货币安置两种方式，相比于实物安置（拆房子补偿房子），货币化安置的主要运作模式是将拆迁的房子以现金的方式来补偿。

对于棚改的作用，亿翰智库的观点较市场看法更为冷静。棚改最早可追溯到2004 年。2004 年底，李克强调任辽宁省委书记，一年三入莫地棚户区，并将辽宁棚户区改造列为辽宁省一号工程，以莫地棚户区改造为始点，辽宁省集中式的棚户区改造拉开序幕。

"辽宁模式"不能称之为棚改货币化。在 2014 年，国家开发银行棚户区改造专项贷款进入大众视野，进而推动地方政府积极推进棚改货币化工作。

若将棚改货币化看作是三、四线城市市场回暖的主因，那么 2013 年国家棚改专项进来后，市场理应上行。虽然 2013 年作为起点，货币化比例较低，但是数据显示，2013 年、2014 年甚至 2015 年时，货币化安置比例不断提升，市场无明显起色。事实上，三、四线城市经历了从 2010 年下半年至 2015 年近 6 年的沉寂期，期间房价犹如一潭死水，未出现任何波澜。

表 3-8 棚改的政策演变历程

时间	重 要 事 件
2005 年	以莫地棚户区改造为始点，辽宁省率先启动全省范围内城市棚户区改造
2007 年	《国务院关于解决城市低收入家庭住房困难的若干意见》提出，棚户区改适、旧住宅区整治一律免收各种行政事业性收费和政府性基金
2008 年	扩大内需十项措施，其中明确加快建设保障性安居工程，棚户区改造全面启动
2009 年	《关于推进城市和国有工矿棚户区改造工作的指导意见》提出，棚户区改造实行实物安置与货币补偿相结合，加大税费政策支持力度。年底召开全国城市和国有工矿棚户区改造工作会议
2010 年	《关于中央投资支持国有工矿棚户区改造有关问题的通知》出台
2012 年	《关于加快推进棚户区（危旧房）改造的通知》将铁路、钢铁、有色金属、黄金等行业棚户区纳入棚改政策支持范围
2013 年	《国务院关于加快棚户区改造的意见》扩大棚改范围，将非集中连片棚户区、城中村改造统一纳入棚改范围，加大政策支持力度
2014 年	新型城镇化提出"三个 1 亿人"的工作目标，其中，包括改造约 1 亿人居住的城镇棚户区和城中村。到 2020 年完成 3650 万户棚户区改造任务
2015 年	首次把城市危房改造纳入棚改政策范围；6 月《关于进一步做好城镇棚户区和城乡危房改造及配套基础设施建设有关工作的意见》确立棚改三年行动计划目标
2017 年	5 月 24 日国务院召开政策吹风会，确定今后三年棚改目标任务为 1500 万套
2017 年	12 月 23 日住建部会议提出 2018 年改造各类棚户区 580 万套目标
2018 年	全国"两会"明确提出，启动三年棚改攻坚计划，2018 年开工 580 万套

表 3-9 棚改拉动销售测算总表

（单位：万套）

年　份	计划完成	实际完成	货币化安置比例
2008—2012 年	—	1260	—
2013 年	304	320	—
2014 年	470	480	9%
2015 年	600	601	30%
2016 年	600	606	49%
2017 年	600	609	—
2018 年（预估）	580	580	—
2019—2020 年（预估）	920	920	—

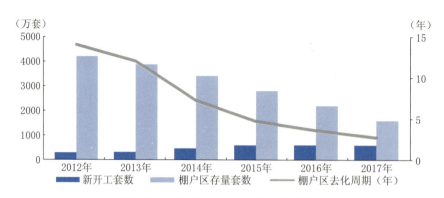

图 3-25   2012—2017 年棚改推动情况

棚改货币化安置转化为购房率较低

据住建部披露，截至 2012 年，我国有 4200 万套存量棚改区待改造。经过几年的棚户区改造，截至 2017 年，已完成 2600 万套。其中 2016 年货币化安置比例达到 49%。但是根据中国国家金融研究中心微观调查数据显示，2015 年至 2017 年间，经过拆迁的城镇家庭购房比例为 16%，其中货币化安置家庭购房比例为 25%，意味着 75% 的货币化安置家庭并未购房，真正货币化安置的拆迁家庭转化为购房家庭的比重非常之低。有 21% 被拆迁的家庭租房居住，10% 的家庭免费在子女、亲属、单位等房屋居住。剩余约 70% 的家庭住在自己的房屋，其中，这 70% 的家庭里有 72% 的家庭拥有多套房。若三、四线城市市场不景气，则拥有多套房的家庭无购房意愿。

城市棚户区改造比重与房价涨幅关系不大

我们通过测算 16 个城市 2017 年计划棚户区改造户数 /2017 年城市家庭户数比值（家庭户数以 2017 年底常住人口并假设户均 3 人计算），来衡量城市棚改力度，比重越大表示该城市棚改力度越大；同时计算 2018 年 5 月房价相比 2016 年 5 月房价涨幅（为平抑短期波动，取近 3 个月房价均值）。结果显示，各城市的棚改力度与房价涨幅无关。部分棚户区改造的重点城市如济宁、遵义地区的棚改比重约 10%、4.9%，但其房价涨幅处于这 16 个城市的中下游水平；而一些非棚户区改造的重点城市，如惠州、桂林等，其棚改比重仅为 0.1% 和 0.28%，而房价涨幅却处于高位。由此我们认为城市棚户区改造比重与市场回暖的关系并非线性关系。

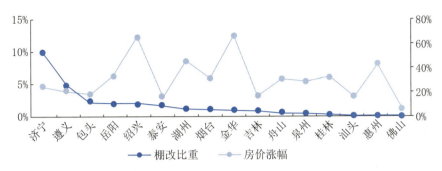

图 3-26　2017 年典型三、四线城市棚改比重与房价涨幅对比情况

因此，可以认为棚改及棚改货币化并非三、四线城市回暖的决定性因素，但起催化作用。这其中有个先后顺序，市场没有起来时，棚改货币化没有能力从 0 到 1 把市场推起来。正如上述分析，市场起来后，棚改货币化开始发挥作用，居民获得货币化补偿金后，购买能力有了一定的提升，购房的意愿也将增强。即房价涨了之后，居民投资三、四线城市意愿增强，才有意向将棚改货币化获得的资金投入房地产领域，而房价未涨时，居民的投资意愿不强，货币化的资金更可能用于汽车等其他消费上。

简而言之，棚改货币化并非是市场起来的原因，棚改的作用更大程度上是一个阶段性的催化剂作用，无法长期发挥作用。

 经历体系性衰退后
三、四线城市回暖为体系性修复

首先回顾 2009 年至 2016 年三、四线城市的市场表现：2009 年至 2011 年，全国房地产市场全面回暖，三、四线城市土地供应大幅提升，土地供应规划建筑面积同比增幅多为 100% 以上，供应过量。大量供地之后，新区建设需要建设周期，项目配套不完善，需求下降，部分城市出现大量"鬼城"。并且大量房企进入三、四线后被套牢，最后使房企和金融机构纷纷逃离三、四线。我们称 2011 年至 2016 年三、四线的衰退为体系性衰退。

在经历过体系性衰退后，本轮三、四线城市市场回暖为体系性修复，主要原因有以下三点。

供给真空

2013 年之后，土地市场成交情况恶劣，土地价格低，政府无力收储，因此政府开始主动控制土地出让量，因此三、四线城市的供给呈较低水平。

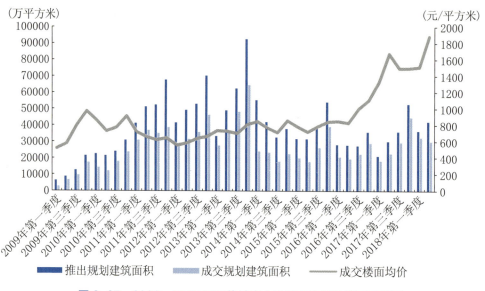

图 3-27   2009—2018 三四线城市土地供应规划建筑面积情况

一、二线城市溢出效应

一、二线城市土地供应减少之后，房企开始寻找三、四线城市机会，同时金融机构在一、二线城市调控政策后，也开始寻找三、四线城市机会。尤其是在三、四线城市市场回暖后，开发商、银行、信托、政府等对三、四线城市的态度发生扭转，各方都积极投入三、四线城市的房地产大军中，对三、四线城市房价有拉动作用。就目前来看，一线城市及核心二线城市调控政策难以放松，土地供应难以放量，因此一、二线城市溢出效应将持续。

表 3-10　2009—2017 年典型三、四线城市 TOP50 房企进行投资的企业数量情况

（单位：个）

城市	2009 年	2010 年	2011 年	2012 年	2013 年	2014 年	2015 年	2016 年	2017 年
芜湖	0	1	3	1	1	0	1	2	5
湘潭	0	0	0	1	1	0	0	1	1
泉州	0	2	3	2	2	2	5	3	4
中山	0	5	2	2	1	0	0	2	5
舟山	2	2	1	0	0	0	1	1	2

比价效应

　　三、四线城市与周边一线城市及核心二线城市相比，具有明显的价格优势。并且，随着 2016 年核心城市价格的迅速抬升，三、四线城市的比价优势进一步扩大。

体系性修复具可持续性
预计三、四线城市仍将存在 3 至 5 年机会

　　我们认为本轮三、四线城市回暖为体系性的修复，这种体系性修复具有可持续性，未来 3 至 5 年仍存在机会。三、四线城市房地产市场的可持续性主要表现在两个方面：一是供应的不充足；二是需求的持续。

存量不足增量有限，供给或将长期处于低位

　　从三、四线城市的去化周期、建设用地指标以及往年供地情况三个方面来看，三、四线城市的整体供应情况如下：

　　截至 2018 年上半年，三、四线城市库存和去化周期已经处于低位，城市正常去化周期一般在 12—18 个月，而多数三、四线城市去化周期不足 10 个月。并且未来 3 年至 5 年内，三、四线城市建设用地指标已出现不足。随着三、四线城市库存的持

续降低，国开行降低货币化安置比重是可预见的。

　　根据住建部披露，截至 2016 年底，21 城城市建设用地合计为 219370 万平方米，其中居住用地建设用地面积为 69090 万平方米。而根据各城市 2020 年土地规划，21 城城市建设用地规模合计控制在 320048 万平方米，按照相同比例估算，城市居住用地将控制在 101050 万平方米。则我们推算，21 城未来 4 年合计剩余 31960 万平方米，平均每年 7990 万平方米。

　　2017 年三、四线城市开始回暖，土地供应面积提升，住宅用地供应建筑面积为 9086 万平方米，因此 2018 年至 2020 年三年平均建设用地供应面积仅为 7625 万平方米，对比 2017 年土地供应情况，我们发现，未来 3 年土地供应规模出现明显下降。

　　在去化周期不足、建设用地指标有限以及 2012 年至 2016 年三、四线城市的"供给真空"这三项因素叠加的情况下，三四线城市整体供应保持稳定，中期较难出现供应明显增多的情况。

表 3-11　典型三、四线城市去化周期情况

（单位：月）

时　间	徐州	九江	岳阳	莆田	舟山	东营	湖州	芜湖	张家港	焦作	淮北	太仓	黄石
2017 年 6 月	3.3	2.9	4.0	10.1	5.0	12.7	5.0	6.7	4.8	11.7	10.5	13.7	8.5
2017 年 7 月	3.9	3.0	4.2	8.0	5.0	12.3	4.4	6.3	3.7	10.3	10.1	13.7	7.0
2017 年 8 月	4.0	3.7	3.9	7.5	5.1	11.4	3.8	7.0	3.8	9.7	10.3	10.5	6.2
2017 年 9 月	4.1	5.1	3.7	7.3	5.7	12.0	5.3	7.6	3.8	11.5	13.3	11.2	5.8
2017 年 10 月	4.4	5.5	3.6	7.3	6.3	11.1	4.7	6.3	4.2	12.1	13.8	11.1	5.2
2017 年 11 月	4.7	7.8	3.3	8.1	8.9	9.9	4.6	3.0	4.4	11.5	14.0	11.8	5.7
2017 年 12 月	6.6	7.7	4.8	9.2	8.5	9.1	6.4	2.9	5.0	11.0	15.7	10.9	7.0
2018 年 1 月	6.4	8.6	5.4	14.9	7.4	8.0	6.1	3.3	4.5	10.8	17.7	9.2	6.1
2018 年 2 月	6.3	6.2	5.5	13.4	7.6	7.3	6.9	2.9	4.8	9.1	16.1	9.5	6.0
2018 年 3 月	6.2	3.8	4.8	13.6	6.6	5.8	6.1	2.2	4.3	6.4	15.0	8.2	5.6
2018 年 4 月	5.2	4.2	7.0	14.0	6.4	5.3	6.4	2.6	5.3	5.0	16.4	7.8	7.1
2018 年 5 月	4.4	3.2	7.0	15.5	5.1	4.8	5.2	2.9	5.0	3.9	13.9	9.4	7.3

表 3-12　21 城城市建设用地使用及规划情况

（单位：万平方米）

城市	2016 年城市建设用地使用情况			2020 年规划目标	平均每年建设用地指标
	居住用地	城市建设用地合计	居住用地比例	城市建设用地总规模	
廊坊	2316	6776	34%	13800	600
商丘	1119	6300	18%	15700	417
泰州	4760	16262	29%	21738	401
六安	2455	7620	32%	12000	353
漳州	1860	6695	28%	10405	258
岳阳	2500	9270	27%	13943	315
湘潭	2711	7994	34%	11000	255
邢台	3577	9354	38%	15811	617
菏泽	4238	12236	35%	19100	594
安庆	3257	9953	33%	14200	347
辽阳	3788	10527	36%	11200	61
嘉兴	3382	11890	28%	16235	309
平顶山	2850	7340	39%	10562	313
舟山	2086	5884	35%	9563	326
湖州	3194	10500	30%	22500	913
芜湖	3700	16701	22%	19500	155
莆田	4612	8721	53%	15613	911
徐州	6046	24413	25%	31619	446
九江	3309	10456	32%	11934	117
焦作	4067	11329	36%	14000	240
淮北	3263	9149	36%	9625	42
合计	69090	219370	—	320048	7990

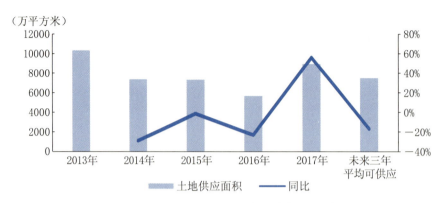

（万平方米）

图 3-28   2018—2020 年 21 城居住用地建设用地指标情况

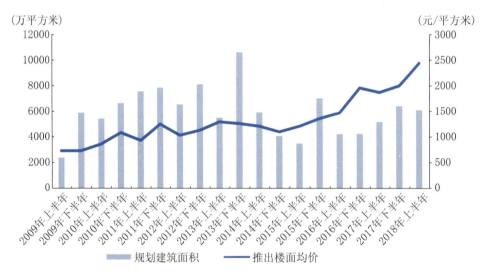

图 3-29   2009—2018 年上半年典型三四线城市土地供应规划建筑面积情况

注：典型城市包括——连云港、常州、无锡、宁波、徐州、东营、烟台、威海。

体系性修复启动，内生性需求可持续

主要从购买意愿和购买能力两方面着手，研究三、四线城市的需求是否具备可持续性。

第一，购买能力增强。假设三、四线城市人均购房面积为 30 平方米，则通过比较典型三、四线城市收入房价比（2017 年销售均价 ×30/2017 年人均可支配收入）

我们发现，大多数三、四线城市居民收入房价比在4—6之间，在国际公认的合理区间之内，因此随着三、四线城市居民收入水平的提高，多数居民具有购买当地城市商品住宅的能力。棚改货币化等也将在一定程度上提升购房者的购买能力。同时，三、四线城市调控政策相对较弱，内生需求一般均具备购买资格。三者效应叠加，居民购买能力毋庸置疑。

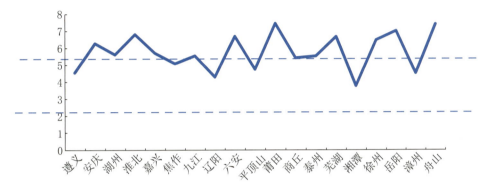

图 3-30　典型三、四线城市收入房价比

第二，购买意愿增强。随着供给质量的提高，三、四线居民的购买意愿不断增强，得益于品牌房企的进入，三、四线城市项目的质量较往年有大幅提升。正如上述分析，2011年前后大量品牌房企先后进入三、四线城市，提升三、四线城市商品房供给质量。

同时，三、四线城市新区经过3—5年的发展，城市配套更加完善。我们将城市配套主要分为两个部分，一是商业生活配套，主要为购物中心、商场；二是公共服务配套，主要为教育和医疗，即学校和医院。通过调查研究12个典型的三、四线城市新城区基础设施建设情况发现，2011年至2017年间，三、四线城市新区大量购物中心、医院和学校搬入或建成，尤其是学区房对于居民来说吸引力巨大，大幅提升居民购买意愿。其中不乏如六安、蚌埠、商丘、芜湖、焦作、徐州等城市的教育机构和医疗机构由老城区搬迁至新城区或在新城区开设分校或分院的情况。除已建成的配套之外，城市新区的建设仍在完善，部分配套处于在建的状态，待建成的配套项目同样能够提升居民购买意愿。

此外，在三、四线城市具备回暖基础的前提下，以及一线城市及核心二线市场被限死后，居民的购买意愿被放大。

从价格上看，比价效应仍在。2016 年和 2017 年一线城市和核心二线城市价格迅速上升后，三、四线城市并未出现大幅增长，2017 年下半年，三、四线城市才开始回暖，截至 2018 年上半年有一定程度上涨，但较一线城市及核心二线城市来看，比价效应仍较明显。

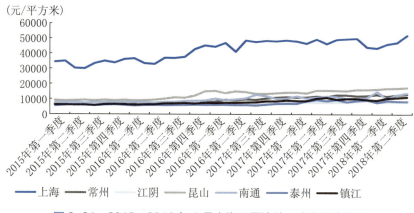

图 3-31　2015—2018 年 6 月上海及周边地区成交均价情况

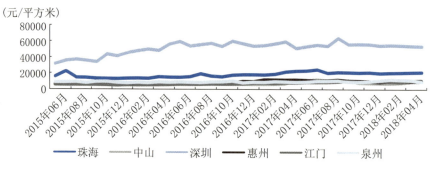

图 3-32　2015—2018 年 6 月深圳及周边地区成交均价情况

综上所述，在供给方面，一是当前三四线城市库存和去化周期均处于较低位置；二是受限于 2020 年各城市建设用地指标，未来三、四线城市供地有限。在需求方面，随着三、四线城市配套建设的完善和居民生活水平的提高，三、四线城市的改善性需求仍将持续释放。三、四线城市体系性修复的三个核心要素——供给真空，

一、二线城市溢出效应，以及比价效应仍未发生改变，因此在三、四线城市市场供给不足、需求持续的前提下，我们认为本轮回暖具有一定的持续性。

此外，根据2009年三、四线城市回暖的周期来看，维持了2年至3年。而本轮三、四线城市体系性修复的需求积攒5年至6年。我们选取163个三、四线城市，根据国家统计局数据发现，2011年至2016年间，三、四线城市商品住宅价格同比均维持在10%以下，2017年或为三、四线城市真正开始修复的时间，因此我们预计本轮三、四线城市体系性修复可能会超过多数人的一致预期，预计3年至5年仍存在机会。

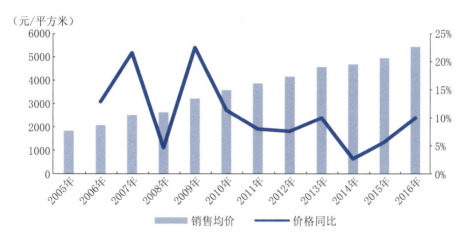

图3-33　2005—2016年163个三、四线城市商品住宅成交均价及同比

04
企业聚焦

—— 比学赶超 ——
在对标中寻找答案与出路

企 评说规模

龙头之争：万科 vs 碧桂园①

如果说经营绩效是企业竞争中相对容易被拉近的硬指标，那么未来软实力上的较量将是能否坐稳龙椅的关键因素。

万科和碧桂园的成功有一些共性的东西：把握时代的脉搏，在正确的时间站在了正确的赛道，各业务条线和经营策略上也有一定的趋同性，如人才战略、项目跟投、高周转等。毋庸置疑，万科是行业的领跑者，而碧桂园也不甘落后，如今规模的超越还在继续，未来软实力的较量更加让人期待。

表 4-1　万科与碧桂园 2017 年销售业绩与 2018 年榜单排名情况

企业名称	销售业绩（亿元）	上市百强房企排名	财富创造能力	开发经营能力	风险控制能力	成长发展能力	投资价值	卖方关注度
万科	5298.8	1	√	√	√		√	√
碧桂园	5508	2	√	√	√	√	√	√

---

① 本文于 2018 年 6 月 15 日发布于亿翰智库公众号，收入本书时略有调整。

在亿翰智库发布的《2018 年中国上市房企百强研究成果》中，万科力压群芳成为当之不愧的行业龙头，紧随其后的正是 2017 年以销售金额 5508 亿元战绩超越万科，登上销售排行榜第一的碧桂园。

碧桂园已经从当年刚跨入千亿行列的那匹黑马成长为一匹骏马，它的出现让市场感到欣喜。上市房企百强研究成果中，碧桂园在以财富创造能力、开发经营能力、风险控制能力、成长发展能力、投资价值、卖方关注度为细分指标的评选中，均进入"十强"行列。优秀的表现让人觉得碧桂园距离龙头位置仿佛只剩一步之遥。亿翰智库就此来探讨这场龙头之争到底是一时瑜亮，还是正在酝酿一场全方位的超越。

回顾万科三十年
成功并不是一次偶然

我国真正的房地产市场发展到 2018 年正好已有 30 年，万科的发展也经过了多年的风风雨雨。在这个过程中，源源不断的有企业试图撼动其行业龙头的位置，从 2004 年的合生创展，2007 年的顺驰，2008 年的富力，2009 年的绿城，到 2014 年的绿地。他们或因为囤地去化缓慢，不重视规模扩张，或因为步子迈得太大导致资金链断裂，或因为大举冒进投资商业地产拖累业绩，在短暂的超越之后增速便陷入了停滞，超越万科仿佛成为了行业魔咒。

唯有万科始终能够在规模化发展中踏准经营节奏，10 多年来占据神坛的位置不动摇，它的成功不会是偶然，而有其自身的原因和优势。

万科上市时曾将自己定位于"综合商社"，涉足十大细分行业，而随着 1993 年有关部门宣布终止房地产公司上市、全面控制银行资金进入房地产的规定出台，在房地产行业一片哀鸿遍野声中，万科迎来了发展史上第一个，现在看来也是至关重要的决定——全面专注房地产行业。当年的万科，还没有足够的规模和实力进行多元化的探索，房企选择多元化经营，需要时刻注意是否有精力支持主业的发展，否则只会面临互争资源、一盘散沙的局面。

万科集中火力攻打一点的决策，使其专注于住宅市场摸爬滚打多年，着实提供了宝贵的经验，我们将万科的优势总结为以下几点。

把握行业的规律

万科可以说是地产行业中的学术派，它深入分析中国未来 10 年土地需求、未来主流城市住宅市场需求量，并以此作为区域扩张的依据。从宏观经济入手，探求影响房地产走势因素。这些系统的研究，不仅有效地预测未来市场的走势，支撑万科的投资策略，更能帮助万科规避各种风险。

2005 年万科"中国的城市化进程才刚刚开始，大可不必悲观"的论断，2008 年王石的楼市即将发生转折的"拐点论"，2014 年万科提出白银时代，在房地产"大周期"未结束之前未雨绸缪，走入对企业新的增长点的探索，均是对整个行业深刻的理解。

全国布局策略

万科多年都是行业中的领头者，也是第一个提出进行全国化布局的企业，到 2011 年为止，已经基本实现了对全国重点城市的覆盖。全国布局是做大规模的前提，也有利于平抑政策波动的风险，企业经营更加稳健。

合理使用杠杆

万科的财务杠杆始终维持在较低的水平，其净负债率更是行业中最低的几家企业之一。同时万科善用经营杠杆作为对财务杠杆的补充，万科具有标准化的产品线，其高周转策略是经营杠杆的典范；同时采取合作和小股操盘的模式，使用了更少的自有资金撬动更大的规模。

万科的成功并不仅仅是因为偶然，偶然的是外部环境的利好，而更重要的是抓住市场机遇自身思变图强所带来的必然。至今，万科的核心业务覆盖了住宅开发、物业服务、长租公寓等领域，称其为行业的领跑者也不足为过。2018 年，万科将自身定位进一步迭代升级为"城乡建设与生活服务商"，所搭建的生态体系已初具规模，业务延伸至商业开发和运营、物流仓储、租赁住宅、产业城镇、养老、教育等领域，新的篇章正在开启。

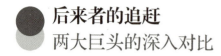

后来者的追赶
两大巨头的深入对比

　　竞争和超越是行业发展最好的趋势，充分的竞争会锻炼出强大的企业。我们从上市房企百强研究成果的榜单入手，选取了以下三个角度，来分析万科、碧桂园各自的优势。

财富创造能力：万科净利率保持高水准，碧桂园高周转发力明显

　　如果选择一个参数来作为衡量企业的财富创造能力的指标，那么我们认为 ROE[①] 会是最合适的指标。而利润率和周转率又是提升 ROE 水平的两个既安全又重要的因素。

　　其一，毛利润率水平。

　　我们使用碧桂园公布的核心利润，万科的扣非净利润数据来计算净利润率，在计算毛利率时，调整了港股和 A 股年报的不同口径，统一将营业税金和土地增值税计入营业成本。

　　从毛利率来看，2012 年到 2015 年万科和碧桂园的毛利率都是不断走低的，地价和建安成本持续走高是主因。从 2016 年开始万科受益于一、二线市场的回暖，毛利率率先反弹；随后碧桂园也迎来三、四线城市成交热潮，并且在 2017 年提前采用了 HKFRS 15 会计准则，2017 年部分业绩提前释放，毛利率也回升明显。

　　另外一个值得注意的现象是，万科的毛利率在 2014 年之前一直明显低于碧桂园，但是碧桂园的毛利率下降很快，在 2015 年形势就发生了扭转。其中的原因用企业当年销售均价/上年拿地均价的比值来解释或许更加明显。

　　碧桂园是进驻三、四线城市较早的大型开发商，大规模拿地的议价能力更强，

---

① ROE，是指净资产收益率。

而随着其他主流开发商的进入，以及地价的上升，碧桂园的销售溢价也正逐步回归合理的位置。此外碧桂园对规模扩张十分重视，自 2014 年以后大大增加了拿地力度，对拿地成本的走高也有较高的容忍度。

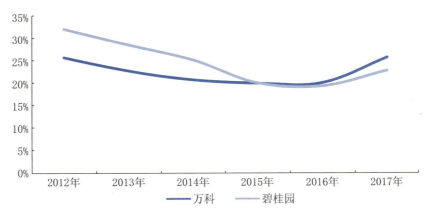

图 4-1　2014—2017 年万科、碧桂园毛利率情况

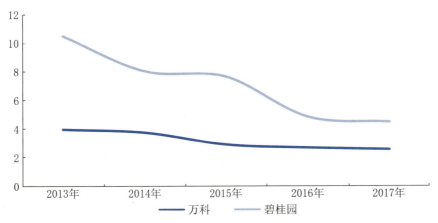

图 4-2　2013—2017 年万科、碧桂园当年销售均价 / 上年拿地均价情况

其二，净利润率水平。

从净利率水平来看，万科表现出了其一贯稳健、成本管控能力极强的特性，多年的净利润水平均维持在 12% 以上，远高于行业平均水平。碧桂园的净利率水平相对万科还是有一定的差距，但是考虑到碧桂园正处于从三、四线逐渐向一、二、三、

四线全布局的转型过程之中，另外由于销售、管理费用与营业收入期限错配的影响，正在加速进行规模扩张的企业会受到更大的影响。亿翰智库预计，随着未来碧桂园布局的逐步稳定以及业绩的释放，公司的净利率还有较大的向上空间。

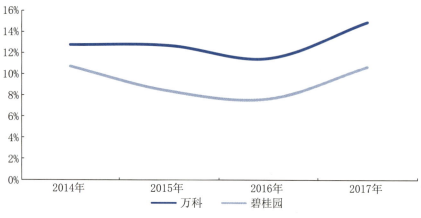

图 4-3　2014—2017 年万科、碧桂园净利率情况

其三，存货周转率。

除了利润率的保障之外，叠加高周转的策略，大大提高资本的使用效率，也是企业财富创造的制胜之道。高周转不仅意味着更高的回报率，也意味着更高的市场份额、更快的市场反应能力和更多的资金链。

万科可以说是高周转的鼻祖，曾经推行的"5986"模式严格强调了从拿地到开盘以及销售的速度。而碧桂园要求的拿地后 4 个月开盘，5 个月资金回笼，6 个月资金回正，更是将高周转策略推行到极致。从数据上看，万科和碧桂园的存货周转率都大致呈现逐步上升的局面，考虑到这两年仍是企业冲击规模的窗口期，我们用当年销售金额／平均存货来代表企业的实际存货周转率，能够更加直观且清晰地反映这一现象。

碧桂园的实际存货周转率高于万科，近三年更是大幅上升，在行业分化的窗口期攻城略地，占据行业中的优势地位，或许就是未来制胜的筹码。同时，三、四线城市容量毕竟有限，加速进入和退出能够更快完成对三、四线市场的收割，也更有效地抵御政策风险。

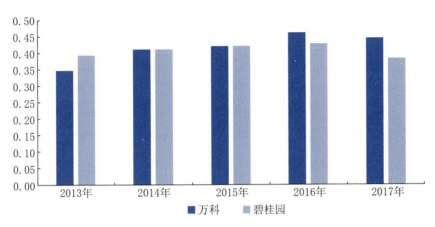

图 4-4　2013—2017 年万科、碧桂园存货周转率情况

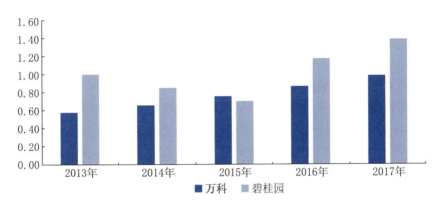

图 4-5　2013—2017 年万科、碧桂园实际存货周转率情况

　　除以上两因素的影响，逐渐弱化规模指标，更加注重 ROE 水平的万科，在提升 ROE 方面也做了诸多的探索。其中"小股操盘"模式有效放大自有资金投资回报率便是其中典范。小股操盘是郁亮上任后提出的概念，万科在合作项目中不控股，但项目仍然由万科团队操盘。轻资产的模式核心来源于对效率的追求，这种模式可以输出万科的管理理念和品牌效应，摄取管理和品牌的"超额利润"。虽然公司不得不面对利润摊薄的问题，但是通过"小股操盘"，万科可以一举赚取股权收益、项目管理费、项目超额利润分配这三道利润，实际上大大提高了资金的使用效率，提升净资产收益率。

风险控制能力：万科净负债率多年稳健，碧桂园打破高增长高负债定律

　　房地产行业是众所周知的高杠杆行业，在追求规模的道路上，企业的扩张也离不开杠杆的助力。恒大正是借助发行的千亿永续债，迅速实现了从三、四线城市布局到一、二线城市布局的惊险跳跃。而在融资渠道收紧、融资利率不断上行的背景下，讨论房地产企业的负债水平和偿债能力很有必要。

　　万科坚持稳健审慎的原则，在净负债率水平上始终有着突出的表现，多年来均维持在30%以下，2017年受益于销售回款的大幅增加，净负债率降低到8.8%。万科2017年末的净负债率虽然略显保守，但是也留出了更大的杠杆空间，未来能够抓住市场相对放慢的机会增加项目。碧桂园的净负债率虽然与万科相比较高，但始终处于安全的水平；两者现金短债比总体来说逐年上升，碧桂园现金短债比连续3年保持在2倍以上，发生债务风险的可能性很低。近两年来，碧桂园扩张、拿地节奏较为激进，净负债率不升反降，打破了"高增长必有高负债"的魔咒。

　　企业们有各自的秘籍降低净负债率，将风险控制在合理的水平。例如，万科采用广泛合作模式、小股操盘模式，用有限的资金尽可能地撬动更大规模和更多的项目，将债券杠杆转换为股权杠杆；恒大采用引入战略投资者、偿还永续债等方法降低净负债率。除此以外，经营杠杆对财务杠杆的补充更能增强企业的风险控制能力。

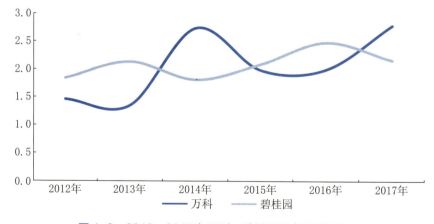

图4-6　2012—2017年万科、碧桂园现金短债比情况

成长性分析：碧桂园高速增长仍可持续，万科未来或受土储拖累

其一，销售增速。

万科多年以来均保持逐步上升的销售增速，且增速维持在 20% 以上，2017 年更是达到了 45.26%，这几年中，行业已发生多轮调控，而万科却能够一贯其稳健增长实属不易。相比于万科的稳健性，碧桂园的销售增速波动较大，而波动也意味着跳跃的机会。碧桂园在 2016 年和 2017 年释放了很大的销售弹性。虽然行业进入白银时代，2017 年全国商品房销售增速也明显放缓，但房地产行业集中度正在空前提高，对企业来说，成长空间依然存在，把握跟上规模、甚至弯道超车的机会至关重要。

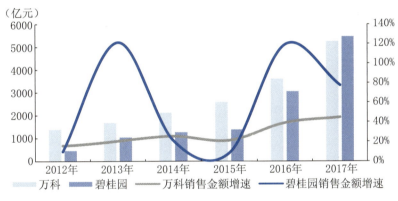

图 4-7 2012—2017 年万科、碧桂园销售金额及增速情况

其二，拿地布局。

从拿地的积极性来看，碧桂园对规模的诉求更显而易见。亿翰智库用拿地金额 / 销售金额来表示企业拿地的积极性，可以发现自市场回暖以后，万科、碧桂园均增加了拿地力度，2015 年之后，碧桂园拿地较万科更为进取。2015 年 4 月，碧桂园在一线城市落下第一子，也表明了它向一、二线城市迈进的决心。

碧桂园在拿地策略上坚持一线城市近郊，二、三线城市中心区，适时进入一线城市中心区的战略。对于一线新手来说，要直接进入拿地要么拿得偏，要么拿得贵，碧桂园在拥抱一线的策略上也表现出了保持关注和相对审慎的态度，而在 2017 年

一、二线城市地王热退潮、土地市场回归理性的机会下，果断增加了一、二线城市的投资布局。一、二、三、四线齐头并进，在保持碧桂园深耕的三、四线区域的优势下，也可以平抑政策风险对企业的影响，倘若有机会重新回到一、二线城市，碧桂园也不会面临地荒的危机。

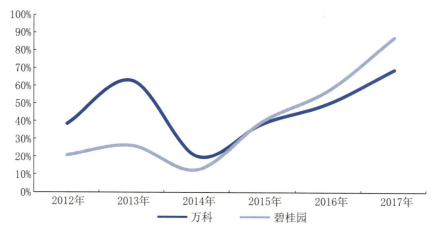

图 4-8　2012—2017 年万科、碧桂园拿地金额/销售金额比值情况

表 4-2　碧桂园近 3 年新增土地储备分布情况

（单位：%）

年　份	一线城市	二线城市	三线城市
2015 年	5.6	18.9	75.6
2016 年	2.4	22.6	75.1
2017 年	13	40	47

其三，土地储备。

从企业公布的数据来看，2017 年底万科权益建筑面积储备为 8452 万平方米，相比于碧桂园 2.8 亿平方米的土地储备（非权益）有明显的差距。万科的土地储备和可售货值都并不充裕，虽然其坚持不囤地、不捂盘的策略，但是似乎万科没有意识到行业集中度提升会如此迅速，竞争对手赶超的速度更是令人惊讶。百舸争流，不进则退，如果万科的土地储备不能得到扩充，这将影响其未来的销售业绩。而碧桂园，近两年

（万平方米）

图 4-9　2012—2017 年万科、碧桂园土地储备情况

在拿地扩储的道路上不遗余力，加之其高周转的速度，未来仍然有很大的推货空间。

　　虽然两家企业都没有公布 2018 年的销售目标，但是从前 5 个月的销售数据来看，碧桂园的销售金额为 3345.2 亿元，而万科为 2411.5 亿元，对万科的领先已经十分明显。碧桂园丰厚的可售货值和 2.8 亿方的土地储备是其持续发展的强大后盾。此轮三、四线城市的回暖将是一个体系化复苏的过程，在一、二线城市受政策高压的影响下，三、四线城市的表现还将持续一段时间，碧桂园加速抢收三、四线城市的效果将现。所以，我们认为从成长性上来说，碧桂园更加具有优势。

展望未来
规模的超越还在继续，未来更是软实力的较量

　　万科和碧桂园是行业中最具竞争力的两家企业，万科龙头地位丝毫不容怀疑，碧桂园是否有超越的潜力更为业界所关注。

　　从前两年出现的绿地和恒大来看，它们都是短暂登顶之后又重新被万科超越。2014 年住宅项目受政策调控处于低迷的时期，绿地凭借商业地产和海外地产的销售一举登上销售榜首，而之后也正是过高的商办项目比重拖累了销售业绩。偶然的成

功或归因于市场的因素，而持续的超越必然是对市场的主动把握。

碧桂园的爆发诚然也有市场的因素，但是成就碧桂园的并不仅仅是时代。正因为碧桂园对城镇化机遇和政策红利的正确判断，2016 年之后在棚改货币化催化之下，三、四线城市去库存明显，销售情况令人满意，因此积极扩张布局三、四线城市的公司也受到了市场褒奖。

碧桂园凭借多年来的开发和品牌积累，熟悉了三、四线城市购房客户的需求和口味，在三、四线城市能够销售的房子里，碧桂园占绝大多数。随着碧桂园在三、四线城市市场占有率的不断提升，助力碧桂园在规模上进一步提升。

从长期看，由于人口、经济基础等因素的影响，三、四线城市的房价相对缺乏支撑的条件，一、二线城市仍然是龙头房企的主战场。我们始终认为，规模是房地产行业坚实的护城河，碧桂园在主动出击成功拿下护城河之后，会更加从容地减少对特定三、四线城市的依赖，有机会争取更广阔的市场。

碧桂园在规模上的超越并不会是昙花一现，但如果说经营绩效是企业竞争中相对容易被拉近的硬指标，那么未来软实力上的较量将是能否坐稳龙椅的关键因素。房企的口碑和品牌，精细化管理的能力，以及创新的基因都将是决定持续盈利能力的关键所在，其业务生态和技术壁垒也会越来越成为衡量龙头房企的估值和市值标准。

 评点扩张

┃闽系战团：房企中的劲旅^①┃

眼光上的远见，战略上的清晰，节奏上的把握，拿地上的果敢，定位上的精准，闽系房企借助两轮房地产行业回暖周期，在不到十年的时间，从区域性房企一跃跻身第二梯队。

提到闽系房企，大家脑子里最先跳出来的词应该是敢拼、敢干、激进，亿翰基于多年为闽系房企提供服务过程中，对闽系房企的接触和认识，反而认为闽系房企是一个粗中带细、刚中带柔的企业集群。本文即从闽系企业的崛起、布局、战略，以及产品几个方面分别加以评述。

强势入围
迅速崛起的闽系房企

亿翰智库发布的《2018 中国上市房企百强研究成果》显示，世茂房地产、旭辉

---

① 本文于 2018 年 6 月 12 日发布于亿翰智库公众号，收入本书时略有调整。

集团、正荣地产、阳光城、融信中国、泰禾集团这闽系六侠强势入围上市房企三十
强，其在开发经营能力或成长发展能力方面表现不俗，更受卖方关注。

表4-3   2018 上市房企排行榜上的闽系

	百强排名	开发经营能力十强	成长发展能力十强	卖方关注度十强
世茂房地产	13	✓		
旭辉集团	19	✓		✓
正荣地产	21	✓	✓	
阳光城	22		✓	✓
融信中国	25		✓	
泰禾集团	26			

资料来源：亿翰智库。

世茂房地产作为闽系房企"老大哥"，早已跻身三十强，而旭辉集团、正荣
地产、阳光城、融信中国、泰禾集团这些后起之秀，近年迅猛发展，不断赶超其
他企业，成功进入第二梯队。亿翰智库《2017 年 1—12 月中国典型房企销售业绩
TOP200》数据显示，旭辉集团以全年 1040 亿元的销售业绩，超越世茂房地产，居
于 2017 年闽系房企销售首位。三年时间内，旭辉的销售规模从 302 亿元到突破千亿
元，复合增长率达 86%，2017 年销售额同比增速 96%。

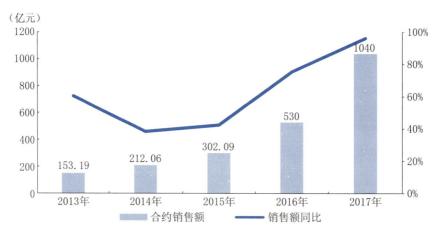

图4-10   2013—2017 年旭辉集团销售业绩情况

资料来源：公司公告、亿翰智库。

　　闽系房企中，销售规模迅速增长的并非只有旭辉一家，诸如正荣、阳光城、泰禾和融信2017年也迎来了规模的大幅增长，同比增幅均在70%以上。2018年，闽系房企的规模扩张步伐依旧未止，根据亿翰智库最新发布的《2018年1—9月中国典型房企销售业绩TOP200》，泰禾、阳光城较2017年底一举挺近TOP20，旭辉、正荣依旧维持TOP20地位不动摇，融信也位于第26名的较前位置。

表4-4　2018年1—9月典型闽系房企销售业绩情况

	销售金额（亿元）	排名	排名变化
阳光城	1090.0	14	＋7
旭辉集团	1079.0	15	0
泰禾集团	1010.9	19	＋3
正荣地产	997.1	20	－1
融信中国	822.1	26	0

注：排名变化的基准为2017年全年销售排名，详细情况见亿翰智库《2017年1—12月中国典型房企销售业绩TOP200》。
资料来源：亿翰智库。

　　2011年之前，这5家闽系房企的销售金额排名五十名开外，在不到十年的时间里，后来居上，如今稳居二十名左右，取得的成绩引人注目，成为行业中的"网红"企业，其成功之道是什么呢？究其原因，主要有如下三点：

　　（1）战略远见，提前全国布局，成功进入核心城市圈，享受大中城市发展红利；

　　（2）踩准市场周期，果敢拿地，为如今的规模增长奠定了坚实的基础；

　　（3）精准的产品定位，从客户需求出发，专注品质，深耕中高端，追求品牌溢价。

把握窗口
成功完成全国化布局

　　在这两轮房地产回暖周期中，闽系房企把握窗口，成功完成全国化布局，为之后发展提供保障。2011 年底在连续降准降息的刺激下，房地产行业回暖，这一回暖周期持续到 2013 年底限购限贷开始收紧。此时，不少闽系房企抓住时机，开展全国布局，进入核心城市圈，享受城市发展的红利。2015 年限购限贷的放松，直至 2016 年 "930 调控"① 的这一轮回暖周期中，闽系房企再次看准时机，成功达成走出福建大本营，深入布局全国的目的。

表 4-5 典型闽系房企全国布局时间对比

	全国战略布局时间	进入一线城市时间	总部搬迁时间
旭辉集团	2007	2000	2000
阳光城	2012	2012	2012
正荣地产	2014	2013	2016
融信中国	2016	2013	2016

资料来源：公司官网、亿翰智库整理。

旭辉、阳光城、泰禾等闽系房企先后开展全国化战略布局，不少企业将总部搬迁出福建作为全国化的第一步。早在十几年前，旭辉就将总部搬到上海，2012 年阳光城搬迁总部于上海，之后融信、正荣纷纷完成了搬迁总部的举措。将总部搬迁到上海或北京，彰显了公司全国化布局的决心。定总部于一线城市，一方面，让房企对于一线城市及其周边的市场行情更为了解，有助于房企深耕总部周边的区域板块；另一方面，增加房企知名度，更具品牌效应。

旭辉集团全国化布局时间较早，但落子慎重，以其总部上海所属的长三角区域为重点深耕区域，2012—2015 年长三角区域的拿地面积占当年新增土地储备总面积的一半以上，近两年，随着其全国化布局的深化，该比例有所下降，但也达三分之一以上。

阳光城则更重视福建本土及所属的珠三角区域，2012—2017 年间珠三角区域的拿地面积占当年新增土储总面积的平均值达 40% 以上，一方面继续深耕原有城市区域，另一方面阳光城也积极进入苏州、杭州、西安、太原等具有发展潜力的城市。

---

① "930" 是指 2016 年 9 月 30 日，全国各大城市密集出台了楼市收紧政策。

表 4-6 典型闽系房企的全国化布局

全国化布局
旭辉集团	"区域板块—中心城市—城市集群"战略布局：构筑长三角、华南、环渤海以及中西部四大区域板块，进入中心城市，逐步完善板块项目布局形成城市集群
正荣地产	"145X"战略布局：1 个职能总部，布局长三角经济区、环渤海经济圈、中西部经济区、海西经济区 4 个发展区域，每个区域精选 5 个核心城市进行拓展布局，X 多项目深耕
阳光城	"3+1+X"战略布局：在领跑福建的同时，着力深耕长三角、珠三角和京津冀三大经济圈，储备战略城市作为利润补充
融信中国	"1+N"战略布局：布局海峡西岸、长三角、粤港澳大湾区、京津冀、中原、成渝、西北城市群七大核心城市圈；一个核心城市，N 处位于核心城市高铁或快速交通网络辐射范围内的卫星城市，下沉式布局全国城市
泰禾集团	"扎根福建本土，深耕一线城市"战略布局：主要围绕以北京为中心的京津冀，以上海为中心的长三角，以广深为中心的珠三角以及福建的福州、厦门等主要经济发达区域，逐步辐射二线省会及核心城市

资料来源：公司官网、公司公告、亿翰智库。

表 4-7 旭辉和阳光城土地投资布局

	时间	拿地城市	长三角	环渤海	珠三角	中西部
旭辉集团	2012 年	3	57%	43%	—	—
	2013 年	11	46%	15%	—	39%
	2014 年	6	90%	10%	—	—
	2015 年	11	53%	23%	3%	21%
	2016 年	15	36%	21%	13%	31%
	2017 年	30	37%	26%	2%	35%
阳光城	2012 年	6	3%	—	45%	51%
	2013 年	11	18%	—	41%	41%
	2014 年	3	54%	—	46%	—
	2015 年	9	23%	4%	30%	43%
	2016 年	13	11%	—	55%	34%
	2017 年	33	28%	6%	38%	28%

注：本表所列百分比数据为公司某区域新增土地计容建面积／当年新增土地总计容建面积。
资料来源：公司公告、亿翰智库。

融信中国的全国化布局开始最晚，2016 年融信还只是一家在海峡西岸、长三角发展的区域性地产公司。2017 年短短一年时间，完成了全国七大核心城市圈（海峡西岸、长三角、粤港澳大湾区、京津冀、中原、成渝、西北城市群）的布局。截至2017 年底，融信全年销售金额为 502.2 亿元，同比增加 104%，新增阜阳、西安、郑州等销售区域，"1+N"的全国化布局效果初显。此外，2016 年融信搬迁总部到上海，其长三角区域的销售占比明显提高，从 2015 年的 40% 增长到 2017 年的 53%。

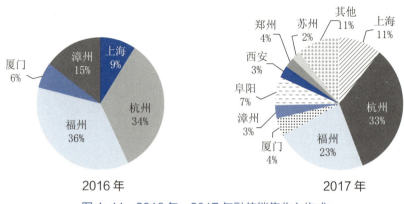

2016 年　　　　　　　　　2017 年

图 4-11　2016 年、2017 年融信销售收入构成

资料来源：公司公告，亿翰智库。

该出手时就出手
踩准周期，果敢增储

近些年闽系房企的迅猛发展引起了社会的广泛关注，他们更多使用"激进""凶猛""高价"或"不计代价"等词汇来形容闽系房企的拿地举措。但细细梳理其拿地策略就会发现闽系房企眼光独到，准确对周期进行预判，同时也拥有"该出手时就出手"的果敢。

在这两轮房地产回暖周期中，闽系房企踩准市场周期，积极增加土地储备。在房价处于同比快速上升阶段，积极增加土地储备；在房价同比上升到阶段性高位，土地市场竞争激烈时，选择性收缩。根据国家统计局公布的 70 个大中城市新建住宅价格

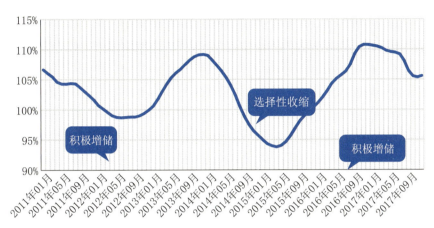

图 4-12　70 个中大城市新建住宅价格指数同比情况

资料来源：国家统计局，亿翰智库。

指数数据显示，2013 年房价同比快速上升，闽系房企踩准周期，在上海、苏州、杭州等一、二线城市积极增加土地储备，泰禾、旭辉和阳光城的投销面积比均超过 200%。2014—2015 年房价同比从高位下滑，甚至跌破 100%，此阶段闽系房企选择性收缩，投销比有所降低。2015 年下半年到 2016 年底，房价同比又进入上涨阶段，2015 年 11 月房价同比回升到 100%，闽系房企准确对市场周期进行预判，积极增加土地储备。

表 4-8　近 5 年闽系房企投销面积比

年份	2013 年	2014 年	2015 年	2016 年	2017 年
旭辉集团	266%	75%	214%	223%	210%
正荣地产	—	—	—	—	188%
阳光城	207%	18%	135%	424%	314%
融信中国	—	—	0%	375%	621%
泰禾集团	267%	198%	26%	293%	238%

注：2017 年融信中国收购海亮集团 55% 的股份，因收购所带来超 500 万平方米的新增土地储备，约占当年新增土地储备的 34%。

资料来源：公司公告、亿翰智库。

对于一、二线城市的高价地块，全国性大房企偏好度不高，它们略显退出的举措给了中小规模企业竞拍的可能，闽系房企抓住机会在一、二线城市果敢拿地，尤

表4-9　近5年闽系房企投销金额比

年　份	2013年	2014年	2015年	2016年	2017年
旭辉集团	111%	46%	98%	45%	104%
正荣地产	—	—	—	—	46%
阳光城	62%	17%	45%	61%	111%
融信中国	—	—	0%	197%	142%
泰禾集团	157%	67%	33%	100%	63%

资料来源：公司公告、亿翰智库。

表4-10　闽系房企拿地周边地块成交价格攀升

区位		成交时间	平均楼面价（元/平方米）	周边地块		价格涨幅
				成交时间	平均楼面价（元/平方米）	
泰禾集团	北京朝阳区	2013年1月	28559.52	2015年9月	45119.53	58%
				2017年5月	51250.74	79%
				2017年9月	54671.88	91%
				2018年1月	61347.84	115%
正荣地产	上海宝山区	2013年3月	12148.80	2017年1月	16404.55	35%
				2017年11月	29045.00	139%
旭辉集团	上海浦东新区	2013年4月	14326.30	2014年9月	25765.35	80%
				2014年10月	26057.14	82%
阳光城	北京通州区	2015年11月	15897.94	2017年3月	17162.53	8%
				2017年12月	24708.09	55%
融信中国	杭州萧山区	2016年4月	18556.44	2016年9月	20266.87	9%
				2016年11月	21854.74	18%
				2017年3月	30816.04	66%

资料来源：亿翰智库。

其是优质土地资源，扩充自身的土地储备。随着近几年土地价格持续走高，当时的成交价格如今看来也可以接受，闽系房企在一、二线城市大举拿地可谓颇有远见，既成功打入核心城市圈，完成全国化布局，又抓住行业机遇，实现规模扩张。

周边地块的成交价格更反映出闽系房企拿地的前瞻性，从当时颇具争议的地块来看，之后周边同性质的地块成交价逐渐攀升。

在拿地方式上，闽系房企积极探索多元化拿地策略。阳光城通过并购方式降低拿地成本，2016 年新增 900 多万平方米的土地储备中，85% 是通过并购获得的；2017 年通过并购方式获得土地计容面积 1074 万平方米，约占新增土地储备的 53%，拿地均价仅为 4527 元 / 平方米。旭辉则更倾向于通过合作方式扩充土地储备，2017 年新增土地储备 1320 万平方米，其中集团权益仅占 590 万平方米。

结合自身精准定位
品牌效应赢得品牌溢价

闽系房企的迅猛发展和其精准的产品定位密不可分。房地产行业逐渐走向成熟，以客户需求为导向的产品策略正得到业界的共识。闽系房企从客户需求出发，结合自身定位，开发产品体系，专注品质，深耕中高端，追求品牌溢价。

正荣地产：立足"改善大师"的品牌定位，专注中高端改善型客户需求，致力于开发优质住宅物业，逐渐形成典藏系（定位为目标高端客户的豪华家居系列）、大师系（面向二次改善型及多次改善型的中高端置业者）、精工系（面向首次改善型职业者及首次置业者中的中产客户）、优家系（面向首次置业者）四大产品系列。

泰禾集团：以创造美好生活为初心，以房地产为核心，为全面提升城市生活品质和自身多元化发展而践行"泰禾+"战略，意在用"高品质产品＋配套＋附加值服务"的全生命周期的服务配套，真正做到赋予业主更多的权益附加值，全面提升业主的生活品质、业主权益及服务体验等生活需求，匠心打造出泰禾院子系的产品 IP。

阳光城：依托"高标准、高品质、高品位、高回报"四大营建原则，打造包括住宅（城市豪宅、浪漫城邦、时尚公寓、生态别墅）和商业（商务办公、商业综合体、星级酒店）两大类产品体系及七大产品线，全面涵盖居民生活需求，以大跨度响应房地产市场的主流消费需求，力争让每一个不同的梦想，尽享阳光品质。

融信中国：坚持中高端精品战略，以质量取胜，尊重城市文化肌理，以品质影响城市，集国际一流建筑师、设计师智慧，联合知名承建商倾力打造符合当地市场需求的标杆产品。

旭辉集团：秉承"专业匠心、人文情怀"理念，回归基本面，专注产品力，深化"品质生活家"价值体系，致力于为客户打造"精工品质、用心服务、有温度的社区"。

闽系房企的项目拥有较高的品牌溢价，诸如泰禾将对新中式风格的独到理解，对审美大势和不断迭代的居住理念的准确把握融入产品之中，"泰禾院子系"历经打磨，已成为颇负盛名的产品 IP，其中泰禾·中国院子四次上榜"亚洲十大超级豪宅"，泰禾·北京丽春湖院子 2017 年以 55 亿元网签额成为中国别墅市场销售冠军。

表 4-11　泰禾·北京院子周边售价情况

项目名称	价　格	项目名称	价　格
泰禾·北京院子	19800 万元／套	云湖·棕榈滩二期	10000 万元／套
景粼原著	3000 万元／套	恒大丽宫	13000 万元／套
首开琅樾	3400 万元／套	中粮瑞府	4900 万元／套

资料来源：亿翰智库。

表 4-12　上海正荣国领周边售价情况

项目名称	价　格	项目名称	价　格
正荣国领	41000 元／平方米	步阳御江金都二期	36000 元／平方米
碧桂园嘉誉	36000 元／平方米	信义嘉庭	37100 元／平方米
金隅大成郡	29000 元／平方米		

资料来源：亿翰智库。

此外，正荣国领、阳光城滨江悦、融信学院府、旭辉铂悦西郊等典型项目均受到业内外高度关注。

从已开盘的项目来看，闽系房企典型项目的目前销售价格高于周边楼盘销售均价，彰显了其精准的产品定位和客户需求研究，以及其所赋予的品牌价值。

眼光上的远见，战略上的清晰，节奏上的把握，拿地上的果敢，定位上的精准，闽系房企借助两轮房地产行业回暖周期，在不到十年的时间，从区域性房企一跃跻身第二梯队，在这强者恒强的时代，实现了规模上的极速扩张，拥有了不容忽视的话语权。

｜华南五虎 + 粤港澳"四小龙"：战略决定格局 ①｜

华南房企纷纷规模提速，涌现一批后起之秀的背后，是近两年房地产新一轮规模竞争、市场集中度大幅提升的逻辑。

老牌"华南五虎"有人衰退，有人成长为行业龙头；新兴"粤港澳四小龙"冉冉升起，亿翰智库用一句话来总结——战略决定格局。

华南房企在中国房地产行业中长期处于领先地位，而 2007 年起被业界誉为华南五虎的碧桂园、恒大、富力、雅居乐、合生创展，更是华南房企的经典代表。当时闽系开发商还没有崭露头角，但经历数年兴衰轮回，华南五虎格局大转变，同时新兴企业强势崛起，凭借突出表现跻身亿翰智库 2018 年上市房企百强榜单。老将为何走出不同路径，新秀们又凭借何因突然爆发。本文将渐次加以分析。

---

① 本文于 2018 年 6 月 12 日发布于亿翰智库公众号，收入本书时略有调整。

表 4-13 2017 年华南房企榜单排名

企业	2017 年销售金额排名	2018 中国上市房企百强排名	财富创造能力十强	开发经营能力十强	风险控制能力十强	成长发展能力十强	投资价值十强	卖方关注度十强
碧桂园	1	2	✓	✓	✓	✓	✓	✓
中国恒大	3	4		✓			✓	✓
富力地产	21	15						
雅居乐	19	29		✓				
合生创展	76	76						
龙光地产	34	30	✓			✓		
合景泰富	38	32			✓			
佳兆业	33	38						
中国奥园	32	40						

华南五虎业绩分化
碧桂园恒大冲入千亿元

2009 年楼市转暖之际，代表华南房企实力的"华南五虎"销售规模并驾齐驱，但随着形势的不断变化，各房企也分别作出不同的战略抉择。其结果是 2013 年碧桂

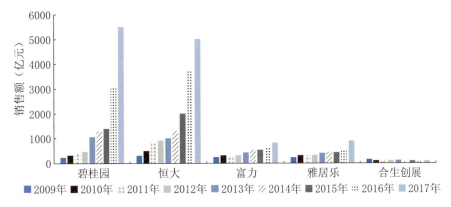

图 4-13 2009—2017 年"华南五虎"销售金额

园、恒大冲入"千亿房企"的行列，坚守在全国房企的第一军团，富力、雅居乐、合生创展被甩在身后，出现发展缓慢的情况。

土地作为房企的成长之本，也是房企之间战略分化的体现：2012—2017年间碧桂园、恒大拿地规模迅速扩张，2017年碧桂园土地储备同比增长达69.74%，恒大同比增长36.24%；而其他三虎均持审慎拿地态度。

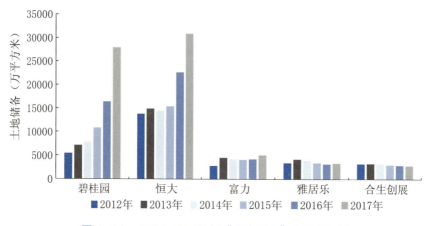

图4-14   2012—2017年"华南五虎"土地储备量

 老将下沉
战略选择错失上升期，面临转型挑战

富力地产：商业地产之痛，重启规模跃进

富力是国内最早采用住宅商业"双轮"发展模式的房企，2007年富力地产以161亿元的销售额排名第4位，仅次于万科、绿地和中海，规模排名达历史巅峰，而2017年销售额为819亿元，排名下降至第21位，10年间销售额复合增长率仅为15.94%，逐步掉队。

富力这几年之所以做得不够理想，主要原因有三个：

一是提高商业地产比重，销售回款萎缩。当恒大、万科等同行专注住宅开发、实行高周转战略时，富力选择加大现金回流缓慢的商业地产开发力度，商业与住宅开发比例一度高达 1:1，销售规模增速随着投资物业的比重增加开始停滞不前。

表 4-14 富力进入商业地产前后对规模扩张的影响表

年份	销售金额（亿元）	同比增速	平均房地产增速	去除市场趋势后增速
2005 年	82	28%	69%	−41%
2006 年	81	−1%	18%	−19%
2007 年	148	83%	43%	40%
2008 年	160	8%	−16%	24%
2009 年	242	51%	76%	−25%
2010 年	322	33%	18%	15%
2011 年	300	−7%	11%	−18%
2012 年	322	7%	10%	−3%
2013 年	422	31%	26%	5%
2014 年	544	29%	−6%	35%
2015 年	544	0%	14%	−14%
2016 年	608	12%	35%	−23%
2017 年	819	34%	14%	20%

二是重仓酒店项目，业务亏损。富力地产大力开发商业项目的盈利能力也不尽如人意，其中酒店项目比例较高，2011—2016 年，富力酒店业务营业额占投资物业营业额的比重均在 55% 以上，然而酒店均为自持项目，富力的酒店业务在这 6 年间一直处于亏损状态，沉淀较多资金，并无法盈利回款，以致富力的规模扩张被酒店业务所拖累。2017 年 7 月 19 日，富力地产又以低价收购万达商业酒店，短期内盈利不明。

三是回归 A 股计划延迟，资金压力拖累投资扩张。2007 年是富力地产扩张商业地产的第一年，净负债率由 64% 上升至 126%，此后净负债率居高不下。在房企融资渠道普遍收紧的情况下，通过 A 股上市获得估值优势成为富力地产缓解长期净负债率高企压力、填补大量资金缺口的最优途径。但受调控影响，回归 A 股计划迟迟得不到证监会批复。截至 2017 年，富力地产短期借款及长期借款当期部分合计

表 4-15　2011—2016 富力地产酒店业务经营状况

年份	酒店运营营业额（万元）	酒店盈利／亏损（万元）	物业投资营业额（万元）	酒店收入占投资物业收入比重
2011 年	75808	−10993	49104	61%
2012 年	83027	−17529	62833	57%
2013 年	90059	−24873	72725	55%
2014 年	110860	−13962	82726	57%
2015 年	118115	−16745	85726	58%
2016 年	136197	−18256	91791	60%

284.14 亿元，而现金及现金等价物为 196.97 亿元，二者之间存在 87.17 亿元的缺口，资金压力一直是这些年限制富力地产进一步投资发展的硬伤，进而拖累规模扩张。

面对当前形势，富力地产于 2017 年"重启规模跃进"，提出 2018 年 1300 亿元销售目标，2020 年冲击 3000 亿元。2018 年 1—9 月富力权益销售金额达 870 亿元，同比增长 46%，目标完成率为 67%，若要实现 2018 年 1300 亿元的保底销售目标，富力必须在 10—12 月份保持每月 143 亿元以上的销售金额。

表 4-16　2010—2017 年富力地产协议销售目标完成情况

年份	销售目标（亿元）	实际销售金额（亿元）	相差
2010 年	300	322	22
2011 年	400	300	−100
2012 年	320	322	2
2013 年	420	422	2
2014 年	700	544	−156
2015 年	600	544	−56
2016 年	600	608	8
2017 年	730	819	89
2018 年	1300	870（1—9 月）	—

不幸的是，作为冲击千亿元的一大砝码——海南加大土地储备，却突然遭遇限购。截至 2017 年底，富力地产在海南的权益建筑面积达 317.1 万平方米，并于 2018 年 4 月收购海航大英山项目，然而紧接其后，海南省就宣布全域限购。再看富力地产近几年销售目标的完成情况，富力仍面临极大挑战。

雅居乐：旅游地产优势难续，战略调整成果初现

雅居乐与碧桂园起点相似，都是家族企业，走"农村包围城市""郊区包围中心"策略等。2010 年雅居乐凭借"清水湾项目"一战成名，仅此单个项目销售额达到近百亿，占集团总销售额的 31%，销售金额排名 TOP11，跻身于地产行业前列。但此后 2010—2017 年销售额复合增长率仅为 15.71%，与此同时，从 2012—2015 年，雅居乐的归母净利润和归母净利润率一直处于下降状态。规模与利润的双重失利，使其逐步落后于当时同规模的企业。

图 4-15 2009—2017 年雅居乐归母净利润情况

雅居乐遭遇发展危机是由于战略定位失误：其一，过度依赖旅游地产。清水湾项目对雅居乐的整体业绩发挥着中流砥柱的作用，不过也正是因为对它的过度依赖，在受到调控和经济增速持续下滑的影响下，以清水湾为代表的旅游地产项目销售下滑严重，极大制约了全年业绩，而大量的资金投入，旅游地产相对慢的周转率，也使得企业资金压力较大。同时，近年来越来越多实力雄厚的房企涉足旅游地产，清水湾项目已经很难延续当年的优势。

其二，清水湾的成功不可复制。2012年雅居乐加快旅游地产领域布局，接连拿下腾冲、惠州、海南等五大地块，占新增土地总建筑面积的87%，与清水湾项目的相似之处在于，云南腾冲等项目的土地成本低廉，但是清水湾项目的成功有其天时、地利、人和的诸多因素，特别是当时恰逢国际旅游岛的获批。

表4-17　2012年雅居乐新增土地情况

区域	地块名称	城市/地区	规划建筑面积（万平方米）
华南地区	惠州惠阳地块	惠州	257.7
西部地区	重庆大渡口区地块	重庆	34.8
	西安曲江新区地块	西安	21.5
华中地区	郑州中牟县地块	郑州	19.7
海南省区	文昌市地块	文昌	29.8
	海南清水湾地块	陵水	15.2
云南省区	云南瑞丽地块	瑞丽	73.2
	云南腾冲地块	腾冲	161.4
合　　计			613.3

其三，土地结构单一。在碧桂园、恒大早已经进行全国布局的时候，雅居乐所补充的土地储备大部分位于供应过剩的城市，令其去化率及毛利率受压；2012—2016年，海南及云南区域旅游地产项目土地储备面积均维持在1000万平方米以上，占总土地储备的30%以上，公司的土地储备结构缺少多元化，抵御市场风险和政策风险的能力低。

雅居乐经历了打造旅游地产项目失利之后，将投资目标转向大本营中山及热点二线城市，寻求高周转项目并实现现金流快速回正。在2016年投资拿地战略调整明显，新增土地储备351万平方米，共计192亿元，其中北京、苏州、武汉、珠海及美国南旧金山市为新开拓的市场。

表 4-18　2016 年雅居乐新增土地情况

区域	地块名称	城市 / 地区	规划建筑面积（万平方米）
华南区域	广州荔湾区地块	广州	6.2
	中山濠头沙地块	中山	16.7
	中山清溪路地块	中山	4.2
	中山畔山中心城地块	中山	45.4
	中山南龙天麓地块	中山	9.9
	中山东城麓峰地块	中山	34.7
	中山君汇地块	中山	39.6
	珠海科创园地块	珠海	20.6
	佛山三水西南街地块	佛山三水	11.3
	惠州惠城区地块	惠州	6.6
华东区域	常州三井河地块	常州	5.4
	苏州相城开发区地块	苏州	10.2
华中区域	郑州中牟区地块	郑州	19.6
	郑州郑东新区地块	郑州	7.4
	武汉江夏区地块	武汉	80
华北区域	北京延庆区地块	北京	6.5
海云区域	海南雅居乐月亮湾地块	海南	3.3
	海南清水湾地块	海南	3
海外	美国南旧金山牡蛎湾地块	美国南旧金山	20.9
合　　计			351.5

　　同时紧跟国家政策去库存，2015—2017 年土地储备存续比恢复到 6—8 年的合理区间，居亿翰智库开发经营能力榜单十强，资产利用效率和开发销售速度位于五虎之首；截至 2017 年雅居乐调整策略取得阶段性成果，盈利能力增强，归母净利润率达到 11.68%，同比增长 138.65%，未来发展值得期待。

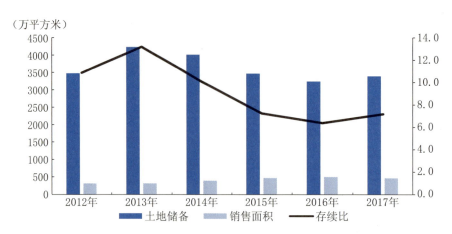

图 4-16　2012—2017 年雅居乐土地储备情况

合生创展：开发及管理模式不佳，销售疲软

2009 年，合生创展创下了其史上最高销售额 150.9 亿元，但在最初的迅猛势头后，2014 年开始销售业绩低于百亿，彻底掉队。销售的持续疲软也对公司的现金流提出挑战，截至 2017 年末，企业现金短债比为 38.88%，存在明显的资金压力。

图 4-17　2009—2017 年合生创展销售业绩

作为曾经的华南五虎发生如此大的落差，主要原因有两个。

其一，深受香港地产开发模式影响。相对碧桂园等纷纷采用快速开发回笼资金、高周转的模式，合生创展则沿用香港地产开发模式，用低价买地及慢周转的方式，依靠土地升值实现高回报，忽视了规模化发展，而在内地调控的重压之下，土地升值模式已不可持续，仍然坚持该模式直接带来的后果是企业资金链的风险和周转率的降低。对于合生创展这样主业相对单一，不具备跨周期、反周期行业配置的公司，上述运作模式显然不合时宜。

表 4-19　2017 年华南五虎存货周转率和总资产周转率

	存货周转率	总资产周转率
碧桂园	0.52	0.28
恒　大	0.25	0.20
富力地产	0.31	0.23
雅居乐	0.58	0.35
合生创展	0.13	0.10

其二，内部管理模式存在问题。合生创展一直实行的是高度集权体制，导致内部工作流程慢、效率低、决策慢，同时管理人员得不到适当的放权，人员的不稳定进一步影响企业的运营能力。

就目前而言，合生创展的整个战略布局、市场营销以及产品结构都不再适应当今市场环境，尽管有充足的待售项目及截至 2017 年末拥有 2933 万平方米土地储备，高于大多数销售规模在 500 亿元之上企业，但其业务重点放在一线城市的高端项目以及过去几年执行情况疲弱，这都令其无法稳步复苏，若要打破现状，合生创展任重道远，需要在高周转等模式上积极进行创新和探索。

 华南后起之秀 "粤港澳四小龙"
营收利润双赢，拥有优质土地

龙光地产：财富创造能力十强，聚焦粤港澳大湾区

20 余年深耕珠三角和两广，前瞻性聚焦粤港澳大湾区，业务覆盖香港及深圳、广州、汕头、惠州、南宁、海口、成都等全国近 20 个重点城市。2017 年受益于粤港澳大湾区市场利好，公司业绩大幅提升，销售同比增速 51.29%，核心利润同比增长 48.7% 至 46.2 亿元，在行业增收不增利的大背景下，龙光地产规模与利润齐增长，且销售规模有赶超"华南五虎"雅居乐之势，荣获 2018 年上市房企财富创造能力十强、成长发展能力十强。这主要由于公司前瞻性布局粤港澳大湾区，并通过并购和城市更新等措施，获得土地成本较低的资源。2017 年公司通过"招拍挂"购得土地的平均价格为 4086 元，而销售均价为 17897.8 元，坐拥大量优质土地储备，实现较大幅度溢价。随着溢价项目的结转，公司的利润率提升仍有较大空间。

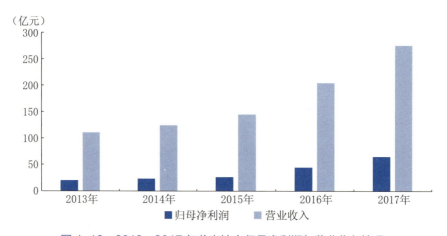

图 4-18 2013—2017 年龙光地产归母净利润与营业收入情况

2017 年，龙光地产继续高度聚焦粤港澳大湾区核心区域，精确掌握国内外房地产不同周期节点，以多元化方式增加优质土地储备，通过"招拍挂"方式新增项目 21 个，总建筑面积为 569.8 万平方米，同比增长 189.8%，较 2016 年大幅提升。在公司销售大好的情况下龙光积极增加投资，改变以往较为保守的投资风格。截至 2017 年 12 月 31 日，龙光地产的土地储备权益总货值达人民币 5200 亿元，其中粤港澳大湾区的权益货值占比为 81%。

全国"两会"期间，中央政府重申将粤港澳大湾区打造成为世界级城市群的目标，基于良好的国家战略机遇和丰富的优质土地储备，龙光地产有望进入新一轮销售规模高速增长期。

合景泰富：全面覆盖城市经济圈，风险控制能力十强

合景泰富始终坚持"以心筑家，创建未来"的核心理念以及"根植广州，辐射全国"的发展战略，目前已进驻 29 个城市，遍及华南、华东等几大区域，全面覆盖长三角城市群、粤港澳大湾区等全国重要城市经济圈。2017 年营业收入实现人民币 115.43 亿元，较上年同期增长 30.2%，核心利润为 35.2 亿元，同比增长 20.6%；同时，由于核心城市投资物业评估增值，净利润率仍保持较高水平，达 31.2%，而 2017 年碧桂园净利润率仅为 12.7%。

合景泰富坚定看好内地以及香港的房地产市场，一方面在公开市场上自主参与"招拍挂"获取优质地块，另一方面，积极参与收并购活动，以合理价格获取地块补充土地资源。截至 2017 年末，合景泰富拥有项目 101 个，权益建筑面积约 1352 万平方米，若包括城市更新未挂牌项目，权益土地储备约 1800 万平方米，2018 年可售货值达 1100 亿元。

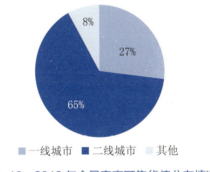

图 4-19　2018 年合景泰富可售货值分布情况

随着土地市场投资力度的加大，合景泰富仍然坚持审慎的财务策略，2017 年通过多元化的境内外融资渠道，使得平均融资成本下降至 5.8%，优化债务结构，为集团的稳健发展奠定了基础。同时净负债率为 67.9%，几乎与 2016 年持平，合景泰富已经连续 6 年净负债率低于 70%，公司财务状况长期处于健康状态，且拥有充足的货币资金，风险控制能力强。

佳兆业：快速二次崛起，发挥旧改优势

经过深度调整复牌后，佳兆业灵活调整推盘计划及销售节奏，并根据各项目特

点实施差异化的营销策略，在保证合理利润的前提下，实现快速周转，2017年佳兆业实现合约销售金额达447.14亿元，同比上升49.8%，突破佳兆业上调后合约销售目标。从销售分布看，2017年度粤港澳大湾区的合约销售占整体合约销售的56%，大湾区城市群的发展为佳兆业带来历史性的机遇。

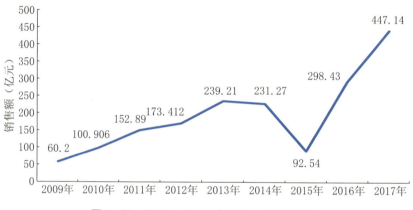

图 4-20　2009—2017 年佳兆业销售额情况

"旧改专家"佳兆业积极布局大湾区市场，并结合当前一、二线城市土地获取难度越来越大的形势，将更多拿地方式转向其擅长的旧改，虽然旧改存在巨大的不可控因素以及沉没成本，但佳兆业在城市更新领域积累了一整套模式和专业团队，并且从2017年开始，佳兆业的旧改业务有明显向下沉的趋势，即积极辐射一、二线城市周边区域，紧抓环一线城市的市场外溢效应。以直接土储3000亿元和旧改土储1.5万亿元来结算，截至2017年底佳兆业土地储备货值高达1.8万亿元。这对于2017年销售业绩只有447亿元规模的佳兆业来说，势必为其后续业绩腾飞，提供了充足的且质量优质的家底。

中国奥园：创历史最好业绩，深耕大湾区"9+2"布局

中国奥园2017年实现合同销售金额455.9亿元，同比增长约78.1%；实现营业额191.15亿元，同比增长61.6%；净利润约19.5亿元，同比增长94%，这是奥园过去数年来业绩最好的一年，在上市房企百强排名中上升至TOP40。借助多年来持续的土地并购策略，2017年奥园销售规模逼近500亿元，并计划三年挺进千亿元俱乐部。

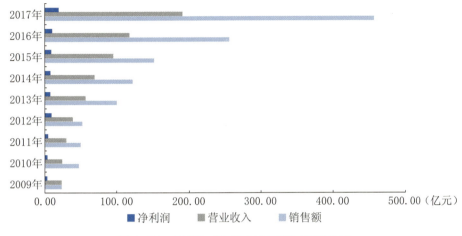

图 4-21 2009—2017 年中国奥园经营业绩

　　大政策背景下，粤港澳大湾区是奥园战略布局的重中之重，目前来看，奥园已实现大湾区"9+2"城市全覆盖，于区内共有 50 个项目，总建筑面积约 753 万平方米，占总土地储备的 30%，总可售货值约 980 亿元人民币。预计 2018 年可售货值约 418 亿元。此外，为了获得较为优质低价的土地和项目，奥园 2017 年进一步优化拿地方式，加大城市更新项目布局，2017 奥园在大湾区及其他地区共有 16 个城市更新项目，规划总建筑面积约 1053 万平方米，其中大湾区占 13 个项目。截至 2017 年底，奥园土地储备总建筑面积约 2487 万平方米，同比增长了 70%，总货值约人民币 2823 亿元，相对充裕的土地储备也为奥园今后扩张发展奠定基础。

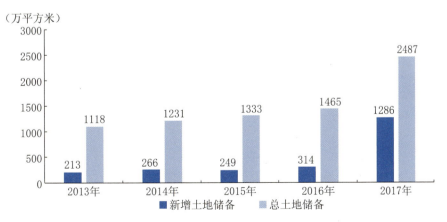

图 4-22 2013—2017 年中国奥园土地储备情况

华南房企纷纷规模提速，涌现一批后起之秀的背后，是近两年房地产新一轮规模竞争、市场集中度大幅提升的逻辑。千亿元，已经成为一家房企未来生存的门槛，而粤港澳大湾区也成为华南猛虎的必争之地。

 评析样本

| 新城控股："双赢"背后三大利器^① |

从房企发展规律看，商业地产巨大投入往往会拖累住宅销售类业务的业绩，而新城则创造了住宅商业双轮快速发展的商业奇迹。

　　新城控股 2017 年预计实现累计开业和在建购物中心 40 个以上，2012 年至 2016 年复合增长率 41.7%。亿翰智库通过分析房地产企业的业绩发现，新城在做商业地产的同时，销售规模增速依然能够保持高速增长。从房地产企业发展规律看，商业地产巨大投入往往会拖累住宅销售类业务的业绩，而新城则创造了住宅商业双轮快速发展的商业奇迹。在住宅开发商转型背景下，新城控股的案例能够提供一个不一样的范本，可以给业界更多的思考和借鉴。

---

　　①　本文于 2017 年 7 月 28 日发布于亿翰智库公众号，收入本书时略有调整。

● 三种不同的发展模式
地产商的商业实践

富力：最早的住宅商业双轮发展模式

2002 年，富力拿下当时北京 32 亿元地王——北京富力城，由此开始进入商业地产，成为了国内最早采用住宅商业"双轮"发展模式的房企。2006 年，富力加大商业地产投资力度。2007 年开始，富力商业地产比重逐年增加，推出新盘中，近一半的项目为商业综合体或写字楼项目。

然而富力的销售规模增速却随着投资物业的比重增加开始停滞不前。2007 年富力地产以 161 亿元销售额排名第 4 位，仅次于万科、绿地和中海，规模排名达历史巅峰。2016 年富力销售金额为 609 亿元，其 9 年复合增长率仅为 15.9%，全国销售规模排名下降至 19 名。在这期间，同为"华南五虎"的合生创展、碧桂园和恒大销售规模先后超越富力，富力逐步掉队。

在富力销售业绩增速下降的同时，商业地产也表现不济，部分购物中心濒临倒闭的境地。而且，富力在商业地产领域未形成有影响力的产品线品牌。经过近十年的发展，2016 年富力地产租金收入为 8.6 亿元，虽然 2016 年酒店运营收入高达 11.8 亿元，但仍亏损，酒店息税前利润为 –1.8 亿元。富力可谓是在商业地产运营和地产开发销售上"双失利"。

龙湖：量入为出的双轮发展模式

龙湖的天街系列商业最早的项目是重庆北城天街，真正确立产品线的是重庆时代天街——百万方大型综合体项目。2011 年开始，龙湖明确提出把增持商业作为一个战略，也是从 2011 年开始，每年把销售回款的 10% 以内投入到商业地产，每年开 1—2 个购物中心，不是大举进入商业地产领域，而是采取量入为出的双轮发展模式，边走边看。龙湖计划用 15 年左右的时间将商业利润占比从不到 5% 提升至 30%。2013 年，龙湖进一步提出新的发展策略——"扩纵深、近城区、控规模、持商业"。

但在龙湖将商业持有作为战略组成部分之际，龙湖的住宅销售业务的行业地位出现比较明显的下降。2011年至2015年，销售额排名从第8名下降至15名。2016年龙湖才开始恢复元气，排名上升至13名。

龙湖的销售规模虽然出现放缓，但龙湖天街的商业品牌建立起来，并形成产品线，天街项目数量迅速扩张，截至2016年底，已开业天街项目达13个，2017年将新开业5个天街项目。2016年实现19亿元租金收入，龙湖商业地产已经进入快速发展的轨道。

新城：不一样的商业"快周转"模型

新城早在2008年就已进军商业地产，但与富力、龙湖最大的不同在于，新城的商业业务与住宅开发业务几乎完全独立，从另一个角度来看，新城商业属于从零开始自建团队、自负盈亏。2012年建立商业地产品牌"吾悦广场"，新城商业地产发展进入快车道。截至2016年，经过4年的发展，全国已开业吾悦广场数量达11个，租金收入为2.7亿元。2017年将有大量商业项目开业，租金收入目标为10亿元以上。

表4-20 富力进入商业地产前后对规模扩张的影响

年份	销售金额（亿元）	同比增速	平均房地产增速	去除市场趋势后增速
2005年	82	28%	69%	−41%
2006年	81	−1%	18%	−19%
2007年	148	83%	43%	40%
2008年	160	8%	−16%	24%
2009年	242	51%	76%	−25%
2010年	322	33%	18%	15%
2011年	300	−7%	11%	−18%
2012年	322	7%	10%	−3%
2013年	422	31%	26%	5%
2014年	544	29%	−6%	35%
2015年	544	0%	14%	−14%
2016年	608	12%	35%	−23%

　　从新城销售规模变化的情况来看，新城商业并没有影响新城销售业绩的快速提升。2012年至2016年，新城销售金额从163亿元上升至651亿元，排名从31名上升至第15名，年化复合增长率高达41%，远高于全国平均增速，实现快速扩张。

　　新城采用商业"快周转"模型，将综合体项目进行标准化开发运营，确保综合体项目从拿地到开业以及去化的速度。

表4-21　龙湖集团进入商业地产前后对规模扩张的影响

年份	销售金额（亿元）	同比增速	平均房地产增速	去除市场趋势后增速
2009 年	183	79%	76%	3%
2010 年	333	82%	18%	64%
2011 年	383	15%	11%	4%
2012 年	401	5%	10%	−5%
2013 年	481	20%	26%	−6%
2014 年	490.5	2%	−6%	8%
2015 年	545.4	11%	14%	−3%
2016 年	881.4	61.61%	35%	27%

表4-22　新城控股地产进入商业地产前后对规模扩张的影响

年份	销售金额（亿元）	同比增速	平均房地产增速	去除市场趋势后增速
2011 年	91	11%	11%	0%
2012 年	161	77%	10%	67%
2013 年	206	28%	26%	2%
2014 年	245	19%	−6%	25%
2015 年	319	30%	14%	16%
2016 年	651	104%	35%	69%

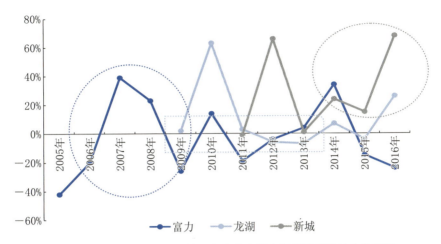

图 4-23　富力、龙湖、新城三家企业去除市场增速后增速变化情况

 ## 有破有立

新城"双赢"的背后

商业地产的投资规模大，回报期长，相较于住宅地产企业资金依赖性更高，在商业地产的培育过程中，占用企业大量的资金。作为"后起之秀"的新城向我们展示了商业地产较快的扩张速度。

高周转带动高增长

在商业地产开发经营中，常规模式主要将房地产的开发与后期商业运营分开。新城在市场竞争中通常采取"统筹商管团队"，建立标准化商业战略方向。即整合整个产业链，从项目土地的获取，到开发建设、招商运营、资本运作、资产证券化全部由一个团队管理，为公司"快速资金周转"的发展模式提供强劲动力。较高的周转速度，能使房企快速获得销售业绩，支撑着潜在的高回报和高成长空间，以便企业规模扩张。通过分析富力、新城、龙湖这三家部分商业项目从拿地到开业所消耗的时间，新城控股的吾悦广场从拿地到开业平均耗时为 32 个月，低于富力地产与龙湖集团，两者花费的时间均高于 50 个月。缩短商业项目从拿地到开业的时间，让商业项目快速实现现金流入，也有利于带动企业增长。

表 4-23　2003—2017 年富力、龙湖、新城三家房部分商业项目运营情况

公司名称	项目名称	业态类型	拿地时间	开业时间	周转时间（月）	平均周转时间（月）
富力地产	富力铂尔曼大酒店	酒店	2009 年 7 月	2015 年 4 月	69	54
	富力盈通大厦	写字楼	2006 年 8 月	2012 年 9 月	73	
	富力盈盛广场	商业	2006 年 5 月	2011 年 6 月	61	
	富力丽思卡尔顿酒店	酒店	2003 年 9 月	2008 年 3 月	54	
	富力科迅大厦	写字楼	2003 年 9 月	2005 年 6 月	21	
	富力公园 28	商业	2006 年 4 月	2011 年 4 月	60	
	富力盈丰大厦	写字楼	2006 年 8 月	2008 年 8 月	24	
	富力盈凯广场	商业	2006 年 4 月	2011 年 12 月	68	
龙湖集团	重庆 MOCO 家悦荟	商业	2004 年 12 月	2010 年 9 月	69	58
	重庆 U 城天街	商业	2009 年 9 月	2013 年 9 月	48	
	重庆源着天街	商业	2009 年 9 月	2017 年 6 月	93	
	成都北城天街	商业	2009 年 9 月	2013 年 12 月	51	
	成都金楠天街	商业	2014 年 2 月	2015 年 10 月	20	
	北京长楹天街	商业	2010 年 2 月	2014 年 12 月	58	
	上海虹桥天街	商业	2011 年 8 月	2016 年 12 月	64	
	西安大兴星悦荟	商业	2010 年 3 月	2014 年 9 月	54	
	杭州金沙天街一期	商业	2009 年 12 月	2015 年 9 月	69	
新城控股	上海青浦吾悦广场	商业	2010 年 1 月	2014 年 12 月	59	32
	海口吾悦广场	商业	2014 年 1 月	2016 年 10 月	33	
	安庆吾悦广场	商业	2014 年 11 月	2016 年 12 月	25	
	吴江吾悦广场	商业	2013 年 5 月	2015 年 9 月	28	
	南昌吾悦广场	商业	2014 年 8 月	2016 年 11 月	27	
	金坛吾悦广场	商业	2015 年 5 月	2016 年 12 月	19	

　　并且，新城借助于标准化开发流程、大规模快速开发的模式，其运营效率也处于行业领先地位。2012年至2016年，新城的存货周转率维持在0.58左右，现金回笼迅速，使用率高，远高于富力地产和龙湖。富力地产的总资产周转率为0.28，与龙湖持平。同时，新城控股的总资产周转率平均水平维持在0.40左右，不仅高于行业平均水平，也远超过其他大型开发商。新城控股商业项目的高周转为企业规模快速扩张奠定基础。

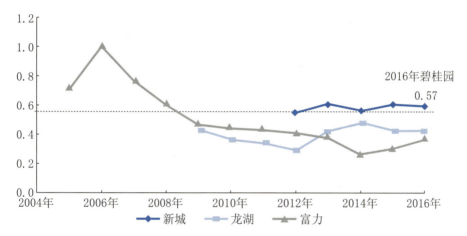

图 4-24　2004—2016 年富力、龙湖、新城三家房企存货周转率变化情况

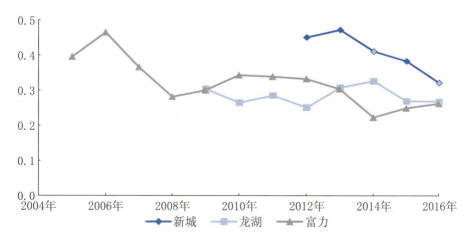

图 4-25　2004—2016 年富力、龙湖、新城三家房企资产周转率变化情况

充裕资金为扩张提供助力

经营商业地产会占用企业大量的资金，充裕的资金储备将为商业地产发展提供助力。

通过分析企业集中拿商业地块的时间，亿翰智库发现，富力、龙湖和新城分别在 2007 年、2009 年和 2013 年大量竞得商业地块。在这期间，三家房企的净负债率均有一定程度的上升。

2007 年是富力地产扩张商业地产的第一年，其净负债率由 64% 上升至 126%，

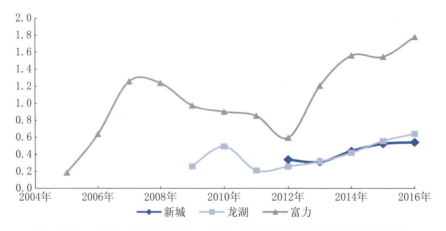

图 4-26　2004—2016 年富力、龙湖、新城三家房企净负债率变化情况

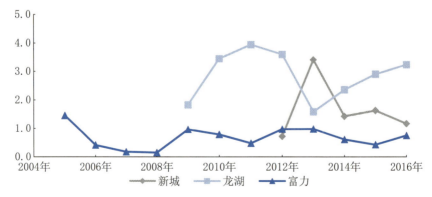

图 4-27　2004—2016 年富力、龙湖、新城三家房企货币资金 / 短期有息负债变化情况

从相对安全上升至较高的位置。主要是由于 2007 年富力地产新增借款 163.5 亿元，同时利率由 4.18% 上升至 8.22%，融资成本翻一番，企业资金压力大幅加大。2012年至 2014 年，借款总额逐年攀升，资金压力较大，净负债大幅上升。富力地产在经营商业地产的前期阶段，公司投入较多资金进行商业地产开发培育，占用公司较多资金，拖累规模扩张。

而龙湖和新城在商业地产开发经营的过程中，净负债率始终维持在 70% 以下，货币资金均可完全覆盖短期有息负债，未出现短期偿债压力，这主要与两家房企的开发经营模式有关。同时，龙湖在做商业地产之前，现金储备相当丰富，现金储备是短期有息负债的 3 倍，风险控制能力较强。

新城配合其高周转的战略模式，资金的占用率较小，住宅等销售项目的利润可用来培育商业地产。同时，新城在 2015 年实行 B 转 A 后，突破了过去 B 股"无法再融资、交易清淡、估值偏低"的融资困局，2016 年拟非公开发行 A 股股票募集资金用于投资房地产项目，预案已通过中国证监会核准，资金将用于嵊州吾悦广场等 5个项目的开发建设，为公司实现"3+1"战略扩张增添有力的砝码，公司商业地产扩张速度将持续加快。

新城综合体项目可实现现金流自平衡

商业地产的开发，主要有重资产和轻资产两类模式。重资产以租售并举为主要表现形式，轻资产则以资本运作和商业运营能力获取收益。三家企业几乎均采用重资产模式，2016 年后，新城开始试水轻资产，轻资产有利于减轻企业的资金压力。

富力在国内房企中是较早从事商业地产开发的公司。从涉足商业地产开始，通过投资性物业稳定的收益来平衡公司风险，即通过"租售并举"的模式维持公司现金流。富力开发商业的项目中，酒店项目比例较高，2011 年至 2016 年，富力酒店业务营业额占投资物业营业额的比重均在 55% 以上，可谓是重仓酒店业。然而酒店均为自持项目，6 年间富力的酒店业务一直处于亏损状态，酒店业务沉淀较多资金，并无法盈利回款，以致富力的规模扩张被酒店业务所拖累。

此外，富力部分商业项目经营较差，面临倒闭的风险，严重拖累公司现金流。例如北京富力城和成都富力天汇。2002 年富力 32 亿元竞得北京广渠门外 48 万平方米的土地，建起了富力城。围绕富力城，富力地产在周围先后建立了占地 1.8 万平方米的顶级会所、五星级的富力万丽酒店以及 5A 级的写字楼富力双子座、富力中心和购物中心。但是直到现在富力城还是不温不火。2006 年和 2007 年富力地产耗资 60 亿拿下成都"鬼盘"熊猫城，经过改造更名为"富力天汇 MALL"，此后富力天汇的运营并没有明显改变。而 2007 年的 60 亿元投资从今天看，不仅仅是一个项目的影响，更有战略意义。在 2009 年回暖周期中，富力的增速开始出现明显下降。

龙湖全程开发、持有和运营其商业项目，从事商业地产运营已超过 15 年。我们挑选了若干商业地产项目，并在研究中发现，大多数商业销售与自持的比例在 2∶1 左右。与新城相比，龙湖的去化周期较长，大部分项目从开盘到尾盘去化周期在 6 年左右，3 年合计去化率在 18%—34%。龙湖的部分商业项目所在区域等级位于一线城市及二线城市，假设位于一线城市的商业项目建安成本分别为 6000 元、6500 元、7000 元，二线城市的商业项目建安成本分别为 5000 元、5500 元、6000元。通过分析部分商业项目的数据显示，开盘 3 年内，龙湖合计资金回笼率只有37%—41%，沉淀的资金较多，这也造成了企业资金周转减慢，不利于其规模的扩张。

新城综合体项目和纯住宅项目的分开运营完全独立，纯住宅项目的资金不会用于综合体项目的开发，这种运营方式倒逼综合体项目实现现金流自给自足。通过分析综合体去化及回款情况，我们发现新城综合体项目基本可以实现上述效果。

新城商业地产中销售项目占比较高，大部分综合体自持与销售比例约为 1∶3。虽然其商业项目大部分位于三、四线城市，但是去化较快，3 年合计去化率维持在66% 左右。根据新城的商业项目区域等级，假设其建安成本分别为 4000 元、4500元、5000 元，通过测算新城综合体项目现金流出与流入情况，得出新城 3 年的资金回笼率在 82%—95%，其销售项目资金能够在 3 年内基本覆盖总成本。表明新城单个综合体项目现金流可实现自给自足，并未沉淀公司较多资金，拖累企业整体规模扩张。

表 4-24 龙湖部分商业项目

项目	规划建筑面积（万平方米）	自持（万平方米）	总销售（万平方米）	拿地价（亿元）	销售均价（万元）	3年合计去化情况	3年的去化率销售总价（亿元）	假设建安成本一线城市6000元，二线城市5000元		假设建安成本一线城市6500元，二线城市5500元		假设建安成本一线城市7000元，二线城市6000元	
								总成本（亿元）	资金回笼率	总成本（亿元）	资金回笼率	总成本（亿元）	资金回笼率
成都北城天街	70.00	21.55	43.68	21.03	1.50	27%	19.43	56.03		59.53		63.03	
成都金楠天街	57.00	9.16	32.02	2.92	1.20	34%	19.35	31.42	41%	34.27	39%	37.12	37%
北京长楹天街	65.00	22.13	27.13	45.40	2.80	18%	21.47	84.40		87.65		90.90	
虹桥天街	43.00	17.05	13.37	30.54	5.50	23%	33.30	56.34		58.49		60.64	

表 4-25 龙湖部分商业项目自持情况

地区	项目	总建筑面积（万平方米）	自持建筑面积（万平方米）	销售/自持
重庆	重庆 MOCO 家悦荟	8.05	2.91	1.77
成都	成都北城天街	70.00	21.55	2.25
成都	成都金楠天街	57.00	9.16	5.22
北京	北京长楹天街	65.00	22.13	1.94
上海	上海虹桥天街	43	17.05	1.52
西安	西安大兴星悦荟	15.93	4.42	2.60

表 4-26 新城控股部分商业项目

项目	规划建筑面积（万平方米）	自持面积（万平方米）	拿地价（亿元）	销售均价（万元）	3年合计去化情况	3年的去化率销售总额（亿元）	假设建安成本4000元		假设建安成本4500元		假设建安成本5000元	
							总成本（亿元）	资金回笼率	总成本（亿元）	资金回笼率	总成本（亿元）	资金回笼率
海口吾悦广场	20.15	10.33	5.16	0.89	66%	5.8	13.22		14.22		15.23	
安庆吾悦广场	36.38	10.98	5.96	1.59	38%	15.1	20.51		22.33		24.15	
吴江吾悦广场	53.67	11.32	25	1.17	90%	44.6	46.46	95%	49.15	88%	51.85	82%
南昌吾悦广场	43.7	8.73	6.17	1.04	66%	24.0	23.65		25.83		28.02	
金坛吾悦广场	43.8	8.75	1.6	1.09	72%	27.5	19.12		21.31		23.05	

表 4-27　新城控股部分商业项目自持情况

地区	项目	总建筑面积（万平方米）	自持建筑面积（万平方米）	销售/自持
常州	常州吾悦广场	80.00	19.65	3.07
常州	常州国际广场	31.00	14.26	1.17
上海	青浦吾悦广场	20.15	12.74	0.58
张家港	张家港吾悦广场	61.54	12.66	3.86
镇江	丹阳吾悦广场	93.00	13.66	5.81
海口	海口吾悦广场	20.15	10.33	0.95
苏州	吴江吾悦广场	53.67	11.32	3.74
南昌	南昌吾悦广场	43.7	8.73	4.01
金坛	金坛吾悦广场	43.8	8.75	4.01
安庆	安庆吾悦广场	36.38	10.98	2.31

表 4-28　龙湖、富力、新城控股商业地产运作模式比较

企业名称	商业开发类型	商业地产特点	项目拿地到开业平均周期	3年内单个项目现金流流入覆盖成本比例	创新模式
龙湖集团	住宅销售＋购物中心	自持比例较高	58（月）	37%—41%	轻资产模式长租公寓
富力地产	写字楼＋酒店	写字楼租售并举，大量酒店自持	54（月）	—	—
新城控股	住宅销售＋商场＋写字楼	住宅和销售商业比例较高	32（月）	82%—95%	国内首个商业地产类REITS产品

组织、运营和策略
新城规模快速扩张得益于三大利器

组织上：综合体项目管控完全独立于住宅

　　与龙湖和富力商业地产组织管理模式不同的是，新城综合体项目和住宅项目是由

完全独立的两个团队进行管控。商业综合体项目这条线由商业团队独立运营，商业团队不仅负责商业项目的招商和运营，还负责综合体住宅项目前期的开发与销售，还包括商业项目后期的资产证券化。并且两个团队之间财务独立，这种组织管控模式促使企业更加重视综合体项目的现金流，确保每个项目在最短的时间内可实现现金流回正。

同时，新城综合体项目招商运营和开发销售都有严格的管控制度与绩效刺激机制，为每个项目快速实现稳定及盈利保驾护航。

运营上：拿地到开业时间短，持有商业项目可较早实现盈利

新城的商业地产项目从拿地到开业的时间较短，基本维持在 32 个月，能快速实现盈利，回收现金流。而富力和龙湖的时间分别维持在 54 个月和 58 个月左右，远高于新城，项目的经营周期拉长，影响企业的规模扩张。

策略上：商业项目资金回笼迅速，利于规模的快速扩张

富力在 2006 年开始扩张，其商业项目多是以城市 CBD 的写字楼和酒店的独立形式存在，住宅项目较少；龙湖商业地产的项目自持比例较高，因此富力和龙湖可供出售的货值较少，导致企业销售规模增速放缓。

同时，商业销售项目带来现金流流入与土地成本和建安成本所产生的现金流流出平衡，对于培育商业项目十分重要。富力商业地产项目中，自持酒店比例较高，现金回笼率较低，公司先后借入大量高成本的资金，导致其资金压力逐步上升。商业项目沉淀公司较多资金从而使公司扩张速度放缓。

而龙湖由于扩张商业地产前现金较充裕，使其在扩张商业地产后次年，并未出现销售规模增速大幅下降的迹象，但由于龙湖的去化周期较长，3 年内回款率不足50%，严重影响企业规模扩张。

新城项目由于较高的销售比例及较高的去化率，其住宅及办公项目销售回款可为公司提供稳定的现金流，3 年内单个商业综合体销售回款基本可以铺平项目的土地成本和建安成本，单个项目实现现金自给自足，因此新城商业项目不会拖累公司整体的扩张。

 评析样本

华夏幸福：独特 PPP 建产业高壁垒，无需转型的房企 ①

华夏幸福多年来采取深耕大本营，并逐步开放扩张的布局战略，如此延绵不断。

华夏幸福基业股份有限公司创立于 1998 年，通过 2002 年成立的固安工业园开启了产业新城事业，2011 年华夏幸福实现 A 股资本市场上市（股票代码：60030），现如今公司是中国领先的产业新城运营商。

华夏幸福以"产业高度聚集、城市功能完善、生态环境优美"的产业新城、"产业鲜明、绿色生态、美丽宜居"的产业小镇为核心产品，由此可见，华夏幸福是一家非典型的房地产公司。不同于其他企业"融资—拿地—开发—销售/经营—再扩张"的传统经营模式，华夏幸福在开发环节不仅进行了房地产开发，还实施了一级土地整理等，在后期的经营环节也不是单纯的自持商业，而是有后期产业运营部分。

①　本文于 2018 年 2 月 8 日发布于亿翰智库公众号，收入本书时略有调整。

本文旨在分析在不同于其他房企的发展道路下，华夏幸福是如何依靠 PPP 模式成长为标杆企业的。同时在多方涉足产业地产的情形下，华夏幸福拥有怎样的优势或会采取什么措施来巩固自身的地位。

行业回归资源时代
政府需求带来 B2G 的大未来

资源的壳，市场的心

2016 年之后，房地产行业再次回归资源主导阶段。在这一阶段，房企有强劲的能力是不够的，还要能够获取大量的土地与资本，才能不断创造规模，获得长足发展。国企的强项是资源获取，而其他企业则是通过"拥抱资源端"来实现资源化。

表 4-29   房地产行业发展三阶段

时间段	特 征	具 体 内 容
2000—2007 年	资源主导	整个行业处于野蛮生长阶段。房企只要能拿到土地、能获取贷款就能发展、能获利。
2008—2015 年	能力主导	产品能力主导（2008—2010 年）：美国次贷危机后，供过于求，消费者选择多，所以更关注产品；管理能力主导（2011—2013 年）：众多企业开始强调"高周转"，向管理要效益；创新能力主导（2014—2015 年）：各色各样"互联网＋"出现。
2016 年至今	资源主导	有资源的国企"取长补短"：资源是强项，补足能力短板；有能力的企业"扬长避短"：不断锤炼自身核心竞争力，向资源端靠近。

就市场而言，房地产市场发展进入下行阶段，增量市场转变为存量市场，土地的价格越来越贵，供应的量也变得有限。房企主要通过三种方式获取土地：招拍挂、收并购以及与政府合作。我国土地的供应由政府决定，接近政府就是拥抱了土地资源方。

就行业而言，房地产行业发展遭遇瓶颈。自 2016 年中央经济工作会议提出"住而非炒"的房地产论调后，全国核心一、二线城市政策调控不断升级，呈现限购、限贷、限价、限售、限商五限格局。与此同时，为了提高金融体系稳定性，从《关于试行房地产、产能过剩行业公司债券分类监管的函》到第五次金融会议，银行贷款、公司债发放渠道不断收紧，房企面临着拿钱难的困境。与政府合作，使企业更易得到资金方的信任，较易获取融资支持。

助推综合实力，满足政府需求

其一，强国之道，产业升级。

中国人民生活水平、国家综合实力的提升必须依靠实体经济，而实体经济的发展需要一、二、三产业的升级与创新，如今我国正面临着产业发展的挑战与机遇。一方面，我国的人口红利逐渐消失，人口密集型产业更倾向落地于人力成本极低的印度、孟加拉等地；另一方面，许多发达国家寻求工业升级，比如德国"工业 4.0"战略、美国"再工业化"战略，而我国的产业，特别是制造业本就处于"微笑曲线底端"，人力成本优势的丧失以及产业附加值更低使其发展面临困境。2017 年 12 月，美国减税法案的签署在一定程度上带来我国产业外溢的风险，产业的发展与升级刻不容缓。

继 2015 年提出《中国制造 2025》之后，政府开始频繁提出并推动地区积极发展产业园、特色小镇，希望利用政府与企业合作共赢的形式发展重点产业，发展产业成为政府新诉求。而产业新城、特色小镇的投建与运营能够整合产业资源、发展产业链生态系统，促进产业升级发展，从而成为各地政府追捧的发展模式。

其二，缓解地方债。

中国大部分地方政府多年来都是按照"借债—投资—盈利—还款"的逻辑进行发展，但是到了后期，由于大量公共产品收益有限、政府税源单一、很多"以地化债"的三、四线政府土地出让收入的不足等多方面原因使得我国地方政府的债台越垒越高，一时之间中国地方债规模的不断膨胀就成为业界关注的重点，中国政府对此问题也越加重视。

表4-30　2015年至今典型产业地产相关政策

时　间	发行主体	文　件　名
2017年3月16日	国务院办公厅	国务院办公厅关于进一步激发社会领域投资活力的意见
2017年2月6日	国务院办公厅	国务院办公厅关于促进开发区改革和创新发展的若干意见
2017年1月26日	国务院	国务院关于印发"十三五"促进就业规划的通知
2016年12月28日	国务院办公厅	国务院办公厅关于进一步促进农产品加工业发展的意见
2016年11月29日	国务院	国务院关于印发"十三五"国家战略性新兴产业发展规划的通知
2016年7月1日	住建部 发改委 财政部	关于开展特色小镇培育工作的通知
2016年2月18日	国务院办公厅	国务院办公厅关于加快众创空间发展服务实体经济转型升级的指导意见
2016年2月6日	国务院	国务院关于深入推进新型城镇化建设的若干意见
2015年11月19日	国务院	国务院关于积极发挥新消费引领作用加快培育形成新供给新动力的指导意见
2015年8月11日	国务院办公厅	国务院办公厅关于进一步促进旅游投资和消费的若干意见
2015年5月19日	财政部 发改委 人民银行	关于在公共服务领域推广政府和社会资本合作模式的指导意见
2015年5月8日	国务院 发改委	国务院批转国家发展改革委《关于2015年深化经济体制改革重点工作的意见》
2015年5月8日	国务院	国务院关于印发《中国制造2025》的通知

　　2013年中国审计署对地方债进行了全国大范围审查，得到《全国政府性债务审计结果》，其中显示当年地方政府负有偿还责任的债务达10.9万亿元，七成将在2015年到期。这以后政府加快脚步探索如何控制地方债，2014年财政部发布《2014年地方政府债券自发自还试点办法》，允许上海、北京等10地试点地方政府债自发自还，地方债纳入预算，借债透明；与此同时，政府开始大力推广PPP，企图通过PPP缓解地方政府债务压力。

　　PPP模式是在公用事业领域引入社会资本，社会部门与政府相互合作，社会投资者获得项目的所有权和经营权，政府负责引导与监督，目的在于建立社会竞争机制，提高公共事业的服务质量和效率。PPP模式对政府而言，有多方好处。一方面，PPP在一定程度上能够缓解政府当期支出压力，通过引进社会资本，先行项目建设，实现财务风险的跨期分散；另一方面，PPP是在公共服务领域引入市场机制，充分利用政府和企业的比较优势，实现项目更有效率地运营。而且传统的政府审计准则难以评估PPP项目的相关债务，带来了政府债务的隐形，美化了地方政府资产负债表（2017年11月，政府开始严控项目库，消除该类风险），这是一种隐性风险，却激励着政府大力推行PPP项目。

通过政府与社会资本的合作，不仅能够缓解地方政府亟待解决的债务问题，也是顺应新型城镇化的要求，同时提升区域经济。产业新城、特色小镇是统筹城乡发展的重要载体，不仅能够使区域改头换面、改善当地基础设施建设，还能发展当地产业、提供就业机会、导入周边人口，推动区域城镇化进程。与此同时，产业园区的运营能给当地政府带来漂亮的业绩以及可观的财政收入，根据《2016年中国开发区年鉴》，2015年我国共有219个经济技术开发区，共创造GDP7.76万亿元，占当年全国GDP的11.5%，2016年我国147家高新区的GDP达8.98万亿元，相当于当年全国GDP的12.1%。

模式领先
PPP带动华夏幸福顺势崛起

全产业链PPP模式独领风骚

2015年5月，国务院办公厅转发《财政部发展改革委人民银行关于在公共服务领域推广政府和社会资本合作模式指导意见的通知》，指明政府和社会资本合作（PPP）模式是公共服务供给机制的重大创新，有利于充分发挥市场机制作用，提升公共服务的供给质量和效率，实现公共利益最大化。自此华夏幸福产业新城模式受到广大地方政府的认可。

2015年7月，华夏幸福固安产业新城成为唯一入选国家发改委首批PPP项目案例库的新型城镇化项目。2016 年 10 月，华夏幸福固安高新区与南京溧水产业新城双双入选财政部第三批 PPP 项目库。2017 年 5 月，公司汉河新区新型城镇化 PPP 建设项目成功入选国家发改委第二批 PPP 项目典型案例名单。政策的暖风带来华夏幸福 2015 年以来 PPP 项目落实的大爆发。截至 2017 年上半年，华夏幸福投资运作的产业新城有固安、大厂、溧水等，达 50 多家，同时公司运营产业园达 120 多家。

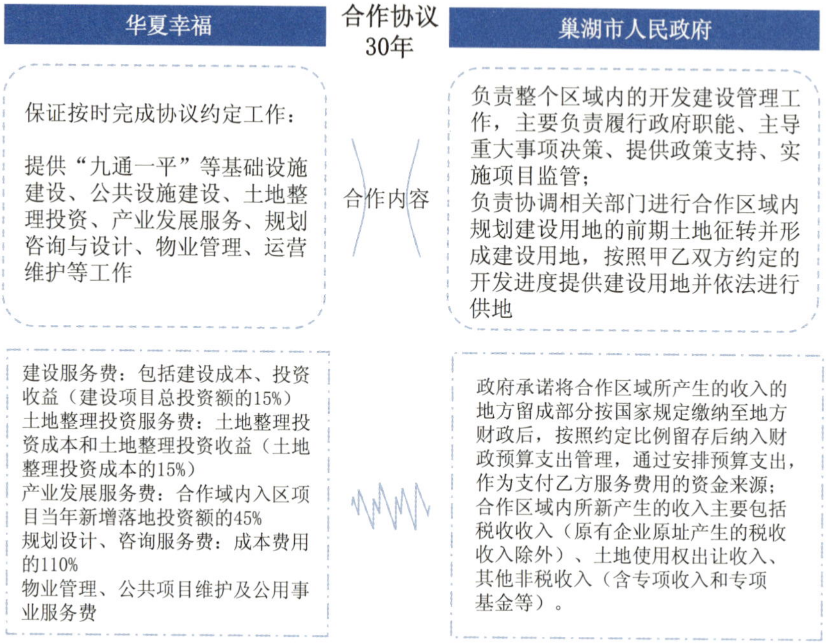

图 4-28　安徽省合肥巢湖市 PPP 项目

表 4-31　安徽省合肥巢湖市 PPP 项目费用结算时间

具体费用	结算时间
基础设施和公共设施建设服务费用	具体建设项目竣工交付后 60 日内
土地整理投资服务费用	于次年 3 月底前完成结算
产业发展服务费用	每年结算不少于两次，末次结算应于次年 3 月底前完成
规划与咨询服务、物业管理、公共项目维护及公用事业服务费用等	于次年 3 月底前

以 2017 年 12 月 28 日公司发布的《关于拟签订整体合作开发建设经营安徽省合肥巢湖市约定区域的合作协议的公告》为例，来看华夏幸福独特的 PPP 模式：公司与政府签订合作协议，接受政府委托，代为进行基础设施建设、土地整理、产业发展服务、园区招商、规划咨询与设计以及物业管理等工作，以整个产业新城为公共产品来运作，后期获得收入是基建费用、土地整理费用、产业发展服务费、规划设计咨询费以及物业管理、公共项目维护费等。

模式辅助融资支撑，持续运营无担忧

正如上文所述，华夏幸福与政府签订协议，保证在规定时间内完成多项工作，包括前期的基础设施建设、土地整理与园区前期开发，而这需要公司垫付巨额开发费用。华夏幸福独特的 PPP 模式与自身强大的融资能力相辅相成，使经营不断延续。

就模式自身获取资金的途径，主要有两点：

其一，华夏幸福通过配套住宅的销售，以地养产。从 2013 年至今公司的收入结构上来看，2017 年前华夏幸福收入的主力一直是园区配套销售收入，2013 年占总收入的大半，达 62.2%。由于华夏幸福独特 PPP 模式的存在，公司获得更多的土地收益空间。地方政府财政吃紧，大部分政府只能通过提供土地的形式来抵兑高昂的产业发展服务费，譬如孔雀城的出现，因为其土地基本位于产业园之中，孔雀城是业内罕见的没有拿地压力的地产公司。2017 年，华夏幸福产业新城签约销售金额为

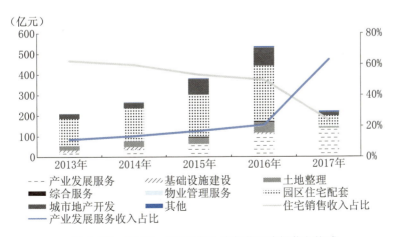

图 4-29　2013—2017 年上半年华夏幸福收入构成

图 4-30　2011—2017 年华夏幸福签约销售金额

1121.45 亿元，占公司总签约销售金额的 74%。

其二，产业发展服务，获取当年新增落地投资额的 45%。产业发展服务是公司产业新城业务的核心组成部分，2017 年上半年，产业发展服务收入首次超越园区住宅配套收入，达 138.8 亿元。随着公司园区红利的到来，该项收入的主力地位会日渐凸显。

就华夏幸福通过其强大的融资能力获取资金方面而言，公司融资能力逐步加强，截至 2017 年上半年，华夏幸福加权平均融资成本为 5.99%，相较于 2016 年底下降近 1 个百分点。华夏幸福不仅融资成本降低了，其融资手段也逐步多样化。与大多数房企相同，华夏幸福也在使用信托、公司债、境外美元债等多种方式获取资金，截至 2017 年上半年，公司融资总额 968.3 亿元，其中银行贷款余额 355.6 亿元，债券期末

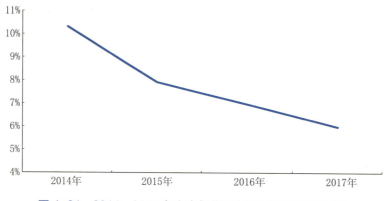

图 4-31　2014—2017 年上半年华夏幸福加权平均借贷成本

余额 409.5 亿元，信托、资管等其他融资余额 203.1 亿元。2017 年华夏幸福最具典型性的融资方式是如下几种：

首先是 PPP 项目的资产证券化。2017 年 3 月，华夏幸福固安工业园区供热收益权资产支持专项计划完成发行，成为首单完成发行的 PPP 资产证券化项目，并收到认购资金 7.06 亿元，成为公司又一创新渠道。2017 年 12 月，华夏幸福关于固安工业园区新型城镇化 PPP 项目资产支持专项计划成立，截至当月 18 日，计划实际收到认购资金 32 亿元。前者以园区供热收益权为基础资产、后者以持有固安 PPP 项目的三浦威特股权带来的现金流为支持，两者都是较为稳定的收益。华夏幸福以其成名作"固安工业园"，为首单 ABS 开路，效果显著，为其大规模开展"PPP+ABS"模式，获取融资奠定基础。

其次是产业基金。2017 年 11 月，华夏资本（华夏幸福全资子公司）拟与九通投资（华夏幸福间接全资子公司）、东富厚德等公司合作，成立中国产业新城基金（京津冀一期），总规模为 75.01 亿元，投资方向为固安新兴产业示范区 4.96 平方公里的产业新城建设开发业务和目标企业股权投资业。产业基金的利用在项目前期资金投入后续建设开发等方面发挥了极大的作用。更为重要的是，很多产业基金投资于具有发展潜力的新兴产业，有助于产业项目落地于公司的园区。

表 4-32　中国产业新城基金拟出资额

公司名称	属　性	出资额（亿元）
幸福资本	普通合伙人	0.01
九通投资	有限合伙人	25
东富厚德	有限合伙人	25
大业信托	有限合伙人	10
银华资本	有限合伙人	15
合　　计		75.01

最后是引入战略投资者与合作方。一是以项目增资或股权转让的形式，引入金融机构，补充流动资金并推进项目。2017 年 11 月，华夏幸福全资子公司廊坊京御、廊坊京御全资子公司嘉兴孔雀城拟与平安大华签署《增资协议》，协议签订之后，嘉

兴孔雀城注册资本由 2 亿元增加至 17 亿元，廊坊京御持有 52.94% 股权，平安大华持有 47.06% 的股权。二是直接与民生、光大等银行进行战略合作，譬如 2017 年 10 月，华夏幸福拟与民生银行签订《全面战略合作协议》，协议显示民生银行将为公司量身定做金融服务方案，并提供综合授信、发债融资、资金管理、投资银行等多方位服务。现阶段，脱虚入实成为国家政策方向，资金受到严格控制，与民生银行的合作一定程度上为公司资金运作提供了便利。

多年运营建立比较优势
产业新城壁垒难以轻易破除

布局占据绝对优势，复制能力初露锋芒

经过 16 年产业新城事业的发展，华夏幸福早已成为中国产业地产领域的王者。截至 2017 年底，华夏幸福累计销售金额达 1521.4 亿元，同比增长 26.4%，位居行业十强。

现如今，国内典型产业地产运营商除了华夏幸福还有碧桂园、张江高科、联东集团等，他们与华夏幸福都存在一定的差距。譬如碧桂园于 2016 年 8 月，发布"产城融合"战略，拥有了潼湖科技小镇、张江长三角科技城等标杆项目，并提出在 5 年内拥有 100 个科技小镇，投资不少于 1000 亿元的目标，但这与华夏幸福已经落地的 50 多个产业新城及众多特色小镇存在较大距离。又如张江高科，国内首屈一指的

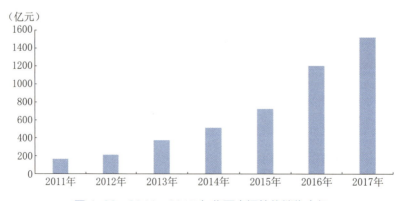

图 4-32　2011—2017 年华夏幸福签约销售金额

产城运营商，真正的产业投资者与发展者，2017 年上半年其营业收入为 4.96 亿元，与华夏幸福 222.6 亿元的营业收入相去甚远。

截至 2017 年第三季度，公司持有待开发土地储备为 937.5 万平方米，其中新增一级土地整理面积为 319.3 万平方米。与相似级别房企相比，其待开发土地储备面积并不高，其主要原因是华夏幸福几乎没有土地获取之忧，并不急于大量囤积土地，广泛的 PPP 项目使华夏幸福能够完美实现一二级联动，随时获取建设用地。

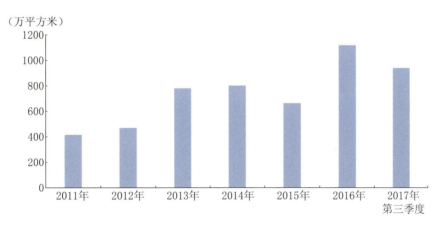

（万平方米）

图 4-33　2011—2017 年第三季度华夏幸福持有待开发土地储备总量

其一，踏准政策风口准确布局，产城小镇多点开花。

华夏幸福能够以其独特的模式成为房地产企业中的标杆，其依据政策风口准确布局能力不容小觑。譬如在 2004 年 "京津冀经济一体化" 战略的正式确立，在此政策之下北京天津等中心城市的产业将会在政府支持之下向周边转移，同时也会带来人口与资金的流向周围，而华夏幸福于 2002 年就开始建设处于 "环首都贫困带" 的固安工业园，如今固安的地方财政收入已从 2002 年的 1.1 亿元增加至 2016 年的 80.9 亿元，增长 80 倍。

2004 年，国家发展改革委员会启动《京津冀都市圈区域规划》，确立都市圈为京津加石家庄、保定、唐山、秦皇岛、廊坊、沧州、张家口、承德 8 城，现如今华夏幸福已形成了对北京的 "包围" 之势，除了石家庄与唐山，在其他各市多有产业新城落地。2017 年，华夏幸福招拍挂获取土地面积 450.2 万平方米，其中 63% 来自河北省环京地区。

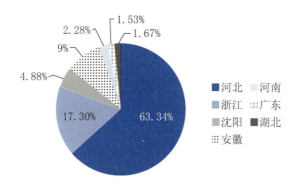

图 4-34　2017 年华夏幸福招拍挂获得地块面积比例

华夏幸福多年来采取深耕大本营，并逐步开放扩张的布局战略。2012—2017年，华夏幸福在持续深耕，不断为老产业新城挖掘新投资方的同时，每年也在河北落地新的产城，如此延绵不断。与此同时，环北京地区带来的营业收入占绝对优势，2017 年上半年环北京区域收入占总收入的 87.8%。固安产业园在全国打出知名度后，其品牌效应在河北更甚，广受附近地方政府欢迎，而产业园聚集性地相继落地一方面提高公司管理及招商引资的效率，另一方面也在不断筑高公司在产业新城领域的品牌壁垒，使地方政府更愿意与华夏幸福合作。

2012 年，华夏幸福以无锡、镇江作为其全国化布局的第一步，如今其积极开拓长三角、珠三角、长江中游、成渝及中原城市群，其中环上海地区已初具规模，2017 年上半年，环上海地区创造了公司 10.7% 的收入。华夏幸福在国内凶猛扩张的同时，也在"一带一路"热点海外区域逐步落子。2015 年，华夏幸福首次出海，在印度尼西亚签署建设产业新城备忘录，2016 年公司又相继与印度、越南、埃及等签署产业新城备忘录。

表 4-33　2015—2017 年上半年区域营业收入比

年　份	2015 年	2016 年	2017 年上半年
环北京区域	88.8%	91.2%	87.8%
沈阳区域	3.4%	1.8%	1.5%
环上海区域	7.8%	5.5%	10.7%

表 4-34 华夏幸福每年新增产业新城量

年 份	新增产业新城数量（个）	所 处 城 市
2012 年以前	10	廊坊、张家口、秦皇岛、承德、沈阳
2012 年	5	廊坊香河、沈阳、无锡、镇江
2013 年	4	廊坊霸州、廊坊永清、廊坊香河、嘉兴嘉善
2014 年	4	北京房山、沧州任丘、保定白洋淀、张家口涿鹿
2015 年	4	滁州、马鞍山、保定雄县、秦皇岛
2016 年	12	六安、南京溧水、焦作、眉山、邢台、邯郸、江门、武汉、许昌、湖州、南京江宁
2017 年上半年	15	秦皇岛、郑州、成都、合肥、佛山、宜兴、武汉、眉山、承德、开封、重庆合川、张家口涿鹿、昆山
合 计	54	—

2016 年 7 月，国家住房和城乡建设部、发展和改革委员会、财政部联合发文，计划至 2020 年在全国培育 1000 个特色小镇，华夏幸福紧跟政府步伐，坚守"产业优先"的发展之路，同年 11 月，公司正式对外发布特色小镇战略，并计划未来三年布局百座特色小镇，做到"一年产业有看头，两年创新有势头，三年成为龙头"。特色小镇的布局与实施完善了华夏幸福的经营领域，相较于产业新城而言，体量较小的特色小镇填补了新城与中心城市之间的空白区域。与此同时，华夏幸福在产业领域有十几年的招商、服务、运营经验，产业新城的广泛布局有助于特色小镇的迅速渗透。如今，公司打造的大厂影视小镇、嘉善人才创业小镇、香河机器人小镇已初具规模并广受认可。

其二，独特运营模式广布局，复制对象有要求。

相较于其他房企，华夏幸福的每日公告中充满着各种《中标通知书》《成交通知书》《合作协议》，但这些公告除了对象有所不同，其内容几乎一致，可见华夏幸福的产业新城复制扩张之路正在推进之中，自 2012 年起，华夏幸福产业新城依次进入江苏、浙江、北京、安徽、河南、四川、湖北等省份。

华夏幸福进驻地区有一定的共同点，均处于各地区经济最为发达城市的远郊小镇或者二、三城市发展落后的新区，这些地方或如固安等地经济落后但可以接受大

表 4-35 2017 年华夏幸福房地产开发项目情况

区　域	2017 年总建筑面积（万平方米）	2017 年累计销售面积（万平方米）	2017 年销售面积占比	2016 年销售面积占比	2015 年销售面积占比
京津冀	5801.03	635.79	66.7%	81.0%	91.5%
北　京	69.02	—	—		
天　津	46.53	0.88	0.1%		
廊　坊	1041.42	124.76	13.1%		
固　安	2106.22	111.78	11.7%		
牛　驼	137.5	8.28	0.9%		
霸　州	217.28	71.17	7.5%		
怀　来	206.46	35.11	3.7%		
大　厂	950.05	7.78	0.8%		
香　河	393.05	63.17	6.6%		
永　清	347.74	82.74	8.7%		
任　丘	84.82	17.35	1.8%		
涿　州	152.27	90.26	9.5%		
文　安	35.31	12.61	1.3%		
北戴河	13.36	9.9	1.0%		
环南京	277.92	104.75	11.0%	1.1%	3.3%
环杭州	255.49	93.62	9.8%	16.4%	2.4%
环郑州	26.02	23.08	2.4%		
环合肥	34.87	24.6	2.6%	0.4%	
环武汉	9.84	2.19	0.2%		
沈　阳	154.46	35.33	3.7%	1.1%	2.8%
国　际	47.97	34.09	3.6%		
合　计	6607.60	953.45	—		

注：环南京地区包含来安、无锡、和县、溧水等地；环杭州包含嘉善、南浔等地；环郑州包含武陟等地；环合肥包括舒城等地；环武汉包括嘉鱼等地。

量大城市的人口、产业、资金外溢，或如溧水等地本身就是价值洼地，成功规划开发之后将会有大幅升值空间，只是政府没有能力开发，急需专业开发者。如此一来，华夏幸福有较强的议价能力，使地方政府只能接受高达 45% 的产业发展服务费。

2017 年华夏幸福对外复制项目初见成效，独特的项目定位角度带领华夏幸福主要布局京津冀、环南京、环杭州、环郑州、环合肥、环武汉、沈阳及国际八大区域。尽管京津冀地区总建筑面积达 5800 多万平方米，但由于其项目的逐渐饱和，销售面积占比逐年减少，2017 年累计销售面积为 635.8 万平方米，占总销售面积的 66.7%，相较于 2016 年下降了 14.3 个百分点，而环南京地区则开始发力，以仅 278 万平方米的总建筑面积提供了 11% 的销售面积。

不过华夏幸福的复制之路并不是一片坦途，由于其对合作对象的特殊要求，在遇到较为富裕的地方政府时，其议价能力就大不如从前，相较于其他竞争者的优势也不再明显。政府可能不需要华夏幸福招商团队的工作，就能凭借自身的优势吸引外来企业入驻，而其他房企在土地平整、基础设施建设上的能力并不输于华夏幸福，且收费更为低廉，这也是为什么华夏幸福产业新城在南方地区的布局较为稀疏的原因之一。

人才与资金结合，多种方式拓招商

其一，庞大招商团队，以专业保障产业。

华夏幸福能够在近两年获得众多政府的信任并签订 PPP 协议，其主要原因是其强大的招商引资能力与妥帖而便利的产业服务，两者是华夏幸福立足行业的核心竞争力。

就招商引资能力而言，截至 2017 年上半年，华夏幸福拥有近 4600 人的产业发展团队，累计签约入园企业 1488 家，累计签约投资额 4056 亿元。

就价值链合作方面，华夏幸福与众多企业建立长期合作伙伴关系，建立合作伙伴库，一方面寻找优秀合作伙伴，提高公司发展效率，另一方面建立合作平台，推进多行业交流与进步。2017 年初，华夏幸福召开了第五届合作伙伴大会，表示 2016 年底华夏幸福合作伙伴累计超过 9000 家，并将其分为咨询服务类、规划设计类、工程管理类、材料设备类等十大类，其下再进行细分，建立全行业、全价值链合作平

图 4-35　截至 2017 年上半年累计签约入园企业及签约投资额状况

台，而且公司按照能力、履约水平、合作意愿等确立了 O、H、A、B、C、D 根基管理体系，便于在不同领域寻找最优秀的合作伙伴。

就产业服务而言，华夏幸福通过提供线上与线下相结合产业服务平台来吸引企业入驻。从企业入园、生产支持、政策解读、到人才与资金的支撑等多个方面提供便捷服务。

其二，产业孵化，引导落地。

2015 年，华夏幸福并购火炬孵化。2016 年，华夏幸福与太库签署创新服务协议。这两次合作主要侧重于海内外两端。

火炬孵化拥有"博济科技园""创客邦""O'Park 创业中国"三大业务品牌，提供"扶持资金 + 创业导师 + 增值服务""优天使"与"优成长"创业基金等孵化模式，助力产业孵化与落地，已在全国布局 30 余个城市。

同时，截至 2017 年 10 月，太库已在全球 7 个国家建立孵化器和加速器，并与清华大学、斯坦福大学、新加坡国立大学等 60 多个高水平科研院达成战略合作。华夏幸福通过资金支持、创业服务、知识技术支撑等多种方式，催化创新产业在产业新城中的落地，并助力新兴产业的产出。

表 4-36 华夏幸福提供的主要产业服务

服务类别	内 容	具体内容
基础类服务	港类装修申请	产业港入园企业办公用房或厂房装修方案审核、相关手续办理
	基地类施工申请	建设施工开口、市政接驳等申请
政府类服务	建设审批	1. 立项（可研报告、备案核准） 2. 环评（环评报告）
	税务登记、开户验资、工商登记	—
政策类服务	政策申请	各级政府政策申请或资金申请条件、流程和要件的公示，及在线申请和进度查询
	政策解读	挂网公示本区域或本产业园的普惠政策，包含区域政府或省市级的政策
增值类服务	供应链市场	1. 建立代加工平台 2. 增加园区企业间技术、设备交流合作频率 3. 通过"硬蛋 IOT 超市"整合 9000 余家智能硬件供应商资源，为企业提供全面便捷采购服务；开通华夏幸福机器人企业专版，提供定制服务
	人才技术	1. 校企对接 2. 借力管委会和县劳人局劳动力资源 3. 广泛发动区域平台各部门人际关系
	孵化加速	空间载体、资金支持、创业指导、落地对接、科技研发
	信贷金融	提供信用贷款、投资募股、基金融资、扶持资金，在企业需求和条件成熟时，还将提供 VC/PE 服务、IPO 服务、信用担保等服务，协助企业争取财政、发改、科技、工信等各项政府专项支持资金
	第三方增值	在服务过程中，储备、筛选各类专业第三方服务机构建立优选型产业服务库，其中包括：财务审计、评估；规划设计；法律服务；劳动服务等
	品牌增值	媒体宣传、高新认定、体系认证、政企交流
	生活配套	社区级生活配套服务、城市级生活配套服务

特别是华夏幸福独创产业孵化并引入模式：孵化器＋产业基金＋招商团队，通过标准服务、基金参股等方式，投资发展国内产业，同时将国外高科技产业、企业引入大陆市场并进入产业园。

控股产业加速成长，寻找新利润增长点

作为一家非典型房地产公司，华夏幸福宣扬自身主营业务中最重要的是产业发展服务，并且公司也一直在朝着这个方向努力。截至 2017 年上半年，华夏幸福产业发展服务营业收入首超园区住宅销售收入达 138.8 亿元，占总收入的 62.9%，但相较于张江高科等，产业依然是华夏幸福的薄弱环节，使其经营模式难以形成闭环。

为此，华夏幸福通过控股这一重要手段来丰富新城产业，使其利润点不再只有服务收入、住宅销售，还包括产业产出收益。除了华夏幸福在 2011 年实现 A 股上市，其还有黑牛食品、ST 宏盛、玉龙股份三家上市公司作为辅助，这三家上市平台同属于华夏幸福著名的知合系统。

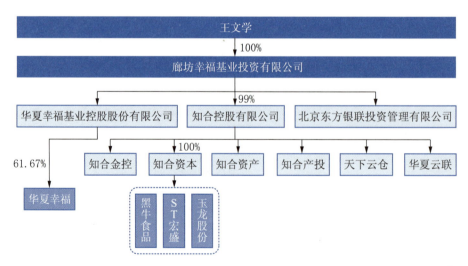

图 4-36　华夏幸福相关股权架构图

注：股权架构图只展现典型企业及股权关系，部分企业及股权关系被省略。

以黑牛食品为例，知合系在 2015 年逐步入股黑牛食品，并在 2016 年成为控股股东，开启黑牛食品转型之路。2016 年，公司完成所有食品饮料资产的置出，并设

立子公司云谷（固安）科技与霸州云谷电子，专注于研发生产销售电子产品、电子元器件。2017年1月，黑牛食品公布《非公开发行股票募集资金使用可行性研究报告》，拟为AMOLED项目募集资金180亿元。

华夏幸福通过控股黑牛食品，创新发展OLED新兴产业，使华夏幸福不再只是为产业生产与发展提供服务的运营商，而是投资于产业，促进产业创新与升级，形成通过产业的成长及未来的成就，反哺产业新城的可持续模式。

与此同时，华夏幸福通过控股上市公司为其向产业发展的侧重上提供更多的资金支持。2017年6月，黑牛食品与知合资本以及华夏幸福签署《河北新型显示产业发展基金（有限合伙）合伙协议》，该基金将有90%的资金投资于华夏幸福受托开发区域的入园企业。黑牛食品还能以其上市公司的名义为其转型产业公司提供更多的融资担保。

坦途中暗伏危机
机制创新成为重中之重

巨额应收账款，企业政府两端防风险

在华夏幸福与政府签订的协议中都有规定：华夏幸福需要负责全部合作事项所需的全部资金筹措并做到及时足额到位，政府则是在后期通过安排预算支出来支付公司服务费，这就带来了华夏幸福巨额的应收账款数额。

华夏幸福应收账款风险与日俱增，2017年上半年，公司应收账款数额达到177.8亿元，尽管公司园区实际收入在逐年增长，一定程度上缓解了应收账款的上涨速率，但由于华夏幸福PPP模式越来越受地方政府欢迎，接手项目越来越多，其应收账款在数量上依然越来越大。

截至2017年上半年，公司90.4%的应收账款集中于固安、大厂、香河、霸州和沙城五个地方政府，大部分账龄为一年以内，且公司以政府信用好为由，并不计提

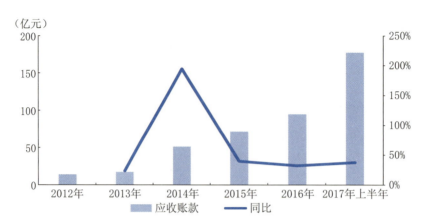

图 4-37　2012—2017 年上半年华夏幸福应收账款情况

坏账准备。并且政府在华夏幸福园区经营较好但无法付清账款时，会以一定的建设用地抵作还款，让华夏幸福获取土地增值收益，这也是华夏幸福倚重住宅销售的原因。在这种情况下，华夏幸福不得不加快住宅开发周转速率，并不断地进行项目布局与扩张获得回款，与前期耗资进行对冲。

同时，要防范部分资金紧张的地方政府机构拖欠费用，甚至影响资金链维系的问题，如何构建机制防范风险成为未来工作要点。

从政府端来说，自 2017 年下半年，国家陆续出台 PPP 相关政策，譬如《关于坚决制止地方以政府购买服务名义违法违规融资的通知》《关于规范政府和社会资本合作（PPP）综合信息平台项目库管理的通知》（92 号文）等，都在一步一步规范 PPP 市场，防止地方政府出现信用危机。

做资源的庄，人才抢滩登陆战

如今，房地产市场进入下半段，土地、资金、人才、信息等资源成为各大房企竞相争夺的对象，特别是人才争夺之战已进入白热化阶段。华夏幸福的人才策略留给社会大众的印象一直是高薪挖人，2016 年公司提出"千人计划"，积极对接万科、中海、龙湖、碧桂园、旭辉等标杆房企优秀管理者与管培生，从潜力专业人到高层管理者一个都不放过。

但是，与其高薪同样出名的是华夏幸福人才流失频繁的问题。笔者认为主要问题是出在高压与强管两个方面，华夏幸福在人才机制上执行"高目标、高绩效、高压力"策略：其一，公司每年多次与管理者签署业绩合同与绩效评价，并且业绩目标较高；其二，无法完成业绩可能面临辞退的风险，并且每个经理人身后有许多储备经理，没有得到充分的信任；其三，员工自助能动性较小，各种问题都要进行汇报，并且是向直系领导以及总部相应部门领导双向汇报。

如今，华夏幸福的优秀应届生培养计划"常春藤"以及上文所提的高薪挖人"千人计划"依然源源不断地为公司输送着人才，但是解决人才的流失也是公司持续发展的核心问题。

表 4-37　2016 年华夏幸福部分核心骨干离职情况

姓　名	职　位	原公司
符　合	副总裁	中海地产
戴俊超	副总裁	麦肯锡
刘　丹	旅游地产事业部总经理、副总裁	华夏控股京御地产
郭仕刚	总裁助理兼物业总经理、副总裁	华夏幸福
朱　洲	董事会秘书等	华夏幸福
张宝泉	商业地产总裁	中粮地产
张晋元	副总裁	泰禾集团

以产城为基石
无转型破六千

华夏幸福凭借其独特的 PPP 模式在做好产业新城的同时，在房地产市场也有了极高的地位，成为房企十强。规模才是通向未来的桥梁，2017 年众多房企纷纷提出销售额的千亿元，甚至万亿元目标，华夏幸福也不例外，在 2015 年就在内部下达了

"三年百城"的产业新城目标，2017年提出了到2020年实现6000亿元销售目标。这两个目标对于华夏幸福来说要求公司在2018年底前再布局40多个产业新城，并且销售额增长率达到60%以上，以公司目前发展状况来看并不是难事。

图 4-38　2011—2017 年华夏幸福签约销售金额

华夏幸福是一家不需要转型的企业，无论发展什么产业都可以嫁接在其产业新城或是特色小镇之上，譬如组建河北华夏幸福足球队，建设霸州足球小镇，在特色小镇的基础上发展足球运动产业。新城与小镇的坚实基础将是未来华夏幸福产业多元化发展的重要助力。

05
峰会撷英

—— 嘉宾云集 ——

成就资源连结纽带

2018中国房地产业战略峰会

8月8日 ● 同向　共建共享

第十一届亿翰总裁会

8月9日 ● 同心　匠心匠行

中国房企百强峰会

8月10日 ● 同筑　美好生活

中国商业地产百强峰会

中国社区服务商百强峰会

中国租赁住宅百强峰会

8月11日 ● 同梦　产业兴邦

中国产城运营商百强峰会

中国特色小镇运营商百强峰会

同心·匠心匠行

|中国房企百强峰会^①|

以致敬"改革开放四十年，住房改革全面市场化二十年"为核心思想，中国房企百强峰会分别以"致敬"和"信念"为上、下篇主题，分三大环节、24项议程铺陈展开，表达出房企感恩过往、回馈社会的行业主旋律。

 主办方致辞

感恩过往，憧憬未来^②

作为房地产行业内专业的研究机构，亿翰智库以战略的思路，竭力为企业搭建好行业沟通交流的平台；同时，站在行业的前沿，推动行业向着利国、兴企、惠民的方向健康、顺畅发展。

亿翰智库董事长　陈啸天

尊敬的朱会长，正挺秘书长，尊敬的各位领导，各位来宾，女士们，先生们：

大家上午好!

有幸得到各位同仁和朋友们的支持，我们亿翰智库2017年举办中国房地产业战略峰会在行业内反响热烈。岁月不居，时节如流。转眼间，我们已经来到2018年。2018年，不仅是改革开放40周年，更是住房改革全面市场化的20周年。春耕夏耘，万物生长。过去20年，伴随经济的发展，社会的进步，技术的更新升级，需求的结构化调整，房地产行业发生了翻天覆地的变化。从纵向角度来看，房地产行业进入由增量到存量的发展阶段。从规模角度而言，房地产企业已从"粗放"走向"集约"，并不断向着细分、专业领域进化。感恩过往，憧憬未来。在此历史节点上，亿翰智库认为有必要将各位同仁、各位朋友邀请过来，以期更好履行业界沟通交流的平台角色，共同为未来行业进步、企业发展献言，献计，献策。

这次会议为期四天，从8月8日到8月11日，解构房地产行业"向心聚力，筑梦同行"的新思路。其中，8月8日为总裁闭门会议，50多家房企总裁为国家应对贸易战、行业服务国家脱虚入实目标建言献策。9日到11日，我们将主要围绕人与房子的关系——匠心匠行、美好生活和产业兴邦三个主题展开讨论，分别对应9日也就是今天的房企百强峰会，10日的商业地产、社区服务商和租赁住房百强峰会以及11日的产城运营商、特色小镇百强峰会。

作为房地产行业内专业的研究机构，亿翰智库以战略的思路，竭力为企业搭建好行业沟通交流的平台；同时，站在行业的前沿，推动行业向着利国、兴企、惠民的方向健康、顺畅发展。

最后，我希望此次会议能够实现两个诉求：第一，帮助大家顺畅交流，缓解行业焦虑情绪，实现理念共通；第二，以资源为友，携强者前行。希望各位同仁能够通过亿翰智库搭建的平台广交良师益友，连接并拉紧合作纽带，构建资源共有、繁荣共享、责任共担的命运共同体。

感谢大家的到来，祝大家身体健康，万事如意，谢谢大家!

---

① 2018中国房地产业战略峰会于2018年8月9日—11日在上海浦东丽思卡尔顿酒店举办。其中8月9日为"同心·匠心匠行"中国房企百强峰会；8月10日是为中国商业地产百强峰会、中国社区服务商百强峰会和中国租赁住宅百强峰会；8月11日为中国产城运营商百强峰会及中国特色小镇运营商百强峰会。

② 本文为亿翰智库董事长陈啸天在2018中国房地产业战略峰会上的主办方致辞内容。

 主办方致辞

打造企业核心竞争力，
助推房企稳健发展 ①

随着社会的发展，国家政策的宏观调控，房地产行业逐渐从"野蛮生长"转向规范化和专业化。

全联房地产商会秘书长　赵正挺

尊敬的各位嘉宾，企业家朋友及业界代表，媒体朋友们：

大家早上好！

非常感谢陈啸天董事长的邀请，很高兴参加 2018 年中国房地产业战略峰会。

2018 年对于房地产行业来说，是特殊的一年。我们迎来改革开放 40 周年，同时

也是住房改革市场化 20 周年。在过去的 20 年里，房地产行业的发展给我们的社会生活带来了翻天覆地的变化，随着社会的发展，国家政策的宏观调控，房地产行业逐渐从"野蛮生长"转向规范化和专业化。前几天在海南由全联房地产商会联合主办了"博鳌·21 世纪经济论坛 18 届年会"，年会上，房地产行业的下一个 10 年话题引来各路学者、专家热议。

自党的十九大以来，定位"房住不炒""租购并举""租售同权""长租公寓"等关键词，再一次引起房企管理层、学者、专家对宏观政策的关注和思考，不少房企纷纷走向转型升级。

亿翰智库作为中国首家以房地产专业研发为基础，专注中国地产战略服务的企业，关注中国房地产企业发展动态，其每月发布的《中国典型房企销售业绩排行榜》曝光量超千万，深受行业及资本界关注，为消费者参考，金融界、房地产行业发展提供了重要的分析依据；另外，亿翰智库主办的 CRS 中国房地产业战略峰会也是中国房地产行业权威的、影响极为广泛的行业峰会，深刻洞察行业发展趋势与先机，推动着房地产行业数据化、持续化发展。亿翰智库业务范围横跨地产、科技和资本三大领域，在业务范畴的深耕，已成功地将地产、科技和资本三大领域融合贯通，达到三者相互服务，资源共享。

把握市场变化规律，摸清房地产运行脉搏，亿翰智库为超过 60% 的百强房企提供系统化的战略顾问服务，打造企业核心竞争力，助推房企健康稳定发展。

作为政策的研究者、市场规律的摸索者、从业经验的沉淀者，亿翰智库给未来房地产行业的发展多了一份意见和参考。在此，我祝愿亿翰智库在陈啸天董事长的领导下，步步为营，再创辉煌！

最后，预祝本次峰会圆满成功，也衷心祝愿各位嘉宾身体健康，阖家幸福，万事如意！

谢谢大家！

---

① 本文为全联房地产商会秘书长赵正挺在本次峰会上的主办方致辞内容。

辞 嘉宾致辞

感恩过往，行业在前进 ①

房地产业正处于转型调整阵痛期，房地产业的政策导向与发展方式与之前也有很大的不同。

中国房地产业协会原副会长　朱中一

尊敬的各位嘉宾，企业家，各位同仁：

大家好！很高兴应邀前来参加本次由亿翰智库主办的中国房企百强峰会。今年是改革开放 40 周年，也是全面深化住房制度改革 20 周年。房地产业在经历了长足的发展后，现在进入了关键的调整期。在这个时间点上，提出"感恩与责任"这个主题，我觉得非常恰当。

回顾过往，我国的房地产业快速发展，有效地解决了住房短缺问题，城镇居民的人均住房建筑面积由 1978 年的 6.7 平方米、1998 年的 18.7 平方米提高到 2016 年的 36.6 平方米，还支撑了经济社会的发展，改变了城镇建设的面貌，取得了显著的成就。伴随着行业的发展，一大批企业也快速发展。特别是百强房企，还积累了大量的资本、人才和社会资源等。

与此同时，我们也看到不少地方不同程度地存在着商品住房价格上涨、住房供需不平衡、结构不合理、租房市场发展缓慢及住房保障不够充分等情况；一些地方经济和财政增长对房地产的过度依赖，也不利于经济社会的协调发展和实体经济的发展。

虽然从 2018 年房地产的市场表现来看，上半年房地产开发投资、土地购置面积、商品房销售面积、商品房销售额分别同比增长了 9.8%、7.2%、3.3%、13.2%，预计 2018 年的指标能够接近或超过去年。但是全国数据的尚好与地区间、企业间差异化并存。根据亿翰智库数据，2018 年仅 1—7 月十强房企门槛已经突破千亿元，上半年销售业绩前 50 强房企的销售额占比达 59%，行业的集中度进一步提升。

当前我国经济确实处于转变发展方式、优化经济结构、转换增长动力的攻关期，打好防范化解重大风险、精准脱贫、污染防治三大战役的攻坚期。房地产业也正处于转型调整阵痛期。房地产业的政策导向与发展方式与之前也有很大的不同：除了前两年已常说的由高速增长转向平稳增长，由传统粗放的建造方式转向建筑工业化、住宅产业化的建造方式外，更能反映行业特点的，是要坚持房子是用来住的，不是用来炒的定位，正确处理住房的经济属性与民生属性的关系，突出其民生属性，以满足新市民（包括原市民中新参加工作和新成家的市民）的住房需求为主要出发点，加快建立多主体供给、多渠道保障、租购并举的住房制度，协调推进与住房制度匹配的金融、土地、税收等制度的改革与立法工作；建立健全基础性制度和长效机制，继续实施并完善差别化调控，落实地方主体责任，坚持因地因城施策，促进市场平稳健康发展，让更多市民安居宜居。

最后预祝本次峰会圆满成功！

---

① 本文为中国房地产业协会原副会长朱中一在本次峰会上的嘉宾致辞内容，收入本书时略有删节。

辞 嘉宾致辞

回馈社会，企业在行动

　　三盛宏业、美的置业、东原集团、仁恒置地等多家企业负责人就"回馈社会"的主题表述了自己的看法与见解。

常怀感恩之心，望行业茁壮成长

三盛宏业董事长　陈建铭

　　当前，国际形势风云变幻，中美贸易战使国内经济受到很大冲击，金融、债务都面临风险。从目前房地产业的情况看，国家在货币政策边际放松的同时，提出了严控房产价格的要求，这是完全正确的。但是国家在继续加强对房地产调控的同时，建议各地在具体贯彻执行中，也宜研究改善调控的办法，寻求更合理、更有效，能引导房地产市场健康发展的调控手段，从而发挥出房地产作为货币蓄水池及拉动经济增长的作用。

　　在当前经济形势严峻的情况下，房地产企业也都面临着重大的挑战，房地产公司转型升级现在更具重要意义。三盛宏业紧紧抓住大数据产业园建设这个中心，积极实施企业转型，实现产业创新和商业模式的突破。

美的置业，以"美好生活"为己任

美的置业董事长　赫恒乐

　　2004 年至今，美的置业已经伴随中国房地产行业走过了 14 个年头，始终坚持与时俱进，不断顺应着时代的潮流进行自我变革，也取得了比较好的发展。美的置业出身于制造业，我们一直坚持"产业＋房地产"的发展战略路径，按照制造业精益求精的精神，致力于为客户提供最好的产品、最好的服务。

　　如今，美的置业已经形成了以房地产开发为主，同时涉及物业管理、智慧家居、商业物业、文旅、装配式产业等多元业务体系。作为国内领先的智慧地产品牌，美的置业一直将"美好生活"作为己任，致力于为客户提供一站式智慧家居生活，率先推出的 5M 智慧健康社区以"功能主义"的核心开发理念，从而最大化地实现人居和谐，并在 2018 年被授予"国家智慧住区标准创制基地"。

公益创新，东原愿先行

东原集团董事长 罗韶颖

传统的企业公益模式大都是以企业为中心的救助式、帮扶式公益，重捐献、轻参与，公益的参与程度及影响程度不高。东原在坚持传统公益的同时开展公益创新，将"以人为本"的经营理念在公益维度再延展，探索小众式公益和参与式公益。

生活在城市中，从一个区搬到另外一个区，之前的社区纽带，基本上就会断掉，所以说新小区，并不是新社区，新社区的构建需要房企开发商或者说公司的推力。从公益的初心出发，东原主动承担城市发展协理员和社群关系培养师的角色，让每个人参与创造更美好的社会。目前已落实到原聚场、"童梦童享"的就有"老年课堂""公益讲座""儿童心理健康辅导"等内容。社会在发展，公益也在细分，需要大家去探索和尝试，在这方面东原愿意做这个先行者。

善待土地，用心造好房，赋予建筑生命

仁恒置地董事长 钟声坚

我作为一个行业老兵，二十五年来和城市一起成长，也经历了政策的起起伏伏，见证了城市的变更，伴随消费者逐步走向成熟，尽管我们给消费者提供的只不过是二十年的家园，但是每次在小区里看到祥和的老人、欢乐的小孩和年轻人，我们都觉得，我们应该做得更好。我们要善待土地用心造好房。

一个好的社区同时存在着两个价值，满足更好的居住体验，同时也要成为城市景观的一部分。所以二十五年来仁恒始终坚持着工匠的精神，用最好的设计对产品反复打磨，用时间一砖一瓦慢慢建造，只想建一个个有生命的建筑。

我们只是时间的过客，留下来的建筑可以见证这些时代，成为永恒的生命。地产企业如何更好履行社会责任，需要我们所有的行业人的自觉，更需要行业整体的同心协力，再次感谢啸天为行业交流和整体进步作出的努力，相信这次峰会能够给大家带来更多的启示，谢谢大家！

 行业倡议

新时期，与国同行，积极反哺社会，承担历史新使命

——关于中国房地产业践行社会责任的倡议书

在 2018 中国房地产业战略峰会上，全联房地产商会、亿翰智库和知名房企发表联合倡议，号召全国房地产企业切实保障市场的平稳健康发展，共同承担起企业应负的社会责任。

致房地产行业诸位同仁：

2018 年是改革开放 40 周年，也是住房改革全面市场化 20 周年。20 年来，房地产业顺应国家城镇化发展的趋势与要求，贯彻落实国家住房改革政策，取得举世瞩目的辉煌成绩。大幅改善居住环境、带动经济发展的同时，强力推动了经济发展，

加快了城市化的进程，并为新型城镇化建设和上下游相关产业的发展提供了巨大助力。

房地产业在助力经济和社会发展的同时，更是借力国民经济实现高速发展，充分享受改革红利。时值"两个一百年"交汇之际，房地产业也正由增量发展转向存量市场，行业转型在即。同时，中美博弈局面待解、国家对实体经济需求迫切、人民对于美好生活向往与日俱增，国家、社会、行业都进入新时期。作为国家的支柱性行业，房地产业应与国同行，高举旗帜，承担使命，反哺社会，福泽民生。

今天，亿翰智库联合全联房地产商会及优秀行业企业发起关于中国房地产业践行社会责任的倡议，我们倡议全行业秉承利国、惠民、兴企的理念，与国同行，积极反哺社会，承担历史新使命。对国家而言，全行业携手以产业兴邦，积极投身产业创新，助力提升国家竞争力；对社会而言，全行业携手为城市建设，为营造美好生活而努力，推动社会文明；对消费者而言，全行业携手提升产品品质，用匠心精神打造宜居环境，建设美丽家园。

在新时期，全行业不仅要满足人民的居住需求升级，满足人们对美好生活的向往；还应践行社会责任，产业报国，扶贫济困，为全面建设小康社会，为中华民族伟大复兴，为实现中国梦作出贡献。

全联房地产商会

亿翰智库

2018 年 8 月 9 日

讲 主题演讲

房住不炒，房企发展再思考

　　"房住不炒"是中国房地产未来至少五年甚至更长期的制度目标，也是房企在思考未来发展路径的根本点。

稳健增长，能力驱动型房企的快速发展之道

和昌集团董事长　武　磊

　　首先，住宅开发的小周期时代已经来临了，其次持有运营资产的业务机会也开始显现，现在不仅仅从原来的增量市场找机会，未来可能要从存量市场寻找机会，配合增量市场的发展，也配合整个时代的变化。此外，之前完全依赖土地的周期红利和成本优势的周期时代已经基本过去了，我们未来更多要拼能力，以迎接依靠资金运作效率和水平来获取更好回报的时代到来。

跨越发展，共创美好

金科股份联席总裁　方明富

　　金科提出美好共同体，希望以合作共赢合伙公司的理念，倡议大家携手并进，广泛合作，共建美好共同体。金科在 2016 年 4 月 25 日提出了美好生活共同体的主张，并一直把美好作为企业践行的理念。美好共同体它有三个方面：一是每个公司都是一个开放的平台；二是形成企业与企业之间，包括与政府之间的合作；三是企业与产业以及服务层面广泛的合作。所以，金科相信共建美好共同体是实现新常态下企业规模健康增长的重要路径之一。

地产企业数字化转型新思维

鲁班软件董事长　杨宝明

　　鲁班软件是企业级的精装房项目管理平台，房子施工等是可以管理精细化，同时所有的数据都上传，随时可以看出项目所有的数据，根据这些数据我们可以提供越来越多服务，实现集于 BIM 的精装平台，实现一键效果图、一键施工图、一键预决算。我们项目的数字模型，就可以把这些数据集成在一起，今后在园区运营指挥中心就可以实现。运营服务平台应该是这样的：中间是整个园区的数字化全新模型，可以看宏观的、全局的，也可以看到每个房间里面每个插座的数据，两边是数据面板，所有的空气的温度、湿度、所有的传感器数据可以聚合在一起，这样的高效运营平台是我们非常需要的，这也是最终数字化转型的重要成果之一。

 主题演讲

银根紧缩，经营风控正当时

在银根紧缩的大背景下，企业如何进行风险防控以保障经营安全平稳进行，是与会者极其关心的问题之一。

新形势下，房企上市潮背后的资本逻辑

UBS 董事总经理　陈锐彬

新形势下，中国房地产企业在住宅领域不断做大做强，并积极发展商业、产业、写字楼等多元领域，甚至还涉足一些服务行业上市公司。在过去 24 个月，房地产行业难得地交出了 TMT 和 IT 行业倍数的市盈率，包括中海、彩生活，他们的市盈率非常高，比现在地产上市公司的市盈率倍数都要好很多。资本市场随着房地产市场的持续发展，也会更加多元化，未来还会有很多的地产行业服务企业上市。

时移而治，卓越资产运营

卓越集团总裁　王卫锋

资产运营的核心目的或者说在集团扮演的角色，主要在两个端口会发挥比较大的作用。第一是获取土地资源：城市更新是一个主要的板块，新市镇是面向城市新增量的发展机会，城市更新是面对存量的发展机会。同时也配合一些政策导向，一些产业导向需求，这期间吸引一些金融投资，对我们获取土地资源有帮助。第二是关于核心资产，对于持有的百万平方米的核心资产，这些资产比较优质，分布在核心的城市。这些资产也可以因为资本运营而增值，资本运营在前端投资和后端的升值环节上都发挥着作用，这是资本运营在未来商业模型里面的核心作用。

消费升级，人居标准再进化

伴随着人民日益改善提高的生活需求，人居标准的进化成为大势所趋的必然。

融创桃花源，从居住文化 IP 到美好生活 IP

融创中国执行总裁　田强

我们将未来发展分为三个方向，消费升级、城市更新、产能进化。主业方面希望提供最好的产品和服务，现在有很多好的团队，人工智能和清洁能源方面会和桃花源结合，桃花源本身产品就是一个 IP，这个产品本身就是很好的技术产品，再加上我们讲的另外几块可以互补的产业，我们能够形成我们自己将来的产品开发标准和样板。

融创要做好平台，把我们的"桃花源 +"的生态做好，要把"桃花源 +"的产品加上产业整合做好形成独特的竞争力。以前更多的资金来自银行，以后资金来源来自四面八方，这个行业还有大量的资本没有好的解决方案，我们可以搭建一个具备品牌优势的平台，把各方面的资源结合进来，通过生产线赋能，创造价值，再把它推出，大家都能够实现收益，能够做更多好的产品。

打卡中国家庭美好生活

三盛集团常务副总裁　梁川

以前看到网红拍的都是某个城市的某个地方，例如张家界的天梯，这种打卡行为是关于文化、城市生活和艺术的体验。但是现在真正的打卡代表文化本身，给你精神上的信任和满足。而达人的打卡地的逻辑是看到人们真正需要什么，让人们自己来探索，再主动告诉别人，从而改变些什么。

那么地产的网红和达人们，我们的打卡地在哪儿呢？现在大家都知道地产行业 2018 年已经有七八千亿的公司要出现了，但是这么大规模的同时，全社会对于地产公司的评价却不高，负面评价很多，事实上负面事件也很多，我们的打卡地在哪儿？有三个层面：第一个是企业精神层面，概括为要寻找自己的精神原乡；第二个是地产公司做产品一定要有城市文化概念；第三个是地产公司转型要对标的是美好生活。

角色转变，从筑造绿色建筑到打造绿色社区

当代置业执行董事兼总裁　张鹏

　　所有的成绩都是科技化，都是可持续的，都是能源的，都是舒适的，因此今后我们企业的战略有两点：一是不断把传统的产业裂变孵化出来，形成新的创变生态体。二是针对做不了的，建立绿色基金，去投做的好的领军力量和企业。比如说2017年投资了南京的爱家生活，和地产相互赋能；持股了好邻居超市，所有的社区都向好邻居开放等。

　　无论是从社区到全生命周期的绿色住区，还是从过去的绿色建筑到净零能耗，从生活到美好生活，我们相信每一步和大家都是一样的，不是越来越容易，是越来越难。你要想获得多少阳光，你的根一定要扎多深。所以我们和优秀的房地产同行一起，向下根植，向阳而生，商业模式也是这样的。

TOD智慧生态圈商业逻辑

京投发展副董事长兼总裁　高一轩

　　轨交车辆基地开发这个市场到底有多大？我们平均城市轨道交通每25公里要设置一座这样的车辆基地，未来十年中国大概还要有1.7亿人口流入城市，已经开通的线路133条，开通的里程里面超过了168座基地。未来还有拟开通的城市轨道交通会产生超过500个车辆基地，平均规模50万平方米一个，大概一亿五千万平方米的规模。

　　同时对于过去已经产生的没有进行综合利用的轨道交通大概还能够提供五千万平方米的规模。总体来看，应该是两亿平方米的市场份额，平均售价按两万算，实际上是3—5万亿元的市场份额。如果加上高铁的数字，体量会更加巨大。未来的存量市场和开发的前景非常广阔。

▶ **模式再思考，如何以经营杠杆撬动企业发展**
　@ 中国房企百强峰会

廖鲁江
大发地产执行总裁

杠杆虽然危险，但是企业发展的必然选择；经营杠杆是支点，追求财务杠杆和规模的同时，支点必须把握好。

王曙煜
力高集团副总裁

适度的销售规模和稳健的财务并重；实现有质量的高周转，寻找质和量适度的平衡。

周凤学
奥山地产联席总裁

财务杠杆是一种工具，运用要基于企业规划和发展的判断。

朱静
上坤集团总裁

企业在发展过程中要有理想而不理想化，要结合政策和环境顺势而为。

▶ 地产＋资本，如何优化企业融资结构
@ 中国房企百强峰会

陈锐彬
UBS董事总经理

企业发展多元化一定要基于在主业上面学有余力再做多元化的重要原则，多元化一定是根据自己的能力量力而行。

曾昌宇
吴中地产总裁

对地产、区域、民营企业的调控叠加导致了地产企业在融资中的边缘化，这样的过程当中肯定要找到一条合适自己的出路。

李彦漪
爱家集团总裁

在多元化的发展下，资本方面需要注意公司与公司的资本调配。做好不同板块之间资金的调配，放大资本效益。

朱国强
深圳控股COO

行业的流动性越来越低带来风险，我们坚决不赌博，主要防范的还是结构错配的风险。

于蓉（主持人）
金融街资本运营中心助理总经理

二级市场和房地产相关的衍生产业上市估值和房地产产业上市估值有同有异，当前融资风险也可能存在多个方面。

▶ 城市更新，如何演绎美好人居场景
@ 中国房企百强峰会

戴嘉宁
京投发展总策划师

京投对美好人居的理解是提高幸福的效率，解决生活中高频次发生的小事。

朱黎民
三盛集团品牌营销总经理

三盛以智教康养为抓手，打造百年企业为目标，专注中国家庭头等大事。

张岩
融侨集团首席品牌营销官

除了继续做强做大房地产核心业务外，我们还会大力营造美好生活的教育、医疗等创新产业，两手都要抓，都要强。

张灯
融信中国设计研发中心总经理

我们一直坚持做高品质住宅，在未来也会坚持驻足一二线城市的城市更新项目，为城市带来更美好的生活。

同筑 · 美好生活
|中国商业地产百强峰会|

　　中国商业的发展，是每一个身处这个时代的人都在亲历的，也是中国改革开放的最好成果。

 嘉宾致辞

消费升级的势头不会变，
三四线城市活力有待释放

　　40年来，中国商业流通领域最大的现实成果就是连锁经营，从无到有，从小到大，从东部一线城市到现在全国各地蓬勃发展。

中国连锁经营协会副会长　武瑞玲

尊敬的陈啸天董事长、尊敬的各位来宾、各位会议代表：

大家上午好！

简单介绍一下，中国连锁经营协会是在 1997 年成立的，今年是中国改革开放 40 周年，中国商业流通领域的改革起于 20 世纪 80 年代末，当时中国经济发展是处于从计划经济向市场经济过渡的商品经济阶段。

改革开放以后，到了 80 年代末 90 年代初，中国的商业流通怎么改？国务院给了一些方向，商业部取消，物资部取消，成立了国内贸易部，在国内贸易部成立之前，国务院规定在国内贸易部期间要发展三件大事作为中国流通领域改革的方向。第一，发展连锁经营；第二，发展物流配送；第三，发展电子商务。

40 年过去了，可以这么讲，中国商业流通领域最大的现实成果就是连锁经营，从无到有，从小到大，从东部一线城市到现在全国各地蓬勃发展，同时也从最早的超市、快餐，到现在业态达一百多种，覆盖面非常得宽。连锁经营对于整个中国流通领域现代化的推动，对于整个中国消费市场的推动是非常巨大的。

说到中国商业的发展，可以说购物中心是非常重要的，也是改革开放的成果之一。商业这种物业形态，原来大家更熟悉的是超市、百货店……这些相对来讲还是属于 90 年代迅速发展起来的，而购物中心对于我们整个城市商业整体水平的提高，特别是在以上海、深圳等高起点的商业地产项目的推动和带动下，逐渐从一线城市往二、三线城市，从东向西，从南到北推动，其实也就十多年时间的事情。

同筑 · 美好生活

┃中国商业地产百强峰会┃

　　商业，作为一种载体，一方面沉淀着资本，另一方面连接着社群，不断创造着城市生活的新场景。

资本赋予筹码，激活地产存量价值

华泰资管不动产金融负责人　朱刚

　　我们判断整个商业地产发展方向是投资基金化，基金化意味着更加标准化、专业化，以及集约化的概念，退出和持有模式更加工具化和更加金融化。这样才会让商业地产在全社会能够实现资源集约和再生共享的生态，最后我们才有可能通过不断的探索和经验打造更好的资产，我觉得这个过程最后回归的地方还是价值本身。价值背后就是标准，这一点将来随着资产端和工具端的不断匹配和成熟，能够逐渐将这条路探索出来，成为中国商业地产逐步稳定或者逐步成熟的市场表现的方式和模式。

消费升级赋能产品升级，如何打造"社群化"商业平台

蓝光商业集团总裁　张刚

　　蓝光商业是一家从事商业地产开发、运营28年的企业，锻造了成都文化娱乐城，运营两个城市级专业市场和一个开业就引爆文旅行业的新物种。顺应变化，我们一直在思考如何在消费升级的大浪潮下，创造新的价值点，如何让服务流量变现突破原有商业地产的局限，让蓝光商业提档增速。蓝光从四个维度寻找新的价值增长点：第一，打破原有闭环，降维获取资源，开放链接。第二，建立与消费者的黏性，让这些有效的消费者关注并具备持续的稳定性。第三，消费者深度洞见决定运营周期和资产溢价增值能力。第四，有趣的活动在网红经济下推波助澜，消费者热衷于追求新颖的服务形式和有趣的活动和娱乐内容。

智能体系激发商务生活新场景

福晟集团事业合伙人、福晟地产集团执行总裁、福晟商业集团总裁　吴洋

通过楼宇之间的连接，可以把客户资源在商业楼宇中实现共享和互通。从员工角度讲，这里实现了生活场景化，把生活上所有需求，一并在这里都解决了，同时也得到一种归属感，在楼宇里面就可以解决在楼宇当中生活所有的兴趣点，社群方面的需求。Officetree 的场景，早上上班到晚上下班，工作时间之内，可以解决所有的兴趣点，员工稳定了，企业就会租赁你的物业。这对长久增值带来了很大的益处。从重资产到轻资产化，将来会是一条很好的途径。

奥园：新时代美好生活的践行者

奥园文化总经理　冯银平

企业要做精准扶贫，要因地制宜，要结合每个地方不同的情况，这就需要我们宜农则农、宜工则工、宜商则商、宜游则游。宜农则农方面，奥园提出了"公司＋农户＋电商"的模式；宜工则工方面进行产城融合；宜商则商方面，开发县域综合体；宜游则游方面，打造奥园小镇。每个地方都有特色资源，但是当地缺少推广和宣传，或者说没有好策划。奥园整合县域的农产品，建立了奥买家跨境电商平台，线上连通海关、国检，线下有很多体验店，不光可以做进口，也可以做出口。在文旅特色小镇方面，奥园结合各地的文化旅游资源，打造了一系列的文化旅游小镇。

当商业遇见文旅

嘉兆国际 CEO　梁金野

我们的住宅房地产开发已经进入一个改善型时代，商业也已经步入改善型商业阶段。但现阶段主流商业项目解决的还是消费者刚需的问题，还是在满足老百姓基本需求，从而造成商业项目同质化严重。消费升级大背景下，商业急需差异化标签。而文旅本身的特征是低坪效、高投入，我们可以把文旅变小，把它和商业结合，通过商业的高坪效高销售额来反哺文旅。它们两个在一起，文旅会让商业足够性感，也能实现降维攻击，这就是我们"文旅＋商业"的逻辑，尤其是在房地产领域。

▶ 新商业场景营造与运营提升研讨
@ 中国商业地产百强峰会

王威
正荣商业副总经理

未来市场需顺应时代大潮，基于消费者基本需求，扩大辐射半径，满足消费者个性化需求。

杜颖颖
上坤集团商业资产管理事业部总经理

我们就是从资本化的良性运作角度出发，做我们多业态、复合型、高速快速发展的商业。

张丽伟
圣和圣副总经理

坚持致力做小而精的商业，消费者方面，抓住两点：个性和理性，坚持本心，拥抱变化。

孔方正
信保基金不动产投资中心执行总经理

商业地产估值的终值目标是NO1，客流量、转化率、单价、成本是新的判断指标。

同筑·美好生活

▌中国社区服务商百强峰会▌

社区是美好生活的发源地，也是美好生活的落脚点。在这一领域，社区服务商大有作为。

社群丨社区文化 5H 构造法则

碧桂园服务执行董事、总经理　李长江

　　5H 简单来讲，就是健康、童趣、公益、心灵、科技。升级 5H 社区文化体系，即是从健康、童趣、公益、心灵、科技等维度打造社区文化，挖掘社区消费价值。其价值升级表现在从"社区文化符号"升级到"社区文化体系"；强化物业服务与业主间的情感链接，聚拢兴趣圈层，创造有温度的社区氛围。碧桂园服务从数据驱动深度挖掘客户需求，兴趣导向聚焦人群针对性服务升级；以好服务好口碑做好增值服务，未来增值服务将是物业企业决战的主战场。无论是在资产打理、票子、车子、房子方面，还是在最基础的 2.0 版增值服务，物业企业都在不断地下工夫，而这些增值服务，最重要的是做业主喜欢的，业主欢迎的我们就大胆去做。

金科："新服务 + 新生态"

金科服务董事长　夏绍飞

　　随着信息化的到来，未来整个物业企业会往哪个方向走？一种模式是物业服务 + 标准化服务，就是社区生态链。另外一种模式是物业服务 + 资产数据化，包括数据输出、咨询服务。在全球范围来看，较为领先的国际化企业基本上就是这两种模式——服务标准化和数据资产化，这两种模式结合在一起就会形成多元的社区生态。这种前提下，金科对于未来的理解和畅想就是新服务 + 新生态，归结起来三个关键词——人、云、端，链接邻里、服务、生活。其中对应人、云、端有三个服务，第一个服务云，在服务云上建立了三个平台——大社区、大管家、大运营。第二个是社交云，邻里的核心是社交，包括一系列的活动平台，这部分已经做的很成熟了。再就是现在比较热的物与物的链接，把物联网和 AI+，包括大数据完全接通。

资本｜让物业服务在资本市场更有价值

雅生活集团总裁　刘德明

从资本市场的角度来看，欧美投资者看好中国物业服务四大因素：高成长性，高利润增长，高流通性，高市盈率。我们对标国际优秀企业，中国的物业企业和德国、美国相比，还是有很大差距的。主要表现在一是发展路径，例如美国第一物业这家北美最大的物业企业，通过外延式扩张和内涵式增长方式助推业绩增长，在过往的三年，它连续收购了十七家物业公司，我没看到中国哪一家有这个气魄。第二就是这家企业的增值服务，收入占比达到了 31.14%，利润贡献占到 45.68%。这两个数字和我们的企业差距太大。

未来雅居乐的发展将围绕内涵式增长、全方位的市场拓展、大视野的投资并购、多层次合作、做大社区经济等方面来进行，力争到 2020 年管理面积达到三亿平方米，2022 年管理面积达到五亿平方米。

路径｜共赢生态的增量价值

嘉宝股份董事长　姚敏

因为整个行业是轻资产，我们有的仅仅是资源，资源如何在一定的条件下形成联系，构建一个生态链和生态圈，进行整合运营，实现资产经营的价值最大化？实际上是以生活家科技智慧物业为入口，构建多维度生态圈，共享平台，共赢未来，实现增量价值，开启亿万社区新经济。

我们以生活家科技智慧物业作为原点，构建了产业链生态圈以及商业生态圈。我们的生活家科技智慧物业，目前商品销售额 2018 年上半年五千多万元，平台流水 3.5 亿元，我们平台交易额是五十万元，我们的安装人数是六十万，综合功能活跃度 60%，实现了十类线上缴费，线上缴费率达到 55%，app 设备稳定度达到 98%，在线报修达到 60%，目前线下我们有一百家体验店真正实现了线上线下高度融合的服务模式和经营模式。

新协同丨再论集团体制下物业与地产的关系

正荣物业董事长、总经理　黄亮

　　昨天，物业和地产是"父子"关系，很多物业公司都是地产子公司，基本上依赖地产，物业只做后勤，物业公司老总只相当于地产的部门总。今天，很明显两者就是"兄弟"关系，很多物业公司已经从地产集团里面剥离出来，已经没有股权关系，从资产关系上剥离得很清楚。既然是兄弟就涉及一些内部关联交易；另外就是打虎要靠亲兄弟，很多时候我们要共同面对客户，不会区分是物业的责任还是地产的责任，更多的都是大品牌的责任。还有一点很现实，兄弟大了要分家，但很多物业公司在不同的发展阶段，可能还得掂量一下。明天更可能的一个关系就是伙伴的关系，互利双赢，各自做大，永久协同。很可能有一天，物业公司的价值会超越开发商的市值，总体来说，存量市场离中国越来越近，尤其是一线城市可以看到这个趋势。

品质丨模式与体系构筑升级，福晟生活服务集团转型之路

福晟集团事业合伙人、福晟地产集团副总裁、福晟生活服务集团董事长兼总裁　荆志伟

　　近年来生活服务产业成为了高频名词，大家都在进军生活服务产业，这是大势所趋，是消费需求倒逼服务升级的产物。消费升级往往从一、二线城市开始，但随着产业转移，升级，人群再聚效应，互联网经济的普及渗透，也充分拉动了三、四线城市的消费引擎。物业服务行业管理了客户的有效价值，可以说客户 70% 的时间和 70% 的资产均在物业从业者的管理服务下，这是一个巨大的蓝海市场，谁能通过大数据整合客户的个性化、碎片化、多元化需求，就能在未来的发展中抢占先机。

　　技术领先、客户亲密、规模卓越、人才顶尖、事业共赢，是我们的核心理念，也是首次对外发布。未来福晟生活也将通过人才到客户的多方维度持续发力，争取在新服务、新智能、新经济走出具有特色的发展之路。

▶ **集中度提升，规模逻辑下的共赢生态**
@ 中国社区服务商百强峰会

黄圣
阳光城物业总经理

从物业管理行业的初心出发，建立一个好的共赢生态，做好运营管理，做好投后管理。

李晨辉
银禧集团董事长

几乎每家物业公司都有上市梦，我们不管这路有多远，都要先把规模做大。

凌军
中南服务总裁

追求规模没有错，但是方向一定要弄清楚，才会知道如何取舍。

王绘翔
新光服务总经理

行业内不出现低价竞争，才能把整体物业行业进行提升和打造，这是真正的共赢生态。

▶ 资本升温，用户流量如何完成价值兑付
@ 中国社区服务商百强峰会

曹旭东
弘生活集团总裁

只要用心为客户创造价值，我们一定能获得自己的商业模式，自己也会更有价值。

刘培庆
第一物业总经理

一是整合优质的供应商，收取通道费；二是通过了解真正社区的需求，发现新的商机。

刘海华
祥生物业市场部总经理

你的市值取决于你创造的价值。

汪香澄
天骄爱生活总经理

不是所有的物业公司都要上市，上市不是唯一的入口。资本关注的更多的是物业背后的东西。

▶ 服务趋同，差异化体验方能激活品牌核心

@ 中国社区服务商百强峰会

◀

闭涛
新力物业董事长、总经理

目前基础业务同质化严重，我们需要聚焦客户需求，给客户差异化体验，把品牌深植到客户心中。

◀

唐莹
宁骏物业董事长

配套相关的产业，在未来为物业客户提供相应的深度服务；针对不同的城市人文，给出相应化解决方案。

◀

徐彬淮
碧桂园服务副总经理

碧桂园5年战略规划，要始终坚持以业主为核心和极致创新。

同筑·美好生活
|中国租赁住宅百强峰会|

从党的十九大的顶层设计，租赁住房确实从一个国家政策成为一个国家战略，跟着政策走，这样你更容易成功。

多元生态整合　提升消费能级

上海地产集团城方执行董事、CEO　郑华

城方是"安居宜居生活"的扛旗者，也有自身的一些特点和优势。我们有五大神器：首先，城方是国企，应该充分发挥国有企业引领和带动作用，在稳定租金这件事情上会起到压舱石的作用，受政府的要求租金不会定的很高。其次，城市的发展需要资源孵化人才，在住房这件事情上帮助城市引进人才，这本身也是我们的功能；我们希望更多提供城中心的住宅，改变未来人对住房需求的习惯，如果真能生活在市中心，房价也可以承受，又有完善的社区配套设施，那才是真正做到为上海留住人才。第三个就是资产优化，作为一个独立通道 2018 年已经完成了上海仅有的两个从原来的工业和商办类已建成土地变成 R4 类土地。第四住宅给社会带来更多的生活类配套，所以我们在所有的小区里面都是超配的，平均 2%—8% 左右的配套这种不满足租赁生活的，而我们基本上都是 10% 以上。最后完成文化培育。

从领寓谈起地产商的转型思路

旭辉领寓 CEO　张爱华

长期来看房地产市场的规模和空间随着租售并举、租售同权，增量的空间可能有一定的天花板，增量放缓以后我们的空间哪里来？企业还要发展，那基本上就是行业竞争就会演变成零和博弈，变成大鱼吃小鱼，未来房地产就是卡位战。存量市场也存在着转型的挑战和机遇，房企转型有几种不同的选择：对于小型企业更适合转型做专业的服务商，给客户提供一些特色的服务，同时原有的增量市场不太适合小企业再去竞争，退出市场也许是比较好的选择；中型企业更适合往专业的运营商去转型，一方面尚有机会突破增量市场的规模瓶颈，另一方面要找到适合自己的路，比如专注某一存量资产的运营领域；对于大型企业来说更适合往综合开发运营商去转型，增量市场的一席之地可以继续保持，同时从企业长远的发展和增速来看，也需要拓第二个、第三个跑道，所以需要均衡发展运营服务。

朗诗的"彼岸市场"

朗诗绿色集团朗诗寓总经理　章林

　　房地产的重要因素之一是钱，且是便宜的钱。但钱对长租公寓不是唯一的决定因素，还有产品、运营、服务等方面，做得好和做得不好更多取决于战略还有执行，包括后续的长跑，这是机会也是挑战。朗诗寓的核心优势在于战略明晰，是真做，不是假做；是主动做，不是被动做；并且是把它作为核心业务去做，所以这战略是比较清晰的。而与地产板块的战略协同、产品标准化、朗诗寓化运营，是后续决定企业发展能够长跑制胜的核心因素，产品标准化是朗诗寓现在发展相对来说比较迅速的一个重要推手，在运营这一块我们还在努力，我们也借鉴行业的做法结合企业自己的理念，不断在这里面去磨炼，希望在这一块也能形成我们持续的竞争力。

高端服务式公寓前景可期

协信地产助理总裁　邓小星

　　协信在选择自己的产品定位时，先做了市场分析和参考，可以看到租赁市场的产品线非常广，客群也非常广。从原来的完全个体的租赁开始，到有品牌运营商，价格区间差异还是非常地大。在价格的分布区间里面，集中竞争的还是在于中端或者是中低端的市场，房企系、国家队，以及个人业主出租的房源都大量集中在这个部分，竞争非常激烈。而高端市场的交易量和交易总价值确实是不高，但是往往这样的区域里面也藏着机会。随着经济的发展，租房的人群支付率越来越高，"90后"甚至"00后"的理念非常适应于租房，支付力也是不断提高。需求在成长，支付力也在成长，我们锁定了这样的年龄段，锁定了这样的市场空间，也是锁定了未来。

摆脱产品同质化，打造精致邦舍品牌

远洋集团长租公寓中心常务副总经理　俞国泰

　　未来高端的服务式公寓是一个比较大的蓝海，我们定位于中高端市场以及"85后"庞大的租赁客群。我们认为租赁行业的服务有两大类，基础服务是能够满足在这个空间居住的基本的需求，更多地体现标准化的服务、品质化的服务和人性化的服务；增值服务可能更多的是能够给客户带来获得感。我们也会经常不定期地组织一些社群活动，通过活动，让租户体验到我不仅仅是单独住在这个社区里面，我是有一帮跟我志同道合或者是跟我差不多的年轻同志住在这个社区里面的，并在这个过程中获得有未来，更有现在的这种生活气氛。长租公寓不是一个挣快钱、挣大钱的行业，需要匠人精神和精雕细琢，虽然公寓行业现在是风口，但还是需要一个不急不躁的心态。

社群式公寓如何激活存量时代

YOU+ 国际青年社区副总裁　单晴音

　　YOU+ 社群商业模式的模型最早来突破的就是定位 WIFI，我们所谓的 WIFI 并不是我在这个空间或者是这个场合开放 WIFI 让大家连接上网，我们所谓的 WIFI 是互相地连通，人和人之间的连通，人线上和线下的连通，来解决这个矛盾，让年轻人迅速地能够满足生理的需求和安全的需求。这也是抓住了都市漂泊年轻人的痛点：注重私密性、独立的生活，不太喜欢合租，但是又希望不脱离自己的社交圈甚至于能够扩大自己的社交圈。

　　YOU+ 一直塑造的是"家"文化，我们提倡的是给都市漂泊者一个温暖的家，有爱陪伴的家，挡风遮雨，有爱陪伴是我们的标语也是我们产品的宗旨，所以我们打造的不仅是一个租赁市场，而且是一个社交的文化。

小水滴的三个"一体化"，引领长租公寓综合服务商

水滴公寓 CEO　冯玉光

　　长租公寓是一个新的战场，我们的核心观点是长租公寓 TOP20 企业会赚足眼球，真正能够获利的会是中小开发商，背后的逻辑如果说高大上一点叫创新者的窘境，因为百强开发商都是平行战略，那辆列车不轻易地能转身。而中型开发商则选择了 ALL in 长租公寓。在原来的战场，行业排名已经明显且分化，市场环境和政策能够给予的机会不是很多了，而在新的赛场大家的起跑线是一致的，甚至你比他跑得快，因为你们家的老大直接干，而当中小型公司全部投入长租公寓，其决策权、影响力肯定也是不一样的，所以我们期待着一些 ALL in 的中小地产商会有突出表现。

智能运营长租公寓

V 领地青年社区副总裁、COO　宋豪炜

　　长租公寓盈利来源于三个方面，一是固定资产的增益，即土地或土地上建筑物增益，这跟原始的房地产很相似；二是运营产生的毛利，有重资产投入、装修、摊销，再由运营商进行加租，这与酒店的利润有点相似；三是增值服务，增值服务的核心仍然是运营。如果通过运营以后你将物业的增值提高到一个高度，甚至于能够产生更多溢价的情况下，那你土地增值的部分会被资本方、市场认可。当然你的增值服务的内容也是一样，如果你没有运营何来入口，何来人群基数，如果没有运营好的话这些空间都不会存在，所以我提了关于运营这方面的内容，而只要把运营做好，两端的盈利空间才会产生出来。

同梦·产业兴邦

|中国产城运营商百强峰会|

从看大势、算大账、抓本质的角度来思考产城的发展，未来一定有惊喜值得期待！

产业新城的共同治理探讨

招商蛇口产业研究院院长　段景伦

　　在产业新城的治理机制方面，有几个核心要素：第一，是中心组织者要有一种情怀，要有市长思维，必须把自己当成这里的市长来长期治理，开发产业新城注定会是一个很漫长的过程；第二，要有反馈机制，主要参与方最终要形成一个网状结构，有大量的信息碰撞和频繁的互动，反馈效果就会越好；第三，城市运营是新的也是非常重要的环节，真正的城市运营，包括水电等基础设施的建设，公共设施的配套，都是需要关注的问题。

从园区运营商到产业合伙人——亿达中国产业园区发展理念及实践

亿达中国高级副总裁　于大海

　　产业地产是不可以简单复制的，每个地方由于区域的不同，经济发展的程度的不同，产业类别的不同，其产业的承载体也不一样。打造好的产业园区需要时间和工匠精神，产业地产要更加关注人的感受，从平台组织者、搭建者、维护者的身份去推动行业发展。也就是从地产商的身份向服务商转变。我们提出"产城人"的运营模式，就是产业、城市、人居融合的运营模式，其核心仍然是人。城市的意义是赋予人舒适的生活空间，完善的公共服务和充沛的发展空间。最终实现"产城人"的健康持续发展，助力社会发展成果的全民共享。

产业园区的发展趋势与成功要素

北京科技园建设（集团）股份有限公司董事长　郭莹辉

　　房地产商到城市运营商到产业地产商，身份的转变会带来行业趋势的重大转变。第一个趋势由产业园区到产业新城，这个转变不仅仅是竞争格局的转变，更是产业空间的转变；第二个趋势是身份转变，科技园区不仅仅是交易，更重要的是培育产业发展；第三个趋势是由规模扩张到效益提升，不同于粗放的园区，新城新区要向城市更新，更多关注城市的资源效率；第四个趋势是产业地产商的领域越来越多元化，身份也越来越多元化，原来主要是由政府平台公司来承建，未来可以看到更多的是跨界的企业都可以进入产业园区、产业地产这个领域。

产业地产的思考之一

中城新产业董事长　刘爱明

　　我们认为产业是目标，而地产是结果，地产的结果就是能够挣到钱，而出发点仍然是以产业为逻辑，目标、结果不一样，盈利模式也不一样，玩法不一样，打法肯定也不一样。所以我们主张先产业、后地产，还主张强持有、弱销售，轻招商、重生态。如果是为了地产而产业，那产业就是一个工具或是棋子，这样的地产开发模式并不会走得长远。传统开发商转型是一个很痛苦的事情，但什么是结果、什么是目标是必须要思考清楚的事情。

军民融合　多方共赢——上海房德科创集团特色产业路

房德科创集团总裁　余登攀

　　传统开发商以资本主导为主，有了资金和运营能力，基本可以实现快速规模增长，而产业地产是以产业来主导的，没有产业就谈不上产业地产。所以我们在打造产业园区的时候做了五件事情：第一个是聚集军工资源，通过技术转移催化项目落地，实现军转民；第二个是反向利用资源，将相关技术产品引入军工，实现民参军；第三个搭建双创平台，服务科技发展；第四个引入龙头企业，引入创新源；最后实现政企双向协同，为企业申请政策和资金，帮助政府建立平台，升级企业。

同梦 · 产业兴邦

|中国特色小镇运营商百强峰会|

在"乡村振兴战略"实施的大背景下，特色小镇的运营也成为与会者热议的话题。

特色小镇"特"在哪？——从资本市场看特色小镇发展

东方证券地产首席分析师　竺劲

在目前去杠杆背景下，特色小镇的发展从原来重资本、重资源走向重运营的模式，所以在未来一段时间当中，无论文旅小镇，产业小镇还是农业小镇，是否能运营好成为一个核心的要素。小镇发展商在开发过程中有三个阶段需要攻克，开发阶段投入大，融资问题是核心；运营阶段，要提升人流量、景区收入，持续现金回报是核心；复制阶段，管理输出和轻资产模式是核心。无论资产轻重，如果没有很好的运营，不能产生现金流和利润，资本市场不会给任何积极的看法；当运营能够形成自有现金流，就存在复制的可能性，复制的过程可以借助资本来完成。

科技城市模式的鑫创实践

鑫创科技总裁　陈立洋

一般意义上讲，科技城市的模式是科技＋城市，现在我们提出要科技 × 城市，建立万物互联的网联互联网思维，将科技融入城市发展和城市治理的每个环节当中去。科技城市发展的模型是在大数据、人工智能、云计算、物联网新技术的共同作用下，以政企联动的方式实现城市的产业转型，基础设施和公共服务设施的全覆盖，形成可持续发展的新型城市形态。

中电科技主题产业园区实操经验分享

中国电子科技开发有限公司执行董事　李文涛

在打造产业园区和产业新城的时候，我们得出的经验是，政府支持力度、政府亲密关系、绑定关系、园区的聚集程度以及招商是否能够落地是非常重要的，也就是现金流和商业模式起到非常重要的作用。所以我们创新了中央企业搭台、地方政府支持各类企业共同唱戏三管齐下的模式。在孵化器和生态圈方面，服务平台是非常强的亮点，这是所有园区和产业新城的标配，其次引入相应的龙头企业，构筑良好的生态，多项政策支持，助力园区腾飞。

中粮智慧农场，推进农业转型升级的典范

中粮地产副总经理　叶雄

我们现在全力推动农业产业全国模式的复制，复制的关键是要结合当地政府对于产业的规划，特别是三农问题的解决，重点关注农民致富，同时兼顾产业升级和环境改造。前期会引入农业企业进行合作，进行孵化，特别是和周边的农户和合作社进行合作，后来逐步引入内外部合作资源，打通线上线下销售渠道，把品牌和未来销售渠道结合得更好，实现全渠道营销。

协信多利关于田园综合体运营的实践与思考

协信小镇多利农庄总裁　高剑青

我们对田园综合体的思考和发展理念是希望其能成为实施"乡村振兴"战略的市场化平台，成为未来中国经济发展的新支点和新引擎，成为农业供给侧改革的突破口，成为全面满足"市民下乡"需求的综合运营平台和让未来中国企业大有可为的广阔天地。田园综合体要实现资本进乡村，消费进乡村，农产品出农村，也就是"二进一出"。

正大农业的农业观

正大产业地产总裁助理　张珂

正大是以农业为起点来发展自己的农业产业地产的，具有以农为本、全产业链、具备国际视野这三个特点，未来正大将加强农业生产的全产业链覆盖并推动内部十三个业务板块联动，尝试一种"农业＋"的创新农业产业地产模式。同时创新了四位一体的资源共享模式，政府、企业、银行、农民组成一个合作组织，正大来租赁农民土地和厂房，负责管理、生产、销售，以及对农民的培训。农民在自己的土地上进行生产劳动，政府进行监管，银行给予金融支持，共同解决当地的民生问题。

全域旅游背景下的城乡旅游发展之路

奥园文旅集团总裁助理、投资拓展总经理　周洽强

对于文旅项目怎么样才能和地产融入，我们提出一个"龙虾三吃法"，整个文旅地产不应该成为一个包袱，让它可以成为当地政府和企业都支持的项目，这样的文旅项目才可以带来长期的税收，因为旅游是可以拉动就业的，如果把产业导入进去，一个地产的销售也可以带来收入，而且可以给当地政府带来直接收益，给旅客带来长效利润。

CIM 平台助力特色小镇数字化发展

班联数字城市信息技术有限公司创始人、总裁　马俊杰

实际上特色小镇更广泛的含义是城市，所有城市建设的基础设施厉害的就是"九通一平"，我们认为接下来的城市建设当中一定有一个新的基础设施，就是数字城市的基础设施，把这个基础设施加进去我们叫做"十通一平"，这个基础设施接进去，我们可以利用数字化推动其他基础设施，包括基础设施上面的建筑和城市发展、产业发展和运营等一系列的数字化提升。

▶ **在政企博弈、融资、招商等问题下，产业地产路在何方？**
@ 中国产城运营商百强峰会

段景伦
招商蛇口产业研究院院长

做产业要有端正的态度，不能要求短期内有较高的回报，要做好环境构建，还要做好利益捆绑。

罗俊章
联东U谷上海公司总经理

发展产业地产需要重点注意四点：产业要有方向、产品要有形象、客户有质量和去化有保障。

肖春和
正荣产业集团副总裁

产业地产不仅是满足人民美好生活的需要，也要提高住宅品质，更多增加教育、医疗、环境等配套设施。

于大海
亿达中国高级副总裁

如果有情怀、有意愿坚持扎根产业地产，一定要经得起诱惑，耐得住寂寞，不短视。

▶ **乡村振兴战略下，农业小镇如何进行有效的开发与运营？**
@ 中国特色小镇运营商百强峰会

冯越
慧泉资本创始合伙人

作为投资机构的判断逻辑，首先是判断项目品质，其次是运营效果，最后孵化企业过程中要规范公司治理。

高剑青
协信小镇多利农庄总裁

最大的风险还是政策的风险，准确把握土地政策，哪些可以做，哪些不能做，这个是非常重要的关键点。

胥克
祥生小镇集团运营中心副总经理

农业产业的发展需要客源、市场渠道和产业链的准确定位，农业往加工服务方向发展也需要资金的支持。

严俊亮
光明地产产业发展部总经理

第一要从产业角度重视产业链的升级；第二关注新产业的形成和引导；第三关注新城镇空间的营造。

附录

2018 中国房地产业战略峰会 108 议程

同向 · 共建共享

第十一届亿翰总裁会

08/08 下午

13:30　主办方致辞

13:40　【思】中美博弈、银根紧缩下房企与存量阶段的转型与突围

　　　　多元　多元联动，长线经营

　　　　借力　借国有东风 & 借集团资源

　　　　双轨　地产 + 商业联动

16:10　【行】放大经营杠杆的路径选择

　　　　焦点一　关于教育

　　　　焦点二　关于大健康

　　　　焦点三　关于科技

　　　　焦点四　关于服务

16:40　【辩】银根紧缩下的几个焦点话题

　　　　资金之辩　政策限制和资金趋紧的大环境下，快周转如何应对思变？

　　　　规模之辩　千亿之路该怎么走？

　　　　投资之辩　区域轮动下及城市进化下的企业投资选择

　　　　机制之辩　机制竞赛，企业如何看待？

18:30　【鼎层的力量】交流晚宴

同心·匠心匠行
中国房企百强峰会

08/09 全天

9:00　峰会签到

9:30　峰会开场演出

9:45　主办方致辞
　　　　陈啸天　亿翰智库董事长
　　　　赵正挺　全联房地产商会秘书长

致敬篇

【致敬篇·上】感恩过往，行业在前进
10:05　【嘉宾致辞一】
　　　　朱中一　中国房地产协会原副会长

【致敬篇·下】回馈社会，企业在行动
10:25　【嘉宾致辞二】
　　　　陈建铭　三盛宏业董事长
　　　　郝恒乐　美的置业董事长
　　　　罗韶颖　东原集团董事长
　　　　钟声坚　仁恒置地董事长

11:25　全联房地产商会 & 亿翰智库 & 知名企业
　　　　中国房地产业践行社会责任联合倡议
　　　　朱中一　中国房地产业协会原副会长
　　　　赵正挺　全联房地产商会秘书长
　　　　陈啸天　亿翰智库代表
　　　　陈建铭　三盛宏业代表

程光煜　碧桂园代表

郝恒乐　美的置业代表

蒋思海　金科股份代表

李　华　卓越集团代表

林　峰　旭辉集团代表

罗韶颖　东原集团代表

潘伟明　福晟集团代表

邬剑刚　奥山集团代表

吴　旭　协信控股代表

钟声坚　仁恒置地代表

11:30　亿翰智库 2018 年度核心观点发布

陈啸天　亿翰智库董事长

信念篇

【信念篇·上】房住不炒，房企发展再思考

13:30　稳健增长，能力驱动型房企的快速发展之道

武　磊　和昌集团董事长

14:00　跨越发展，共创美好

方明富　金科股份联席总裁

14:15　地产企业数字化转型新思维

杨宝明　鲁班软件董事长

【主题论坛一】

14:30　模式再思考，如何以经营杠杆撬动企业发展？

廖鲁江　大发地产执行总裁

王曙煜　力高集团副总裁

周凤学　奥山地产联席总裁

朱　静　上坤集团总裁

张化东　亿翰智库主任

【信念篇·中】银根紧缩，经营风控正当时

15:00　新形势下，房企上市潮背后的资本逻辑

　　　　陈锐彬　UBS 董事总经理

15:15　时移而治，卓越资产运营

　　　　王卫锋　卓越集团总裁

【主题论坛二】

15:30　地产＋资本，如何优化企业融资结构？

　　　　陈锐彬　UBS 董事、总经理

　　　　李彦漪　爱家集团总裁

　　　　曾昌宇　吴中地产总裁

　　　　朱国强　深圳控股 COO

　　　　于　蓉　金融街资本运营中心助理总经理

【信念篇·下】消费升级，人居标准再进化

16:00　融创桃花源，从居住文化 IP 到美好生活 IP

　　　　田　强　融创中国执行总裁

16:15　打卡中国家庭美好生活

　　　　梁　川　三盛集团常务副总裁

16:30　角色转变，从筑造绿色建筑到打造绿色社区

　　　　张　鹏　当代置业执行董事兼总裁

16:45　TOD 智慧生态圈的商业逻辑

　　　　高一轩　京投发展副董事长、总裁

【主题论坛三】

17:00　城市更新，如何演绎美好人居场景？

　　　　戴嘉宁　京投发展总策划师

　　　　朱黎民　三盛集团品牌营销总经理

张　岩　融侨集团首席品牌营销官

张　灯　融信中国设计研发中心总经理

何　慧　亿翰智库执行总裁

17:30　美好生活"标准体系 + 标杆项目"双标研究启动仪式

陈啸天　亿翰智库董事长

高一轩　京投发展副董事长　总裁

梁　川　三盛集团常务副总裁

田　强　融创中国执行总裁

张　鹏　当代置业总裁

17:40　"双标"首期研究成果发布

17:50　《中国房企综合实力 TOP200 研究报告》发布

《中国房企品牌价值 TOP100 研究报告》发布

张化东　亿翰智库主任

19:00　2018 中国房企百强盛典暨亿翰五周年主题酒会

同筑 · 美好生活

中国商业地产百强峰会

08/10　上午

8:30　峰会签到

9:00　嘉宾致辞

武瑞玲　中国连锁经营协会副会长

9:15　资本赋予筹码，激活地产存量价值

朱　刚　华泰资管不动产金融负责人

9:35　消费升级赋能产品升级，如何打造"社群化"商业平台

张　刚　蓝光商业集团总裁

9:55　智能体系激发商务生活新场景

吴　洋　福晟集团事业合伙人

福晟地产集团执行总裁

福晟商业集团总裁

10:15　奥园：新时代美好生活践行者

冯银平　奥园文化总经理

10:35　当商业遇见文旅

梁金野　嘉兆国际 CEO

【主题论坛】

10:55　新商业场景营造与运营提升研讨

孔方正　信保基金不动产投资中心执行总经理

杜颖颖　上坤集团商业资产管理事业部总经理

王　威　正荣商业副总经理

张丽伟　圣和圣副总经理

11:25　《中国企业商业物业价值 TOP100 研究报告》发布

张化东　亿翰智库主任

11:40　2018 中国商业地产百强盛典

同筑·美好生活
中国社区服务商百强峰会

08/10　下午

13:00   峰会签到

13:30   主办方致辞
　　　　 邢　倩　亿翰智库执行总裁

14:00   社群 | 社区文化的 5H 构造法则
　　　　 李长江　碧桂园服务执行董事、总经理

14:20   金科：新服务 + 新生态
　　　　 夏绍飞　金科服务董事长

14:40   资本 | 让物业在资本市场更有价值
　　　　 刘德明　雅生活集团总裁

15:00   路径 | 共赢生态的增量价值
　　　　 姚　敏　嘉宝股份董事长

15:20   新协同 | 再论集团体制下物业与地产的关系
　　　　 黄　亮　正荣物业董事长、总经理

15:40   品质 | 模式与体系构筑升级——福晟生活服务集团转型之路
　　　　 荆志伟　福晟集团事业合伙人
　　　　　　　　福晟地产集团副总裁
　　　　　　　　福晟生活服务集团董事长兼总裁

【主题论坛一】

16:00   集中度提升，规模逻辑下的共赢生态
　　　　 黄　圣　阳光城物业总经理
　　　　 李晨辉　银禧集团董事长
　　　　 凌　军　中南服务总裁
　　　　 王绘翔　新光服务总经理

【主题论坛二】

16:30　资本升温，用户流量如何完成价值兑付
　　　　曹旭东　弘生活集团总裁
　　　　刘培庆　第一物业总经理
　　　　刘海华　祥生物业市场部总经理
　　　　汪香澄　天骄爱生活总经理

【主题论坛三】

17:00　服务趋同，差异化体验方能激活品牌核心
　　　　闭　涛　新力物业董事长、总经理
　　　　唐　莹　宁骏物业董事长
　　　　徐彬淮　碧桂园服务副总经理

17:30　"物业行业服务　标准化体系"研究启动仪式
　　　　陈啸天　亿翰智库董事长
　　　　李长江　碧桂园服务执行董事、总经理
　　　　夏绍飞　金科服务董事长
　　　　刘德明　雅生活集团总裁
　　　　姚　敏　嘉宝股份董事长
　　　　黄　亮　正荣物业董事长、总经理
　　　　荆志伟　福晟集团事业合伙人
　　　　　　　　福晟地产集团副总裁
　　　　　　　　福晟生活服务集团董事长、总裁

18:00　《中国社区服务商 TOP100 研究报告》发布
　　　　杨　正　亿翰智库社区服务研究中心副主任

19:00　2018 中国社区服务商百强盛典

同筑 · 美好生活

中国租赁住宅百强峰会

08/10　下午

13:00　峰会签到

13:30　租赁住房行业政策解读与发展现状
张化东　亿翰智库主任

13:50　多元生态整合　提升消费能级
郑　华　上海地产集团城方执行董事、CEO

14:10　从领寓谈起地产商的转型思路
张爱华　旭辉领寓 CEO

14:30　朗诗的"彼岸市场"
章　林　朗诗绿色集团朗诗寓总经理

14:50　高端服务式公寓前景可期
邓小星　协信地产助理总裁

15:10　摆脱产品同质化，打造精致邦舍品牌
俞国泰　远洋集团长租公寓中心常务副总经理

15:30　社群式公寓如何激活存量时代
单晴音　YOU+ 国际青年社区副总裁

15:50　小水滴的三个"一体化"，引领长租公寓综合服务商
冯玉光　水滴公寓 CEO

16:10　智能运营长租公寓
　　　　宋豪炜　V 领地青年社区副总裁 COO

16:30　《中国租赁住宅综合实力 TOP50 研究报告》发布
　　　　于小雨　亿翰智库研究中心副主任

16:45　2018 中国租赁住宅百强盛典

同梦·产业兴邦

中国产城运营商百强峰会

08/11　上午

8:30　峰会签到

9:00　主办方致辞

9:15　《中国标杆产城运营商 TOP50 研究报告》发布
　　　张化东　亿翰智库主任

9:30　产业新城的共同治理探讨
　　　段景伦　招商蛇口产业研究院院长

9:50　从园区运营商到产业合伙人——亿达中国产业园区发展理念及实践
　　　于大海　亿达中国高级副总裁

10:10　产业园区的发展趋势和成功要素
　　　郭莹辉　北京科技园建设（集团）股份有限公司董事长

10:30　产业地产的思考之一
　　　刘爱明　中城新产业董事长

10:50　军民融合　多方共赢

　　　　——上海房德科创集团特色产业路

　　　　余登攀　房德科创集团总裁

【主题论坛】

11:30　在政企博弈、融资、招商等问题下，产业地产路在何方？

　　　　何　慧　亿翰智库执行总裁

　　　　肖春和　正荣产业集团副总裁

　　　　罗俊章　联东U谷上海公司总经理

　　　　段景伦　招商蛇口产业研究院院长

　　　　于大海　亿达中国高级副总裁

同梦·产业兴邦

中国特色小镇运营商百强峰会

08/11　下午

13:00　峰会签到

13:30　主办方致辞

13:50　特色小镇"特"在哪——从资本市场看特色小镇发展

　　　　竺　劲　东方证券地产首席分析师

14:20　科技城市模式的鑫创实践

　　　　陈立洋　鑫创科技总裁

14:30　中电科技主题产业园区实操经验分享

　　　　李文涛　中国电子科技开发有限公司执行董事

14:40　中粮智慧农场，推进农业转型升级的典范
　　　　叶　雄　中粮地产副总经理

15:00　协信多利关于田园综合体运营的实践与思考
　　　　高剑青　协信小镇多利农庄总裁

15:20　正大地产的农业观
　　　　张　珂　正大产业地产总裁助理

15:40　全域旅游背景下的城乡旅游融合发展之路
　　　　周洽强　奥园文旅总裁助理、投资拓展总经理

16:00　CIM 平台助力特色小镇数字化发展
　　　　马俊杰　班联数字城市信息技术有限公司创始人、总裁

【主题论坛】
16:20　乡村振兴战略下，农业小镇如何进行有效的开发与运营？
　　　　高剑青　协信小镇多利农庄总裁
　　　　严俊亮　光明地产产业发展部总经理
　　　　冯　越　慧泉资本创始合伙人
　　　　胥　克　祥生小镇集团运营中心副总经理
　　　　邱明华　亿翰智库执行总裁

16:50　2018 中国标杆产城运营商百强盛典
　　　　2018 中国特色小镇运营商百强盛典

2017 中国房地产业战略峰会 108 议程

圈层价值
第八届亿翰总裁会

四十家主流房企总裁闭门会议
08/29　下午

13:30　典型企业关键动作分享（十大主题）

15:30　近期行业热点问题探讨（八大热点）

17:30　行业共识发布

17:40　集体合影留念

18:30　合作交流餐叙

联结价值
中国房企百强峰会

08/30　全天

8:30　峰会签到

9:00　主办方致辞
　　　　陈啸天　亿翰智库董事长

9:10　领导致辞
　　　　钟　彬　全联房地产商会副会长

9:20　《亿翰智库 2017 年度核心观点》发布

　　　陈啸天　亿翰智库董事长

【演讲主题一】

面对"脱虚入实"国家诉求下，房企如何寻求发展新思路

9:45　融创新阶段：战略优势释放为财务表现

　　　汪孟德　融创中国总裁

10:10　新形势下，旭辉的"一体两翼"新战略

　　　林　中　旭辉集团董事长

10:35　协信推动价值聚变

　　　吴　旭　协信控股董事长

11:00　"非典型"产业地产怎么做？

　　　罗韶颖　东原集团董事长

11:25　产业资源交流与合作联谊会成立仪式

　　　曹建华　正大地产首席执行官

　　　钟声坚　仁恒置地董事长

　　　林　中　旭辉集团董事长

　　　王振华　新城控股董事长

　　　吴　旭　协信控股董事长

　　　李　华　卓越集团董事长

　　　罗韶颖　东原集团董事长

　　　汪孟德　融创中国总裁

　　　陈啸天　亿翰智库董事长

13:00　峰会签到

【演讲主题二】

金融安全主基调下，资本风口吹向何方

13:30　从实体市场看金融市场
　　　　陈锐彬　瑞士银行董事、总经理

13:50　中国 REITs 蓝图：迎接资管行业新时代
　　　　陈天诚　安信证券高级副总裁

【演讲主题三】

房地产存量时代的破局之路

14:30　《中国房企综合实力 TOP200 研究报告》发布

14:40　《中国房企品牌价值 TOP100 研究报告》发布

14:50　主题论坛一：模式重构，从能力建设到资源获取
　　　　主持人：陈锐彬　瑞士银行董事总经理
　　　　邹宁海　华发股份营销公司总经理
　　　　何云飞　保集控股副总裁
　　　　武　敏　新希望地产常务副总裁

15:20　主题论坛二：联结重构，唯有合作才有未来
　　　　主持人：张明贵　新希望地产总裁
　　　　叶海滨　华鸿嘉信集团副总裁
　　　　周夕亚　深业集团战略中心总经理
　　　　杨剑平　中房地产总裁
　　　　吴继红　福晟集团副总裁

15:50　主题论坛三：服务重构，从 B2C 走向 B2G
　　　　主持人：杨铁军　景瑞控股执行董事＆优铖资产总裁
　　　　单伟豹　路劲地产董事会主席

蒋思海　金科股份董事长

廖鲁江　世茂集团执行董事

16:20　主题论坛四：品牌价值，从隐性到显性的系统化塑造之路

主持人：何慧　亿翰股份执行总裁

朱黎民　三盛集团营销总经理

郭　忆　中梁地产集团助理总裁

张　岩　融侨集团首席营销执行官＆首席品牌执行官

李　峰　中国金茂营销总经理

16:30　基金助力：产业地产破局地产增长天花板

单伟豹　路劲地产董事会主席

16:50　全联房地产商会—企业研究分会启动仪式

钟　彬　全联房地产商会副会长

陈建铭　全联房地产商会副会长

全联房地产商会·企业研究分会会长

赵正挺　全联房地产商会秘书长

张明贵　全联房地产商会·企业研究分会执行会长

陈啸天　全联房地产商会·企业研究分会秘书长

18:30　2017 中国房企百强颁奖盛典

运营价值
中国商业地产百强峰会

08/31　上午

8:30　峰会签到

【 演讲主题一 】
新运营模式推动商业地产格局大变动

9:00   3D 城市运营商，商住产一体化集成模式
　　　　曹志东　协信控股常务副总裁

9:20   商业体同质严重，看文商旅产业模式如何破局
　　　　张　强　蓝光文旅总裁

9:40   金融助力脱虚入实，商业运营的压力与机遇
　　　　蔡金强　花旗银行大中华区董事总经理

【 演讲主题二 】
新服务体系驱动商业地产深度革新

10:00   商业地产精细化运营之道
　　　　吴　洋　福晟集团高级副总裁

10:20   主题论坛：问道　商业地产的资产运营思维
　　　　主持人：刘　凯　房讯网董事长
　　　　王　骏　五洲国际副总裁
　　　　张　强　蓝光文旅总裁
　　　　任强海　领地集团创新研究中心总经理

10:50   主题论坛：创新与颠覆，商业地产变革进行时
　　　　主持人：曹志东　协信控股常务副总裁
　　　　杨晓初　蓝润地产总裁
　　　　颜凌志　NTL 总裁
　　　　邵剑欣　途家盛捷总经理
　　　　吴传鲲　赢商控股董事长

11:20　《中国企业商业物业价值 TOP100 研究报告》发布

11:30　2017 商业地产百强颁奖盛典

服务价值
中国社区服务商百强峰会

08/31　下午
13:00　峰会签到

【演讲主题一】
从资本风口走向价值挖掘

13:30　运营模式升级创造企业价值
　　　　姚　敏　中国物业管理协会副会长

13:50　物业服务价值升级和重构
　　　　徐彬淮　碧桂园物业副总经理

【演讲主题二】
人本服务归回主流，如何打造极致用户体验

14:10　金科服务："社区运营"的概念下的邻里文化建设
　　　　夏绍飞　金科服务董事长

14:30　正荣物业：服务改善生活，专业成就价值
　　　　黄　亮　正荣物业总经理

14:50　合景家，艺术（智慧）人文社区
　　　　唐　莹　合景泰富宁骏物业董事长

15:10 后房产时代如何深挖社区金矿
刘培庆 第一物业总经理

15:20 新趋势下天骄股份转型发展
汪香澄 协信天骄爱生活总经理

15:30 主题论坛：社区服务的价值挖掘探讨
主持人：邢 倩 亿翰股份执行总裁
杜卫东 新希望地产副总裁
闫 涛 新力物业总经理
黄文著 格通科技董事长
邢 超 阿里云智能生活高级专家

16:00 主题论坛：社区服务企业规模扩张大观
主持人：徐彬淮 碧桂园物业副总经理
陈颖辉 海亮地产总经理
汪香澄 协信天骄爱生活总经理
姚 平 金地物业副总经理
黄 亮 永升物业投资发展总监

16:30 《中国社区服务商 TOP100 研究报告》发布

18:30 2017 社区服务商百强颁奖盛典

渠道价值
中国房地产业中介百强峰会

09/01 上午

8:30 峰会签到

9:00　主题培训：赢在调控后
　　　杨现领　链家研究院院长

10:30　大数据到中介门店
　　　陈志雄　巧房科技 CEO

资源价值
中国产城运营商百强峰会

09/01　下午
13:00　峰会签到

【演讲主题一】
政策新风口开启产城运营大幕

13:30　B2G 应势而起　"资源战争"正式开启
　　　陈啸天　亿翰智库董事长

14:10　中国梦　情怀　产业　城市　生活——地产转型升级之路
　　　王红兵　保集控股副总裁

【演讲主题二】
为城市建设嫁接产业科技驱动力

14:50　协同、融合、聚变——构建全球依靠的科技园网络
　　　许晓军　启迪协信执行总裁

15:10　苏州工业园区的发展历程与模式简介
　　　史庆超　中新置地总裁

15:30   大同世界 蓝色理想——蓝城小镇运营模式介绍
楼明霞   蓝城集团副总裁

【演讲主题三】

挖掘产业纵深，打造产城 IP

15:50   "前港—中区—后城"模式的升级与复制
虞瀚捷   招商蛇口产业促进中心副总经理

16:10   产业升级与特色小镇
周   龙   传化集团供应链总经理

16:30   主题论坛：产城融合升级：从概念走向价值
主持人：陈啸天   亿翰股份董事长
朱国强   深业集团 COO
乌越骐   万科上海公司副总经理
罗俊章   联东 U 谷上海公司总经理

17:00   主题论坛：特色小镇模式各异，未来路在何方？
主持人：史庆超   中新置地总裁
许晓军   启迪协信执行总裁
陈   炯   光明地产产业发展部总经理
邱明华   亿翰股份执行总裁

17:30   《中国产城生态运营商 TOP50 研究报告》发布

17:40   2017 产城生态运营商百强颁奖盛典

资本路演分会

08/31 下午

蓝光发展（600466.SH）、龙光地产（03380.HK）、光明地产（600708.SH）

北辰实业（601588.SH）、金地集团（600383.SH）、新城控股（601155.SH）

09/01 下午

深圳控股（00604.HK）、招商蛇口（001979.SZ）、力高地产（01622.HK）

光明地产（600708.SH）、金科股份（000656.SZ）、滨江集团（002244.SZ）

后记

真好！

写书，是个苦活，确实挺苦的活，上一本书的撰写过程吃够了苦头。

写书也是个很开心的事，因为你可以把自己水平有限的一点点思考和心得通过文字传递给朋友们，看着文字最终被编辑成册，然后印刷成书，逢人就送书，随手就签名，没事偷着乐，那成就感和自得之处真是浑身舒坦啦！

但是呢，出书是个系统工程，期中涉及内容撰写、风格设计、图片修饰、排版编辑、印刷出版等大量的工作，所以，在此，我真心感谢这次的出书团队！

首先要感谢的是新书统筹负责人汪波女士，也是惟容广告总经理，我的上一本书就是汪波女士统筹主导的，得到行业朋友们的高度认可和赞扬，这次我仍旧是请她来负责新书的出版事宜，仅仅是三周时间，就拿出几种策划和设计方案，并且能够从出书的诉求角度，反复推敲新书的内容与效果，真的是非常的高效、专业、用心！

其次还要感谢我们内容团队，于小雨、尚美辰、黄新云、陈文正、徐逸菁等，其中于小雨是我们研究板块负责人，性格非常好的姑娘，真适合做研究，毕业之后就进了亿翰，研究水平成长很快，现在已经独当一面了，亿翰绝大多数的研究成果都是她带队完成的，新书中第三、第四部分的"研究札记"与"企业聚焦"就是小雨团队完成的；尚美辰是我的助理，一个非常爱看书、有灵性、视野宽广的姑娘，我的 2017 年和 2018 年连续两年的年度主题演讲报告其实都是出自她手，尤其是 2018 年的"升维"这一概念也是她提出的，对我帮助很大；新云是我们产城业务板块的同事，本书中我的部分产城内容其实也是从他的文字中改编过来的，一个很有韧性且爱思考的小伙子，我特别看好他！文正和逸菁都是我们战略部的同事，进公司才很短时间，但是对本书帮助很大，这次很多文字初稿的撰写都是在他们帮助下实现的。最重要的，这五位可都是"90 后"！看着他们的状态和勤勉，我对这个国家未来很有信心！

最后，还是要感谢我的合伙人：何慧、邢倩、张化东、金波、邱明华。为什么要感谢呢？因为出书是要花费时间和成本的，出书过程中，尤其是何慧和邢倩会在内部会议挨批之余，偶尔也会随口问一句："这本书效益在哪儿？"张化东和金波、邱明华都会很默契地点点头……我呢，就当做没听到，脸皮厚一点就这点好，反正他们也不好意思老是提吧，毕竟我年龄比他们大一点，就当倚老卖老吧！哈哈！

陈啸天

2018 年 10 月 22 日

图书在版编目(CIP)数据

陈啸天:我的地产战略观:升维/陈啸天著. —
上海:上海人民出版社,2018
ISBN 978 - 7 - 208 - 15597 - 8

Ⅰ.①陈…　Ⅱ.①陈…　Ⅲ.①房地产业-研究-中国
Ⅳ.①F299.233

中国版本图书馆 CIP 数据核字(2018)第 281372 号

责任编辑　李　莹
封面设计　夏　芳　吴宇舟

陈啸天:我的地产战略观
　　——升维
陈啸天　著

出　　版　上海人人出版社
　　　　　(200001　上海福建中路 193 号)
发　　行　上海人民出版社发行中心
印　　刷　上海盛通时代印刷有限公司
开　　本　720×1000　1/16
印　　张　20.25
插　　页　4
字　　数　364,000
版　　次　2019 年 1 月第 1 版
印　　次　2019 年 1 月第 1 次印刷
ISBN 978 - 7 - 208 - 15597 - 8/F·2574
定　　价　98.00 元

·